Auch mehr als sechs Jahrzehnte nach seinem Tod sind die Werke Stefan Zweigs unverändert populär. Seine unnachahmliche Fähigkeit, fiktive und historische Geschehnisse lebendig und packend darzustellen, hat ihn weltberühmt gemacht. Die stilistisch eleganten und psychologisch einfühlsamen (daher auch vielfach verfilmten) Erzählungen und Romane, die ›Sternstunden‹ als erhellende Momentaufnahmen aus der Geschichte der Menschheit, die biographischen Studien und großen Lebensbeschreibungen fesseln die Leser nach wie vor – nicht nur im deutschen Sprachraum. Seine Erinnerungen ›Die Welt von Gestern‹, die Privates weitgehend ausklammern, sind der Abgesang auf eine europäische Epoche, die in den beiden Weltkriegen untergegangen ist, und – wie auch sein essayistisches Schaffen – Zeugnis einer zutiefst humanen Haltung.

Dieses Lesebuch zeigt Facetten seines vielfältigen Werkes; es will eine Einladung sein, sich – wieder oder zum ersten Mal – mit Stefan Zweig zu beschäftigen.

Stefan Zweig wurde am 28. November 1881 in Wien geboren. Nach dem Studium der Philosophie, Germanistik und Romanistik, das er mit der Promotion abschloss, reiste er viel, durch Europa, Nordafrika, Indien, Nordamerika. Noch während der Studienzeit, 1901, veröffentlichte er sein erstes Buch, einen Gedichtband. Zum aktiven Militärdienst untauglich, wurde er im Ersten Weltkrieg ins Kriegsarchiv versetzt, bis er als Kriegsgegner 1917 für die ›Neue Freie Presse‹ nach Zürich gehen konnte. Von 1919 bis 1934 lebte er in Salzburg, emigrierte dann nach England und 1941 nach Brasilien. Am 23. Februar 1942 schied Stefan Zweig mit seiner zweiten Frau in Petrópolis bei Rio de Janeiro freiwillig aus dem Leben. Die letzten vollendeten Werke, die ›Schachnovelle‹ und seine Erinnerungen ›Die Welt von Gestern‹, erschienen posthum.

Unsere Adresse im Internet: www.fischerverlage.de

STEFAN ZWEIG

Das große Lesebuch

Fischer Taschenbuch Verlag

Ausgewählt von Wolfgang Kloft

Limitierte Sonderausgabe
Veröffentlicht im Fischer Taschenbuch Verlag,
einem Unternehmen der S. Fischer Verlag GmbH,
Frankfurt am Main, Januar 2008

Quellenhinweise am Ende des Bandes
Gesamtherstellung: Clausen & Bosse, Leck
Printed in Germany
ISBN 978-3-596-17795-0

Inhalt

Die Legende der dritten Taube

In dem Buche vom Anfang der Zeit ist die Geschichte der ersten Taube erzählt und die der zweiten, die Urvater Noah aus der Arche um Botschaft sandte, als die Schleusen des Himmels sich schlossen und die Gewässer der Tiefe versiegten. Doch die Reise und das Schicksal der dritten Taube, wer hat sie gekündet? Auf dem Gipfel des Berges Ararat war das rettende Schiff gestrandet, das in seinem Schoß alles von der Sintflut verschonte Leben barg, und als des Urvaters Blick vom Maste nur Woge und Welle sah, unendliches Gewässer, da sandte er eine Taube, die erste, aus, daß sie ihm Botschaft bringe, ob irgendwo schon Land zu schauen sei unter dem entwölkten Himmel.

Die erste Taube, so wird dort erzählt, hob sich auf und spannte die Schwingen. Sie flog gen Osten und gen Westen, aber Wasser war noch überall. Nirgends fand sie Rast für ihren Flug, und allmählich begannen ihr die Flügel zu lahmen. So kehrte sie zurück zum einzigen Festen der Welt, zur Arche, und flatterte um das ruhende Schiff auf dem Berggipfel, bis Noah die Hand ausstreckte und sie heim zu sich in die Arche nahm.

Sieben Tage wartete er nun, sieben Tage, in denen kein Regen fiel und die Gewässer sanken, dann nahm er neuerlich eine Taube, die zweite, und sandte sie um Kunde. Die Taube flog aus des Morgens, und als sie wiederkam zur Vesperzeit, da trug sie als erstes Zeichen der befreiten Erde ein Ölblatt im Schnabel. So vernahm Noah, daß die Wipfel der Bäume schon über Wasser ragten und die Prüfung bestanden sei.

Nach abermals sieben Tagen sandte er wiederum eine Taube, die dritte, auf Kunde, und sie flog in die Welt. Morgens flog sie aus und kehrte doch des Abends nicht zurück, Tag um Tag harrte Noah, doch sie kam nicht wieder. Da wußte der Urvater, daß die Erde frei sei und die Wasser gesunken. Von der Taube aber, der dritten, hat er niemals wieder vernommen und auch die Menschheit nicht, nie ward ihre Legende gekündet bis in unsere Tage.

Dies aber war der dritten Taube Reise und Geschick. Des Morgens war sie von der dumpfen Kammer des Schiffes ausgeflogen, darin im Dunkel die gepreßten Tiere murrten vor Ungeduld und ein Gedränge war von Hufen und Klauen, ein wüstes Getön von Brüllen und Pfeifen und Zischen und Bellen, sie war ausgeflogen aus der Enge in die unendliche Weite, aus dem Dunkel in das Licht. Da sie aber die Schwinge nun hob in die lichtklare, vom Regen süß gewürzte Luft, wogte mit einemmal Freiheit um sie und die Gnade des Unbegrenzten. Von der Tiefe schimmerten die Wasser, wie feuchtes Moos leuchteten grün die Wälder, von den Wiesen stieg weiß der Brodem der Frühe, und das duftende Gären der Pflanzen durchsüßte die Wiesen. Glanz fiel von den metallenen Himmeln spiegelnd herab, an den Zinnen der Berge brach die steigende Sonne sich in unendlichen Morgenröten, wie rotes Blut schimmerte davon das Meer, wie heißes Blut dampfte davon die blühende Erde. Göttlich war es, dies Erwachen zu schauen, und seligen Blicks wiegte die Taube sich mit flachen Schwingen über der purpurnen Welt, über Länder und Meere flog sie dahin und ward im Träumen allmählich selber ein schwingender Traum. Wie Gott selbst sah sie als erste nun die befreite Erde, und ihres Schauens war kein Ende. Längst hatte sie Noah, den Weißbart der Arche, vergessen und seinen Auftrag, längst vergessen die Wiederkehr. Denn die Welt war ihr nun Heimat geworden und der Himmel ihr eigenstes Haus.

So flog die dritte Taube, der ungetreue Bote des Urvaters, über die leere Welt, weiter, immer weiter, vom Sturm ihres Glückes getragen, vom Wind ihrer seligen Unrast, weiter flog sie, immer weiter, bis die Schwingen ihr schwer wurden und bleiern das Gefieder. Die Erde zog sie nieder zu sich mit wuchtigem Zwang, immer tiefer senkten sich die matten Flügel, daß sie der feuchten Bäume Wipfel schon streiften, und am Abend des zweiten Tages ließ sie sich endlich sinken in die Tiefe eines Waldes, der noch namenlos war wie alles in jenem

Anfang der Zeit. Im Dickicht des Gezweigs barg sie sich und ruhte von der luftigen Fahrt. Reisig deckte sie zu, Wind schläferte sie ein, kühl war es im Gezweige des Tags und warm in der waldigen Wohnung des Nachts. Bald vergaß sie die windigen Himmel und die Lokkung der Ferne, die grüne Wölbung schloß sie ein und die Zeit wuchs ungezählt über sie.

Es war ein Wald unserer nahen Welt, den die verirrte Taube sich zur Hausung erkoren, aber noch weilten keine Menschen darin, und in dieser Einsamkeit ward sie allmählich selber zum Traum. Im Dunkel, im nachtgrünen, nistete sie und die Jahre gingen an ihr vorüber und es vergaß sie der Tod, denn alle jene Tiere, jeder Gattung das eine, das noch die erste Welt vor der Sintflut gesehen, sie können nicht sterben, und kein Jäger vermag etwas wider sie. Unsichtbar nisten sie in den unerforschten Falten des Erdkleids und so diese Taube auch in der Tiefe des Waldes. Manchmal freilich kam Ahnen über sie von der Menschen Gegenwart, ein Schuß knallte und sprang hundertfach wider von den grünen Wänden, Holzfäller schlugen gegen die Stämme, daß rings das Dunkel dröhnte, das leise Lachen der Verliebten, die verschlungen ins Abseits gingen, gurrte heimlich im Gezweige, und das Singen der Kinder, die Beeren suchten, tönte dünn und fern. Die versunkene Taube, versponnen in Laub und Traum, hörte manchmal diese Stimmen der Welt, aber sie lauschte ihnen ohne Ängste und blieb in ihrem Dunkel.

Einmal aber in diesen Tagen hub der ganze Wald an zu dröhnen, und es donnerte, als bräche die Erde entzwei. Durch die Luft sausten pfeifend schwarze, metallene Massen, und wo sie fielen, sprang die Erde entsetzt empor, und die Bäume brachen wie Halme. Menschen in farbigen Gewändern warfen den Tod einander zu, und die furchtbaren Maschinen schleuderten Feuer und Brand. Blitze fuhren von der Erde in die Wolken und Donner ihnen nach; es war, als wolle das Land in den Himmel springen oder der Himmel niederfallen über das Land. Die Taube fuhr auf aus ihrem Traum. Tod war über ihr und Vernichtung; wie einst die Wasser, so schwoll nun das Feuer über die Welt. Jäh spannte sie die Flügel und schwirrte empor, sich andere

Heimstatt zu suchen als den stürzenden Wald: eine Stätte des Friedens.

Sie schwirrte auf und flog über unsere Welt, um Frieden zu finden, aber wohin sie flog, überall waren diese Blitze, diese Donner der Menschen, überall Krieg. Ein Meer von Feuer und Blut überschwemmte wie einstens die Erde, eine Sintflut war wieder gekommen, und hastig flügelte sie durch unsere Länder, eine Stätte der Rast zu erspähn und dann aufzuschweben zum Urvater, ihm das Ölblatt der Verheißung zu bringen. Aber nirgends war es zu finden in diesen Tagen, immer höher schwoll die Flut des Verderbens über die Menschheit, immer weiter fraß sich der Brand durch unsere Welt. Noch hat sie die Rast nicht gefunden, noch die Menschheit den Frieden nicht, und eher darf sie nicht heimkehren, nicht ruhen für alle Zeit.

Keiner hat sie gesehen, die verirrte mythische Taube, die friedensuchende, in unseren Tagen, aber doch flattert sie über unsern Häuptern, ängstlich und schon flügelmatt. Manchmal, des Nachts nur, wenn man aufschreckt aus dem Schlaf, hört man ein Rauschen oben in der Luft, ein hastiges Jagen im Dunkel, verstörten Flug und ratlose Flucht. Auf ihren Schwingen schweben all unsere schwarzen Gedanken, in ihrer Angst wogen all unsere Wünsche, und die da zwischen Himmel und Erde zitternd schwebt, die verirrte Taube, unser eigenes Schicksal kündet sie nun, der ungetreue Bote von einst, an den Urvater der Menschheit. Und wieder harrt wie vor Tausenden Jahren eine Welt, daß einer die Hand ihr entgegenbreite und erkenne, es sei genug nun der Prüfung.

[Der freie Blick in die Welt]

Anno 1000. Ein schwerer, dumpfer Schlaf liegt über der abendländischen Welt. Die Augen sind zu müde, um wachend um sich zu schauen, die Sinne zu erschöpft, neugierig sich zu regen. Der Geist der Menschheit ist gelähmt wie nach einer tödlichen Krankheit, sie will nichts mehr wissen von ihrer Welt. Und noch sonderbarer: Selbst was sie vordem wußte, hat sie auf unbegreifliche Weise vergessen. Man hat verlernt zu lesen, zu schreiben, zu rechnen, sogar die Könige und Kaiser des Abendlandes sind nicht mehr imstande, ihren eigenen Namen unter ein Pergament zu setzen. Die Wissenschaften sind zu theologischen Mumien erstarrt, die irdische Hand ist nicht mehr fähig, in Zeichnung und Plastik den eigenen Körper nachzubilden. Über allen Horizonten liegt gleichsam ein undurchdringlicher Nebel. Man reist nicht mehr, man weiß nichts von fremden Ländern; man verschanzt sich in Burgen und Städten gegen die wilden Völker, die immer und immer wieder von Osten hereinbrechen. Man lebt in der Enge, man lebt im Dunkel, man lebt ohne Mut – ein schwerer, dumpfer Schlaf liegt über der abendländischen Welt.

Manchmal dämmert in diesen schweren, dumpfen Schlummer ein ungewisses Erinnern, daß die Welt einmal anders gewesen, weiter, farbiger, lichter, beschwingter, erfüllt von Geschehnis und Abenteuer. Sind nicht einmal Straßen durch all die Länder gegangen und auf ihnen die römischen Legionen geschritten und hinter ihnen die Liktoren, die Hüter der Ordnung, die Männer des Rechts? Ist nicht einmal ein Mann Caesar gewesen, der zugleich Ägypten und Britannien erobert, sind nicht die Triremen gefahren in die Länder jenseits des Mittelmeers, in das sich längst kein Schiff mehr wagt aus Angst vor den Piraten? War nicht einstmals ein König Alexander bis nach Indien gedrungen, dies sagenhafte Land, und über Persien heimgekehrt? Hat es nicht vormals Weise gegeben, die in den Sternen zu lesen verstanden, um die Form der Erde wußten und um das Geheimnis der Menschen? Man müßte darüber lesen in den Büchern. Aber es gibt keine Bücher mehr. Man müßte reisen und fremde Länder sehen. Aber es gibt keine Straßen mehr. Es ist alles vorüber. Es war vielleicht nur ein Traum.

Und dann: wozu sich mühen? Wozu noch einmal die Kräfte spannen, da doch alles zu Ende ist? Im Jahre 1000, so ist es verkündet, wird die Welt zugrundegehen. Gott hat sie gerichtet, weil sie zu viele Sünden begangen, so predigen die Priester von den Kanzeln, und am ersten Tage des Jahrtausends wird der Tag des großen Gerichts beginnen; verstört, in zerrissenen Kleidern, strömen die Menschen zusammen zu großen Prozessionen, brennende Kerzen in den Händen. Die Bauern verlassen die Felder, die Reichen verkaufen und verschwenden ihre Habe. Denn morgen werden sie kommen, die Reiter der Apokalypse auf ihren fahlen Rossen; der Jüngste Tag ist nahe. Und Tausende und Tausende knien nachts, diese letzte Nacht, in den Kirchen und warten auf den Sturz in die ewige Finsternis.

Anno 1100. Nein, die Welt ist nicht untergegangen. Gott ist noch einmal gnädig gewesen mit seiner Menschheit. Sie darf weiterleben. Sie soll weiterleben, um seine Güte, seine Größe zu bezeugen. Man muß ihm danken für seine Gnade. Man muß seinen Dank gegen den Himmel heben wie eine betende Hand, und so steigen die Dome auf, die Kathedralen, diese steinernen Pfeiler des Gebets. Und man muß Christus, dem Mittler seiner Gnade, seine Liebe bekunden. Darf man es weiter dulden, daß der Ort seines Leidens und sein heiliges Grab in den ruchlosen Händen der Heiden bleiben? Auf, Ritter des Abendlands, auf, ihr Gläubigen alle, ins Morgenland! Habt ihr den Ruf nicht gehört: »Gott will es!«? Heraus aus den Burgen, den Dörfern, den Städten, vorwärts und vorwärts zum Kreuzzug über Land und See!

Anno 1200. Das heilige Grab ist erobert und wieder verloren. Vergeblich die Kreuzfahrt und doch nicht vergeblich. Denn Europa ist wach geworden auf dieser Fahrt. Es hat seine eigene Kraft gespürt, seinen eigenen Mut gemessen, es hat wieder entdeckt, wieviel Neues und Anderes auf dieser Welt Gottes Raum und Heimat hat, andere

Räume, andere Früchte, andere Stoffe und Menschen und Tiere und Sitten unter anderem Himmel. Erstaunt, beschämt haben die Ritter und ihre Bauern und Knechte im Morgenland gesehen, wie eng, wie dumpf sie daheim leben in ihrem abendländischen Winkel, und wie reich, wie raffiniert, wie üppig die Sarazenen. Diese Heiden, die man von ferne verachtet, haben glatte, weiche, kühle Stoffe aus indischer Seide, die dichten und farbenfunkelnden Teppiche von Buchara, sie haben Gewürze und Kräuter und Düfte, welche die Sinne erregen und beschwingen. Ihre Schiffe fahren in die fernsten Länder, Sklaven und Perlen und schimmernde Erze zu bringen, ihre Karawanen ziehen die Straßen auf endlosen Reisen entlang; nein, sie sind keine rohen Gesellen, wie man vermeint, sie kennen die Erde und ihr Geheimnis. Sie haben Karten und Tafeln, auf denen alles geschrieben und verzeichnet ist. Sie haben Weise, die den Lauf der Sterne kennen und die Gesetze, nach denen sie sich bewegen. Sie haben Länder und Meere erobert, allen Reichtum, allen Handel, alle Lust des Daseins an sich gerissen und sind doch nicht bessere Krieger als die deutsche, die französische Ritterschaft.

Wie haben sie es gemacht? Sie haben gelernt. Sie haben Schulen und in den Schulen die Schriften, die alles überliefern und erklären. Sie wissen die Weisheit der alten Gelehrten des Abendlands und haben sie gemehrt mit neuen Kenntnissen. Man muß also lernen, um die Welt zu erobern. Man darf nicht nur in Turnieren und wüsten Schlemmereien seine Kraft vertun, man muß auch den Geist biegsam und scharf und wendig machen wie eine Toledanerklinge. Also lernen, denken, studieren, beobachten! In ungeduldigem Wettlauf reiht sich eine Universität neben die andere, in Siena und Salamanca, in Oxford und Toulouse, jedes Land Europas will die Wissenschaft zuerst für sich; nach Jahrhunderten der Gleichgültigkeit versucht der abendländische Mensch wieder das Geheimnis der Erde, des Himmels und des Menschen zu ergründen.

1300. Europa hat die theologische Kapuze abgerissen, die ihm den freien Blick in die Welt verschlossen. Es hat keinen Sinn, immer nur über Gott zu grübeln, keinen Sinn, immer nur die alten Texte scholastisch neu auszulegen und zu diskutieren. Gott ist der Schöpfer, und da er den Menschen nach seinem Ebenbilde geschaffen, will er ihn schöpferisch. In allen Künsten, allen Wissenschaften sind noch Vorbilder hinterlassen von den Griechen, den Römern; man kann sie vielleicht erreichen, man kann wieder können, was die Antike einstmals konnte. Mag sein, man kann sie sogar übertreffen. Ein neuer Mut entzündet sich im Abendlande. Man beginnt wieder zu dichten, zu malen, zu philosophieren, und siehe, es gelingt. Es gelingt wunderbar. Ein Dante ersteht und ein Giotto, ein Roger Bacon und die Meister der Dome. Kaum daß er zum erstenmal die lang entwöhnten Schwingen gerührt, durchstößt der befreite Geist alle Fernen und Weiten.

Aber warum bleibt unter ihm die Erde so eng? Warum die irdische, die geographische Welt so begrenzt? Überall ist das Meer und das Meer und das Meer um alle Küsten und damit das Unbekannte und Unbetretbare, dieser unübersehbare Ozean, *ultra nemo scit quid contineatur,* von dem niemand weiß, was er verbirgt. Einzig gen Süden geht über Ägypten ein Weg nach den Traumländern Indiens, aber der ist gesperrt von den Heiden. Und über die Säulen des Herkules, die Enge von Gibraltar, darf kein Sterblicher sich wagen. Ewig wird sie das Ende aller Abenteuer bedeuten, nach Dantes Wort:

... quella foce stretta
Ov'Ercole segnò li suoi riguardi
Acció chè l'uom più oltre non si metta.

[... bis an jene enge Wasserstraße
wo Herkules die Warnungszeichen setzte,
auf daß der Mensch sich hier nicht weiter wage.]

Ach, kein Weg führt hinaus ins *mare tenebrosuma,* kein Schiff wird wiederkehren, das seinen Kiel in diese dunkle Wüste wendet. Der Mensch muß leben in einem Raume, den er nicht kennt; man ist eingeschlossen in eine Welt, deren Maß und Gestalt man wohl nie ergründen wird.

1298. Zwei alte, bärtige Männer, begleitet von einem jungen, offenbar Sohn eines dieser beiden, landen mit einem Schiff in Venedig. Sie tragen sonderbare Kleider, wie man sie niemals am Rialto gesehen, lange dicke Röcke, mit Pelzen verbrämt, und merkwürdige Behänge. Aber noch sonderbarer: diese drei Fremden sprechen den echtesten venezianischen Dialekt und behaupten Venezianer zu sein, Polo zu heißen, und Marco Polo nennt sich der jüngere. Es ist natürlich nicht ernst zu nehmen, was sie erzählen. Sie seien vor mehr als zwei Jahrzehnten von Venedig durch die moskowitischen Reiche, durch Armenien und Turkestan bis nach Mangi, nach China gekommen und hätten dort gelebt am Hofe des mächtigsten Herrschers der Erde, des Kubla Khan. Sie hätten sein ganzes riesiges Reich durchwandert, gegen das Italien sei wie eine Nelke neben einem Baumstamm, sie seien an den Rand der Welt gekommen, wo wieder der Ozean ist. Und wie der große Khan nach Jahren sie mit vielen Geschenken aus seinen Diensten entlassen, seien sie von diesem Ozean nach der Heimat zurückgefahren, zuerst vorbei an Zipangu und den Inseln der Gewürze und der großen Insel Taprobane (Ceylon) und dann an dem persischen Meerbusen, und glücklich heimgekehrt über Trapezunt.

Die Venezianer hören die drei an und lachen. Was für muntere Märchenerzähler! Noch nie ist ein Christ glaubhafterweise zu jenem Ozean am anderen Ende gelangt und hat jene Inseln Zipangu und Taprobane betreten! Unmöglich. Aber die Polos laden Gäste in ihr Haus und zeigen die Geschenke und Edelsteine; staunend erkennen die voreiligen Zweifler, daß ihre Landsleute die kühnste Entdeckung ihrer Zeit vollbracht. Rauschend strömt ihr Ruf durch das Abendland und beschwingt neu die Hoffnung: es ist doch möglich, nach Indien zu gelangen. Man kann diese reichsten Regionen der Erde erreichen und dann weiter von dort bis an das andere Ende der Welt.

1400. Indien erreichen, das ist jetzt der Traum des Jahrhunderts geworden. Und es ist der Lebenstraum eines einzelnen Mannes, des Prinzen Enrique von Portugal, den die Geschichte Heinrich den Seefahrer nennt, obwohl er selbst nie den Ozean befahren. Aber sein Leben und Streben gilt diesem einen Traum, *pasar a donde nascen las especerias*, die indischen Inseln, die Molukken erreichen, wo der kostbare Zimt und Pfeffer und Ingwer gedeihen, den die italienischen und flandrischen Händler jener Tage mit Gold aufwiegen. Die Ottomanen haben das Rote Meer, den nächsten Weg, den »Rumis«, den Ungläubigen, verschlossen und den ergiebigen Handel als Monopol entrissen. Wäre es nicht eine einträgliche und zugleich christliche Kreuzzugstat, den Feinden des Abendlands in den Rücken zu fallen? Könnte man nicht vielleicht Afrika umschiffen, um zu den Gewürzinseln zu gelangen? In alten Büchern geht ja sonderbare Kunde von einem phönizischen Schiff, das vor Hunderten Jahren in zweijähriger Reise vom Roten Meer rund um Afrika nach Karthago heimgekehrt. Könnte das nicht abermals gelingen?

Der Prinz Enrique versammelt um sich die Gelehrten seiner Zeit. Er hat auf dem äußersten Punkte Portugals, dem Kap Sagres, wo das unendliche atlantische Meer hoch an die Klippen schäumt, sich ein Haus errichtet, in dem er Karten und nautische Nachrichten sammelt; einen nach dem andern der Astronomen, der Piloten beruft er zu sich. Die älteren Gelehrten erklären jede Seefahrt über den Äquator unmöglich. Sie berufen sich auf Aristoteles und Strabo und Ptolemäus, die Weisen des Altertums. In der Nähe des Wendekreises werde das Meer dickflüssig, ein *mare pigrum*, und die Schiffe würden verbrennen im steilen Sonnenbrand. Niemand könne in diesen Zonen wohnen, kein Baum und kein Grashalm gedeihen; die Seeleute müßten verschmachten zur See und verhungern auf dem Land.

Aber da sind andere Gelehrte, jüdische und arabische, die widersprechen. Man könne es wagen. Diese Märchen seien nur ausgestreut von den maurischen Kaufleuten, um die Christen zu entmutigen. Der große Geograph Edrisi habe längst festgestellt, daß im Süden ein fruchtbares Land liege, Bilad Ghana (Guinea), aus dem mit Karawanen quer durch die Wüste die Mauren sich schwarze Sklaven holten. Und sie hätten Karten gesehen, arabische Karten, die den Weg um Afrika zeigten. Man könne es wagen, die Küste entlang zu fahren, nun da die neuen Instrumente die Breitenbestimmung erlaubten und die aus

China herübergebrachte Magnetnadel die Richtung des Pols zeige. Man könne es wagen, sofern man größere, seetüchtigere Schiffe baue. Prinz Enrique gibt den Befehl. Und das große Wagnis beginnt.

1450. Das große Wagnis hat begonnen, die unsterbliche portugiesische Tat. 1419 ist Madeira entdeckt oder vielmehr wiederentdeckt, 1435 kennt man die langgesuchten *insulae fortunatae* der Alten. Jedes Jahr fast bringt neuen Vorstoß. Cap Verde ist umfahren, 1445 der Senegal erreicht, und siehe, überall sind Palmen und Früchte und Menschen. Jetzt weiß die neue Zeit schon mehr als die Weisen der Vorzeit, und triumphierend kann Nuno Tristão von einer Expedition zurückberichten, er habe »mit Verlaub seiner Gnaden des Ptolemäus« fruchtbares Land entdeckt, wo der große Grieche jede Möglichkeit bestritten. Zum erstenmal seit einem Jahrtausend wagt ein Seefahrer den Allweisen der Erdkunde zu verhöhnen. Einer dieser neuen Helden übertrifft den andern, Diego Cam und Diniz Diaz, Cadamosto und Nuno Tristão, jeder setzen sie an eine bisher unbetretene Küste den stolzen Gedenkstein mit dem portugiesischen Kreuz als Zeichen der Besitznahme. Staunend folgt die Welt dem Vorstoß dieses kleinen Volks ins Unbekannte, das allein das *feito nunca feito*, die nie getane Tat vollbringt.

1486. Triumph! Afrika ist umfahren! Bartholomäus Diaz hat das Cap Tormentoso, das Kap der Guten Hoffnung, umrundet. Von dort geht der Weg nicht mehr weiter nach Süden. Nur nach Osten quer über den Ozean muß man mit den guten Monsunen steuern, den Weg, den man bereits von den Karten kennt, die dem König von Portugal die Expedition zweier jüdischer Gesandten an den »Prester John«, den christlichen König von Abessinien, heimgebracht; dann ist Indien erreicht. Aber die Mannschaft des Bartholomäus Diaz ist erschöpft und bringt ihn damit um eine Tat, die Vasco da Gama vollbringen wird. Genug für diesmal! Der Weg ist gefunden. Niemand kann Portugal mehr zuvorkommen.

1492. Doch! Es ist jemand Portugal zuvorgekommen. Etwas Unglaubliches hat sich ereignet. Ein gewisser Colón oder Colom oder Colombo – *Christophorus quidam Colonus vir Ligurus*, wie Petrus Martyr berichtet –, »ein völlig unbekannter Mann«, *una persona que ninguna persona conocía*, wie ein anderer berichtet, ist unter spanischer Flagge westwärts in den offenen Ozean statt ostwärts über Afrika gefahren und hat – Wunder ohnegleichen! – auf diesem *brevissimo cammino* nach seiner Aussage Indien erreicht. Zwar hat er den Kubla Khan Marco Polos nicht angetroffen, aber er ist nach seiner Aussage zuerst auf der Insel Zipangu (Japan) gewesen und dann in Mangi (China) gelandet. Nur einige Tagereisen, und er hätte den Ganges erreicht.

Europa staunt auf, da Columbus zurückkehrt mit merkwürdig rötlichen Indern, mit Papageien und seltsamem Getier und großen Erzählungen vom Golde. Sonderbar, sonderbar – so ist die Erdkugel doch kleiner als man gedacht, und Toscanelli hat wahr gesprochen. Drei Wochen muß man nur von Spanien oder Portugal nach Westen steuern, und man ist in China oder Japan und ganz nahe den Inseln der Gewürze; welche Torheit dann, wie die Portugiesen sechs Monate um Afrika zu segeln, da Indien mit all seinen Schätzen so nah vor den Toren Spaniens liegt. Und das erste ist, daß Spanien sich durch päpstliche Bulle diesen Weg nach Westen und alle dort entdeckten Lande sichert.

1493. Columbus, nun aber nicht mehr ein gewisser *quidam*, sondern Großadmiral ihrer königlichen Majestät und Vizekönig der neuentdeckten Provinzen, fährt zum zweitenmal nach Indien. Er hat Briefe seiner Königin an den großen Khan mit, den er diesmal in China sicher anzutreffen hofft; er hat fünfzehnhundert Leute mit sich, Krieger, Matrosen, Siedler und sogar Musikanten, »um die Eingeborenen zu unterhalten«, außerdem reichlich eisenbeschlagene Kisten für das Gold und die Edelsteine, die er aus Zipangu und Calicut heimzubringen gedenkt.

1497. Ein anderer Seefahrer, Sebastian Cabot, ist quer von England über den Ozean gefahren. Und erstaunlich, auch er hat Land erreicht. Ist es das alte »Vinland« der Vikinger? Ist es China? Wunderbar jedenfalls, der Ozean, der *mare tenebroso* ist bezwungen und muß seine Geheimnisse Stück um Stück den Mutigen jetzt ausliefern.

1499. Jubel in Portugal, Sensation in Europa! Vasco da Gama ist heimgekehrt aus Indien über das gefährliche Kap. Er hat den andern, den weiteren, den schwierigeren Weg genommen, aber ist in Calicut gelandet bei den sagenhaft reichen Zamorims und nicht nur wie Columbus auf kleinen Inseln und abgelegenem Festland: er hat das Herz Indiens gesehen und seine Schatzkammern. Schon rüstet man eine neue Expedition unter Cabral. Spanien und Portugal sind jetzt im Wettlauf um Indien.

1500. Ein neues Geheimnis. Cabral ist auf seiner Fahrt um Afrika zu weit nach Westen ausgewichen und ist abermals auf Land im Süden gestoßen wie Cabot im Norden. Ist es die Insel Antilla, die sagenhafte der alten Karten? Ist es abermals Indien?

1502. Es ereignet sich zu viel, als daß man es fassen, begreifen, übersehen könnte; in diesem einen Jahrzehnt ist mehr entdeckt worden als vordem in Tausenden Jahren. Ein Schiff nach dem andern fährt aus dem Hafen, und jedes bringt neue Botschaft heim. Es ist, als ob ein zauberischer Nebel plötzlich zerrissen wäre: überall im Norden, im Süden taucht Land, überall eine Insel auf, wohin sich der Kiel nach Westen wendet; der Kalender mit all seinen Heiligen hat nicht mehr genug Namen, sie alle zu benennen. Ihrer tausend behauptet der Admiral Columbus allein entdeckt und die Ströme gesehen zu haben, die aus dem Paradies entspringen. Aber sonderbar, sonderbar! Wieso waren all diese Inseln, diese merkwürdigen Länder an der indischen Küste den Alten und den Arabern unbekannt? Wieso hat Marco Polo sie nicht erwähnt, und wie anders ist, was er von Zipangu und Zaitun berichtet, als was der Admiral gefunden? All das ist so wirr und so widersprechend und voll Geheimnis, daß man nicht weiß, was man glauben soll von diesen Inseln im Westen. Ist wirklich die Welt schon umrundet, ist Columbus tatsächlich schon so nahe dem Ganges gewesen, wie er behauptet, daß er, von Westen kommend, Vasco da Gama begegnen könnte, wenn er von Osten segelt? Ist das Erdrund kleiner, ist es größer als man gedacht? Da haben die deutschen Buchdrucker doch jetzt Bücher so leicht erreichbar gemacht – wenn nur endlich einer käme, all diese Wunder zu erklären!

Ungeduldig warten die Gelehrten, die Seefahrer, die Kaufleute, die Fürsten, wartet Europa. Nach all den Entdeckungen will die Menschheit endlich wissen, was sie entdeckt hat. Die entscheidende Tat des Jahrhunderts, so fühlt jeder einzelne, ist vollbracht, aber es fehlen ihr noch der Sinn und die Deutung.

[Eine Schicksalsstunde Europas]

Der Übergang des fünfzehnten in das sechzehnte Jahrhundert ist eine Schicksalsstunde Europas und in ihrer dramatischen Gedrängtheit nur der unseren vergleichbar. Mit einem Schlage erweitert sich der europäische Raum ins Welthafte, eine Entdeckung jagt die andere, und innerhalb weniger Jahre wird durch die Verwegenheit eines neuen Seefahrergeschlechts nachgeholt, was Jahrhunderte durch ihre Gleichgültigkeit oder Mutlosigkeit versäumten. Wie an einer elektrischen Uhr springen die Zahlen: 1486 wagt sich Diaz als erster Europäer bis an das Kap der Guten Hoffnung, 1492 erreicht Columbus die amerikanischen Inseln, 1497 Sebastian Cabot Labrador und damit das amerikanische Festland. Ein neuer Kontinent gehört dem Bewußtsein der weißen Rasse, aber schon segelt Vasco da Gama, abstoßend von Sansibar, nach Calicut und eröffnet den Seeweg nach Indien, 1500 entdeckt Cabral Brasilien, endlich, von 1519 bis 1522, unternimmt Magalhães die denkwürdigste, die krönende Tat, die erste Reise eines Menschen um die ganze Erde, von Spanien nach Spanien. Damit ist Martin Behaims »Erdapfel« von 1490, der erste Globus, bei seinem Erscheinen als unchristliche Hypothese und Narrenwerk verlacht, für richtig erkannt, die kühnste Tat hat den verwegensten Gedanken bekräftigt. Über Nacht ist für die denkende Menschheit der runde Ball, auf dem sie bisher ungewiß und bedrückt als auf einer terra incognita durch den Sternenraum kreiste, zu einer erfahrbaren, durchfahrbaren Wirklichkeit geworden, das Meer, bishin bloß eine im Mythischen endlos wogende blaue Wüste, ein durchmessenes und meßbares, ein der Menschheit dienstbares Element. Mit einem Ruck erhebt sich der europäische Wagemut, jetzt gibt es keine Pause, kein Atemholen mehr in dem wilden Wettlauf um die Entdeckung des Kosmos. Jedesmal wenn die Kanonen von Cádiz oder Lissabon einer heimkehrenden Galeone den Willkomm bieten, strömt eine neugierige Menge an den Hafen, andere Botschaft von neuentdeckten Ländern zu vernehmen, niegesehene Vögel, Tiere und Menschen zu bewundern; erschauernd blicken sie auf die riesigen Frachten von Silber und Gold, nach allen Windrichtungen läuft die Botschaft durch Europa, das über Nacht dank dem geistigen Heldentum seiner Rasse Mittelpunkt und Herrscher des ganzen Weltalls geworden ist. Fast gleichzeitig aber durchforscht Kopernikus die unbetretenen Bahnen der Gestirne über der plötzlich erhellten Erde, und all dies neue Wissen dringt vermöge der neuentdeckten Buchdruckerkunst mit gleichfalls bisher unbekannten Geschwindigkeiten in die entlegensten Städte und verlorensten Weiler des Abendlands: zum erstenmal hat Europa seit Jahrhunderten ein beglückendes und daseinssteigerndes Kollektiverlebnis. Innerhalb einer einzigen Generation haben die Urelemente menschlicher Anschauung, haben Raum und Zeit völlig andere Maße und Werte bekommen – nur unsere Jahrhundertwende mit der ebenso plötzlich sich überbietenden Raum- und Zeitverkürzung durch Telephon, Radio, Auto und Flugzeug hat eine gleiche Umwertung des Lebensrhythmus durch Erfindung und Entdeckung erfahren.

Eine derart plötzliche Erweiterung des äußeren Weltraums muß selbstverständlich eine gleich heftige Umschaltung im Seelenraum zur Folge haben. Jeder einzelne ist unvermutet genötigt, in andern Dimensionen zu denken, zu rechnen, zu leben; aber ehe das Gehirn sich der kaum faßbaren Verwandlung angepaßt hat, verwandelt sich schon das Gefühl – eine ratlose Verwirrung, halb Angst, halb enthusiastischer Taumel, ist immer die erste Antwort der Seele, wenn sie ihr Maß plötzlich verliert, wenn all die Normen und Formen, auf denen sie als auf einem bisher Beständigen fußte, gespenstig unter ihr weggleiten. Über Nacht ist alles Gewisse fraglich geworden, alles Gestrige wie jahrtausendalt und abgelebt; die Erdkarten des Ptolemäus, zwanzig Geschlechtern ein unumstößliches Heiligtum, werden durch Columbus und Magalhães Kindergespött, die gläubig seit Jahrtausenden nachgeschriebenen und als fehllos bewunderten Werke über Weltkunde, Astronomie, Geometrie, Medizin, Mathematik ungültig und überholt, alles Gewesene welkt dahin vor dem heißen Atem der neuen Zeit. Nun ist es zu Ende mit all dem Kommentieren und Disputieren, es stürzen die alten Autoritäten als zertrümmerte Götzen der Ehrfurcht, es fallen die papiernen Türme der Scholastik, der Ausblick wird frei. Ein geistiges Fieber nach Wissen und Wissenschaft entsteht aus der plötzlichen Durchblutung des europäischen Organismus mit neuem Weltstoff, der Rhythmus beschleunigt sich. Entwicklungen, die in gemächlichem Übergang sich befanden, bekommen von diesem Fieber einen hitzigen Ablauf, alles Bestehende gerät wie durch einen Erdstoß in Bewegung. Die vom Mittelalter ererbten Ordnungen schichten sich um, manche steigen, manche versinken: die Ritterschaft geht zugrunde, die Städte streben auf, der Bauernstand verarmt, Handel und Luxus blühen mit tropischer Kraft dank dem Dünger von ozeanischem Gold. Immer heftiger wird die Gärung, eine völlige soziale Umgruppierung kommt in Fluß, ähnlich der unsern durch den Einbruch der Technik und ihre gleichfalls zu plötzliche Organisierung und Rationalisierung: einer jener typischen Augenblicke tritt ein, da die Menschheit gleichsam von ihrer eigenen Leistung überrannt wird und alle Kraft aufbieten muß, um sich selber wieder nachzukommen.

Alle Zonen menschlicher Ordnung werden von diesem ungeheuren Stoß erschüttert, selbst jene unterste Schicht des Seelenreichs ist um diese großartige Jahrhundert- und Weltenwende erreicht, die sonst unberührt unter den Zeitstürmen liegt: das Religiöse. Von der katholischen Kirche in starre Form gebannt, hatte das Dogma wie ein Fels unverrückbar allen Orkanen standgehalten, und dieser große, gläubige Gehorsam war gleichsam das Signum des Mittelalters gewesen. Oben stand ehern die Autorität und gebot, von unten blickte, gläubig hingegeben, die Menschheit dem heiligen Wort entgegen, kein Zweifel wagte sich gegen die geistliche Wahrheit, und wo Widerstand sich rührte, offenbarte die Kirche ihre Verteidigungskraft: der Bannstrahl zerbrach das Schwert der Kaiser und erstickte den Atem der Ketzer. Völker, Stämme, Rassen und Klassen, so fremd und feindlich sie einander waren, verband dieser einhellige, demütige

Gehorsam, dieser blind und selig dienende Glaube zu einer großartigen Gemeinschaft: im Mittelalter hatte die abendländische Menschheit nur eine einheitliche Seele, die katholische. Europa ruhte im Schoße der Kirche, manchmal von mystischen Träumen bewegt und erregt, aber es ruhte, und jeder Wunsch nach Wahrheit und Wissenschaft war ihm fremd. Jetzt zum erstenmal beginnt eine Unruhe die abendländische Seele zu bewegen: seit die Geheimnisse der Erde ergründbar geworden sind, warum sollte es nicht auch das Göttliche sein? Allmählich erheben sich einzelne von den Knien, auf denen sie gesenkten Hauptes demütig gelegen, und blicken fragend empor, statt der Demut beseelt sie ein neuer Denkmut und Fragemut, und neben den kühnen Abenteurern unbekannter Meere, neben den Columbus, Pizarro, Magalhães ersteht ein Geschlecht geistiger Konquistadoren, die sich entschlossen an das Unermeßliche wagen. Die religiöse Gewalt, die jahrhundertelang im Dogma verschlossen war wie in einer versiegelten Flasche, strömt ätherisch aus, sie dringt aus den priesterlichen Konzilen bis in die Tiefe des Volks; auch in dieser letzten Sphäre will die Welt sich erneuern und verändern. Dank seinem siegreich erprobten Selbstvertrauen empfindet sich der Mensch des sechzehnten Jahrhunderts nicht mehr als winziges, willenloses Staubkorn, das nach dem Tau der göttlichen Gnade dürstet, sondern als Mittelpunkt des Geschehens, als Kraftträger der Welt; Demut und Düsternis schlagen plötzlich um in Selbstgefühl, dessen sinnlichsten und unvergänglichen Machtrausch wir mit dem Worte Renaissance umfassen, und neben den geistlichen Lehrer tritt gleichberechtigt der geistige, neben die Kirche die Wissenschaft. Auch hier ist eine höchste Autorität gebrochen oder zumindest ins Wanken gebracht, die demütig stumme Menschheit des Mittelalters ist zu Ende, eine neue beginnt, die mit gleich religiöser Inbrunst fragt und forscht, wie die frühere geglaubt und gebetet. Aus den Klöstern wandert der Wissensdrang in die Universitäten, die fast gleichzeitig in allen Ländern Europas erstehen, Trutzburgen der freien Forschung. Raum ist geschaffen für den Dichter, den Denker, den Philosophen, für die Künder und Erforscher aller Geheimnisse der menschlichen Seele, in andere Formen gießt der Geist seine Kraft; der Humanismus versucht, das Göttliche ohne geistliche Vermittlung den Menschen zurückzugeben, und schon erhebt sich, vereinzelt zuerst, aber dann von der Sicherheit der Masse getragen, die große welthistorische Forderung der Reformation.

Großartiger Augenblick, eine Jahrhundertwende, die zur Zeitwende wird: Europa hat einen Atemzug lang gleichsam ein Herz, eine Seele, einen Willen, ein Verlangen. Übermächtig fühlt es sich als Ganzheit angerufen von noch unverständlichem Befehl zur Verwandlung. Herrlich bereit ist die Stunde, Unrast gärt in den Ländern, atmende Angst und Ungeduld in den Seelen, und über all dem schwingt und schwebt ein einziges dunkles Lauschen nach dem befreienden, nach dem zielsetzenden Wort; jetzt oder niemals ist es dem Geist gegeben, die Welt zu erneuern.

Die Hochzeit von Lyon

Am zwölften November 1793 brachte Barrère im französischen Nationalkonvent gegen das abtrünnige und endlich erstürmte Lyon jenen tödlichen Antrag ein, der mit den lapidaren Worten endigte: »Lyon bekämpfte die Freiheit, Lyon ist nicht mehr.« Die Gebäude der volksaufrührerischen Stadt sollten, so forderte er, dem Erdboden gleichgemacht, seine Monumente in Asche verwandelt und selbst der Name ihr genommen werden. Acht Tage zögerte der Konvent, so völliger Vernichtung der zweitgrößten Stadt Frankreichs zuzustimmen, und selbst nach der Unterzeichnung führte der Volksbeauftragte Couthon, des geheimen Einverständnisses Robespierres gewiß, jenen herostratischen Befehl nur lässig aus. Um der Form zu genügen, versammelte er mit großem Pomp das Volk auf dem Platz von Bellecourt und klopfte mit silbernem Hammer symbolisch gegen die der Vernichtung bestimmten Häuser, aber nur zögernd brach dann der Spaten in die herrlichen Fassaden ein, und die Guillotine übte noch sparsam ihren dumpf dröhnenden Niederfall. Von dieser unerwarteten Milde beruhigt, begann die vom Bürgerkrieg und monatelanger Belagerung grausam erregte Stadt schon wieder ersten Atem der Hoffnung zu wagen, als plötzlich der human zögernde Tribun abberufen wurde und statt seiner Collot d'Herbois und Fouché in Ville Affranchie – denn so hieß von nun ab Lyon in den Dekreten der Republik – mit der Schärpe der Volksbeauftragten geschmückt erschienen. Nun wurde über Nacht, was bloß als pathetisch abschreckendes Dekret vermeint war, grimmige Wirklichkeit. »Man hat hier bisher nichts getan«, meldete ungeduldig, die eigene patriotische Energie zu erweisen und den milderen Vorgänger zu verdächtigen, der erste Bericht der neuen Tribunen an den Konvent, und sofort setzten jene furchtbaren Exekutionen ein, an die sich Fouché, der *mitrailleur de Lyon*, als späterer Herzog von Otranto und Verteidiger aller legitimen Prinzipien nur ungern mehr erinnern ließ.

Statt des langsam aufmörtelnden Spatens sprengten jetzt Pulverminen reihenweise die herrlichsten Gebäude nieder, statt der »unzuverlässigen und unzulänglichen« Guillotine erledigten Massenfusilladen und Kartätschen Hunderte von Verurteilten mit einer Salve. Geschärft durch täglich neue und schneidende Dekrete mähte die Justiz weitausholend wie eine Sense Tag um Tag ihre riesige Menschengarbe, längst schon besorgte die rasch wegschwemmende Rhône das zu langsame Geschäft des Einsargens und Gräbergrabens, längst genügten die Gefängnisse nicht mehr für die Fülle der Verdächtigten. So wurden die Keller der öffentlichen Gebäude, Schulen und Klöster den Verurteilten zum Aufenthalt bestimmt, freilich zu flüchtigem bloß, denn die Sense hieb rasch zu, und selten wärmte das gleiche Stroh denselben Leib mehr als eine einzige Nacht.

Zu so tragisch verkürzter Gemeinsamkeit war an einem scharffrostigen Tage jenes blutigen Monats wieder ein Trupp Verurteilter in die Keller des Stadthauses getrieben worden. Mittags hatte man sie Mann für Mann vor die Kommissare geführt und in fliegendem Fragespiel ihr Schicksal erledigt; nun saßen die vierundsechzig Verurteilten, Frauen und Männer, wirr durcheinander in dem niedergewölbten, nach Weinfässern und Moder dünstenden Dunkel, das im Vorderraum ein kärgliches Kaminfeuer eher durchfärbte als durchwärmte. Die meisten hatten sich lethargisch auf ihre Strohsäcke hingeworfen, andere schrieben an dem einzig bewilligten Holztisch bei wackeligem Wachslicht hastige Abschiedsbriefe, wußten sie doch, daß ihr Leben eher zu Ende sein würde als die im kalten Raume blauschauernde Kerze. Keiner von ihnen aber sprach anders als flüsternd, und so dröhnte deutlich in die gefrorene Stille von der Straße her die dumpfe Explosion der Minen und das rasch ihr folgende Niederkrachen der Häuser. Doch schon war durch die schmetternde Geschwindigkeit der Geschehnisse alle Fähigkeit des Gefühls und des deutlichen Denkens den Geprüften genommen; reglos und wortlos lehnten die meisten im Dunkel wie in einem Vortraum ihres Grabes, nichts mehr erwartend und mit keiner Regung mehr dem Lebendigen zugewandt.

Da dröhnte gegen die siebte Abendstunde plötzlich ein energisch-harter Schritt an der Türe, Kolben klirrten, der rostige Riegel kreischte zurück. Unwillkürlich schreckten alle auf: sollte gegen die triste Gewohnheit einer sonst verstatteten Nacht schon jetzt ihre Stunde gekommen sein? Im kalten Luftzug der aufgerissenen Tür sprang die Flamme blau von der Kerze, als wollte sie dem wächsernen Leib entfliehen, und mit ihr aufzuckend warf Angst sich dem Unbekannten entgegen. Aber bald beruhigte sich der jäh aufgerissene Schrecken, brachte der Kerkermeister doch nichts als einen neuen nachträglichen Schub Verurteilter, etwa zwanzig an der Zahl, die er wortlos und ohne ihnen im überfüllten Raum besonderen Platz anzuweisen, die Treppe herabführte. Dann stöhnte die schwereiserne Tür wieder zu.

Unfreundlich blickten die Gefangenen den Ankömmlingen entgegen, denn dies Seltsame ist ja der menschlichen Natur zu eigen, überall eilig sich einzupassen und selbst im Flüchtigen sich zu Hause zu fühlen wie in seinem Recht. So betrachteten die früher Gekommenen den dumpfen modrigen Raum, den schimmeligen Strohsack, den Platz um das Feuer unwillkürlich schon als ihr Eigentum, und jeder der Neueingelangten erschien ihnen ein unberufener und schmälernder Eindringling. Die eben Eingelieferten wiederum mochten jene kalte Feindseligkeit ihrer Vorgänger, so unsinnig sie auch in tödlicher Stunde war, deutlich empfunden haben, denn – sonderbar – sie wechselten mit den Schicksalsgenossen weder Gruß noch Wort, forderten nicht Teil an Tisch und Stroh, sondern drückten sich nur wortlos und mürrisch in eine Ecke. Und war vordem die Stille schon grausam über dem Gewölbe gelegen, so mutete sie nun noch finsterer an durch diese Gespanntheit eines sinnlos herausgeforderten Gefühls.

Um so klingender, heller und gleichsam wie von anderer Welt hereingeschlagen fuhr nun plötzlich ein Schrei diese Stille durch, ein heller, beinahe zuckender Schrei, der unwiderstehlich selbst den Teilnahmslosesten aus Ruhe und Gedrücktheit riß. Ein Mädchen, neu angekommen mit den anderen, plötzlich und ruckhaft war sie aufgesprungen, und sie war es auch, die sich, die Arme wie eine Stürzende vorgebreitet, mit dem zuckenden Ruf »Robert, Robert« einem jungen Menschen entgegenwarf, der abseits von den andern an dem Fenstergitter gelehnt hatte und nun seinerseits ihr entgegenfuhr. Und schon loderten wie zwei Flammen eines Feuers diese beiden jungen Gestalten Körper an Körper, Mund an Mund sich entgegen, so innig zusammenbrennend, daß die jäh ausströmenden Tränen der Entzükkung eine des anderen Wangen überströmten und ihr Schluchzen wie aus einer einzigen berstenden Kehle drang. Wenn sie sich ließen für einen Augenblick, ungläubig, sich wirklich zu fühlen und vom Übermaß des Unwahrscheinlichen erschreckt, so schlug im nächsten Augenblick schon wieder neue Umfangung sie womöglich noch glühender zusammen. Sie weinten und schluchzten und sprachen und schrien in einem Atem, ganz mit sich allein im Unendlichen des Gefühls und vollkommen achtlos der Mitgefährten, die erstaunt und durch dieses Staunen belebt sich ungewiß den beiden näherten.

Das junge Mädchen war mit Robert de L..., dem Sohn eines hohen Magistratsbeamten, seit Kindheit erst befreundet, seit Monaten dann verlobt gewesen. Schon war in der Kirche ihr Aufgebot erfolgt, und gerade jener blutige Tag, da die Truppen des Konvents in die Stadt einbrachen, ihrer Vermählung bestimmt, da gebot es die Pflicht ihrem Verlobten, der in der Armee Percys gegen die Republik gekämpft hatte, den Royalisten-General bei seinem verzweifelten Durchbruch zu begleiten. Wochenlang blieb dann jede Nachricht von ihm aus, und schon wagte sie zu hoffen, er habe sich glücklich über die Schweizer Grenze gerettet, als plötzlich ein Stadtschreiber ihr meldete, Angeber hätten sein Versteck auf dem Gehöft ausgekundschaftet, und gestern sei er dem Revolutionstribunal überliefert worden. Kaum hatte das kühne Mädchen von der Gefangennahme und zweifellosen Verurteilung ihres Verlobten erfahren, als sie mit jener magisch unbegreiflichen Energie, welche die Natur Frauen in Augenblicken höchster Gefahr zuteilt, das Unmögliche durchsetzte, persönlich bis zu dem unnahbaren Volksbeauftragten vorzudringen, um dort Gnade für ihren Verlobten zu erbitten. Collot d'Herbois, dem sie zuerst sich zu Füßen warf, hatte sie herb abgewiesen, er kenne keine Gnade für Verräter. Darauf war sie zu Fouché geeilt, der nicht minder hart als jener, aber verschlagener in den Mitteln, sich der Rührung, die ihn beim Anblick dieses verzweifelten jungen Mädchens übermannte, dadurch erwehrte, daß er log, gern hätte er zugunsten ihres Verlobten eingegriffen, aber er sehe – und dabei warf der geübte Seelenbetrüger einen lockeren Blick durch das Lorgnon auf irgendein gleichgültiges Blatt –, daß schon heute vormittag Robert de L... auf den Feldern von Brotteaux füsiliert worden sei. Die Täuschung des jungen Mädchens gelang dem Listigen vollkommen: sie glaubte sofort ihren Bräutigam tot. Aber statt einem wehrlosen Schmerz sich weibisch hinzugeben, riß sie, gleichgültig gegen ihr nun sinnloses Leben, die Kokarde sich aus dem Haar, trat sie mit Füßen, nannte lautschreiend, daß es durch alle offenen Türen dröhnte, Fouché und seine rasch herbeigeeilten Leute erbärmliche Blutsäufer, Henker und feige Verbrecher. Und noch während die Soldaten sie fesselten und aus dem Zimmer schleppten, konnte sie bereits hören, wie Fouché ihren Verhaftungsbefehl seinem pockennarbigen Sekretär diktierte.

Dies alles habe sie – so erzählt die Leidenschaftliche beinahe freudig den Umstehenden – aber nicht mehr als wirklich und wesenhaft empfunden, im Gegenteil, ein rauschendes Gefühl der Befriedigung hätte sie bei dem Gedanken erfaßt, rasch dem hingerichteten Bräutigam folgen zu dürfen. Bei dem Verhör habe sie auf alle Fragen gar nicht mehr Antwort gegeben, so stark hätte sie schon innen das Gefühl des nahen Endes mit Freude durchklungen, ja, sie habe nicht einmal die Augen recht erhoben, als man sie mit jenem verspäteten Trupp hier ins Gefängnis hineinstieß. Denn was hätte sie in dieser Welt noch weiter beschäftigen können, da sie ihren Geliebten tot wußte und sich selbst ihm in diesem Tode schon selig nah. Darum habe sie sich auch vollkommen anteilslos in die Ecke gelagert, bis ihr Blick, kaum der Dunkelheit gewöhnt, von der Haltung eines jungen Mannes befremdet worden sei, der nachdenklich am Fenster lehnte, ganz sonderbar ähnlich der Art, mit der ihr Verlobter vor sich hinzublicken pflegte. Gewaltsam habe sie sich verboten, einer so sinnlos trügerischen Hoffnung nachzugeben, immerhin aber sei sie aufgestanden. Und gerade in diesem Augenblick sei jener fast gleichzeitig an den Lichtkreis der Kerze herangetreten. Sie verstehe aber nicht, fügte sie in noch nachhallender Erschütterung bei, daß sie nicht gestorben sei in jener schneidenden Sekunde des Erschreckens, denn sie habe deutlich gefühlt, daß das Herz wie ein Lebendiges ihr aus der Brust sprang, als sie plötzlich ihn, den längst Aufgegebenen, vor sich lebendig sah.

Während sie dies in fliegender Eile erzählte, ließ nicht für einen Augenblick ihre Hand jene des Geliebten. Unverwandt, gleichsam noch immer ungewiß seiner Gegenwart, drängte sie immer wieder von neuem in seine Umfangung zurück, und dieser rührende Anblick jugendlicher Innigkeit erschütterte auf wunderbare Weise ihre Schicksalsgenossen. Eben noch lethargisch, müde, gleichgültig und jeder Empfindung verschlossen, umdrängten sie nun auf einmal das so sonderbar vereinigte Paar mit leidenschaftlicher Lebhaftigkeit. Jeder vergaß über diesem außerordentlichen sein eigenes Geschick, jeder gab willig dem strömenden Bedürfnis nach, ihnen ein Wort der Teilnahme, der Zustimmung oder auch des Mitleids zu sagen, aber in einer Art rauschhaftem Stolz wehrte das feurige Mädchen jedes Bedauern ab. Nein, sie sei glücklich, restlos glücklich, da sie nun wisse, daß sie zu gleicher Stunde mit ihrem Geliebten sterbe und keiner den andern betrauern müsse. Und nur eines mindere ihr Glück, daß sie mit noch fremdem Namen und nicht als seine angetraute Frau gemeinsam mit ihm vor Gott hintreten könne.

Sie hatte dies ausgesprochen, vollkommen arglos und absichtslos und beinahe des Gesprochenen schon vergessen, immer wieder sich der Umfangung des Geliebten hingebend; deshalb wurde sie auch nicht gewahr, daß, von diesem ihrem Wunsche tiefbewegt, unterdessen ein Kriegskamerad Roberts vorsichtig zur Seite schlich und mit einem älteren Mann leise zu flüstern begann. Jenen aber schienen die zugeflüsterten Worte sehr zu erschüttern, denn sofort raffte er sich empor und mühte sich zu den beiden hin. Er wäre, wandte er sich ihnen zu, was seine bäuerliche Kleidung wohl nicht erkennen lasse, ein eidverweigernder Priester aus Toulon und sei erst hier infolge einer Denunziation festgenommen worden. Aber wenn das priesterliche Gewand ihm jetzt fehle, so fühle er doch unverändert in sich sein Amt und seine priesterliche Macht. Und da der beiden Aufgebot längst erfolgt sei, andererseits das Urteil einen Aufschub nicht verstatte, so wolle er sich gerne unterfangen, ihr durchaus redliches Begehren sofort zu erfüllen und sie hier vor der Zeugenschaft ihrer Mitgefährten und jenes allerorts gegenwärtigen Gottes ehelich zu vereinigen.

Erstaunt von dieser nochmaligen und nie erhofften Wunscherfüllung blickte das junge Mädchen fragend ihren Verlobten an. Der antwortete mit einem strahlenden Blick. Da beugte das junge Mädchen ihre Knie auf die harten Fliesen, küßte die Hand des Priesters und bat, auch in diesem unwürdigen Raume die Vermählung zu vollziehen, denn sie fühle sich reines Sinnes und ganz von der Heiligkeit der Stunde erfüllt. Die anderen, tief erschüttert, daß dieser dumpfe Todesraum für einen Augenblick zur Kirche werden sollte, wurden unwillkürlich von der Erregung der Braut berührt und verdeckten sie mühsam durch vielfältige und hastige Tätigkeit. Die Männer reihten die wenigen Sessel heran, stellten die Wachslichter in gerader Reihe um ein eisernes Kruzifix und näherten so den Tisch einem Altar an, die Frauen flochten indes hastig die wenigen Blumen, die ihnen mitleidige Hände auf den Weg gegeben hatten, zu einem schmalen Kranz, den sie dem Mädchen auf das Haupt drückten, unterdessen war der Priester mit dem ihr zubestimmten Gatten in den Nebenraum getreten und hatte erst ihm und dann ihr die Beichte abgenommen, und wie die beiden nun vor den improvisierten Altar traten, entstand für einige Minuten eine so erfüllte und so auffällige Stille, daß plötzlich der Wachsoldat, irgendein Verdächtiges vermutend, die Tür aufriß und eintrat. Als er die sonderbare Vorbereitung bemerkte, wurde unwillkürlich sein dunkles Bauerngesicht ernst und ehrfürchtig. Er blieb, ohne zu stören, an der Tür stehen und ward so selber schweigsamer Zeuge der ungewöhnlichen Vermählung.

Der Priester trat vor den Tisch und erklärte in wenigen Worten, daß überall eine Kirche und ein Altar sei, wo Menschen sich in Demut Gott verbinden wollten. Dann kniete er hin und alle Anwesenden mit ihm; es blieb so still, daß keine der schmalen Flammen sich bewegte. Dann fragte der Priester in das Schweigen hinein, ob die beiden sich in Leben und Tod vereinen wollten. Mit fester Stimme antwortete sie: »In Leben und Tod«, und dieses Wort Tod – eben noch als ein Grauen gefühlt – schwang hell und klar und von keiner Furcht mehr durchzittert quer in den schweigenden Raum. Da einte der Priester ihre Hände und sprach die bindenden Worte: »*Ego auctoritate sanctae matris Ecclesiae qua fungor, conjungo vos in matrimonium in nomine Patris et Filii et Spiritus sancti.*«

Damit war die Zeremonie beendet. Die Neuvermählten küßten dem Priester die Hand und jeder von den Verurteilten drängte einzeln zu, ein besonderes Wort der Herzlichkeit ihnen zu sagen. Niemand dachte in dieser Sekunde an den Tod, und die ihn fühlten, empfanden seine Schrecknis nicht mehr.

Unterdessen hatte jener Freund, der bei der Vermählung als Zeuge gedient, mit einigen anderen leise geflüstert, und bald merkte man neuerdings eine sonderbare Geschäftigkeit beginnen. Die Männer trugen die Strohsäcke aus dem kleinen Nebengemach, und noch hatten die Neuverbundenen, ganz dem traumhaften Geschehen hingegeben, nichts von den Vorbereitungen bemerkt, als jener zu ihnen trat und lächelnd mitteilte, gerne hätten er und seine Schicksalsgenossen dem Paare ein Geschenk zu ihrem bräutlichen Tage geboten, doch welche irdische Gabe gelte noch jenen, die ihr eigenes Leben nicht zu halten vermöchten. So wollten sie das einzige bieten, was Neuvermählten erfreulich und kostbar sein könnte: die abgesonderte Stille einer bräutlichen und letzten Nacht, und lieber selber etwas gedrängter im äußeren Raum zusammenrücken, damit jenen das kleinere Gemach vollkommen gehöre. »Nützt die wenigen Stunden«, fügte er bei, »kein Atemzug Leben wird uns nochmal zurückgegeben, und wem in solchem Augenblicke noch Liebe gegönnt ist, der soll sie genießen.«

Das junge Mädchen errötete bis tief ins Haar, ihr Gatte aber sah frank dem Freunde in die Augen und schüttelte ergriffen die brüderliche Hand. Sie sprachen kein Wort, blickten einander nur an. Und so geschah es, daß ohne eine laute Anordnung unwillkürlich die Männer sich um den Bräutigam, die Frauen um die Braut reihten und mit feierlich erhobenen Lichtern sie hineingeleiteten in das vom Tode geliehene Gelaß, unbewußt derart uralten Hochzeitsbrauch wieder erfindend aus dem Übermaß teilnehmenden Gefühls.

Leise lehnten sie die Tür dann zu hinter den Vermählten, keiner aber wagte ein unziemliches oder unsauber scherzendes Wort über dies nahe und bräutliche Zusammensein, denn ein sonderbar feierliches Empfinden faltete stumme Flügel über sie alle, seit sie, ohnmächtig selber gegen das Schicksal, andern eine Handvoll Glück noch hatten zuteilen können. Und im geheimen war jeder dankbar für die wohltätige Ablenkung von dem eigenen unvermeidlichen Los. So lagen, im Dunkel verstreut, wach oder träumend, die Verurteilten auf ihren Strohsäcken bis zur Frühe, und selten nur durchwogte ein Seufzer den vom verlorenen Atem dicht erfüllten Raum.

Als dann am nächsten Morgen die Soldaten eintraten, um die vierundachtzig Verurteilten zur Richterstatt zu führen, fanden sie alle schon wach und völlig bereit. Nur im Nebenraum, wo die Vermählten weilten, blieb es still: selbst der harte Stoß der Kolben hatte die Ermüdeten nicht geweckt. So eilte der Brautführer leise hinüber, damit nicht der Henker es sei, der die Glücklichen gewaltsam erweckte. Sie lagen locker umschlungen, ihre Hand wie vergessen unter seinem rücklings geneigten Nacken; selbst in der weichen Erstarrung des Schlafes glänzten ihre Gesichter so selig entspannt, daß es dem Mitfühlenden schwer ward, solchen Frieden zu stören. Aber er durfte nicht zögern und rührte mit drängender Mahnung erst ihn an, der taumelnd aufblickte, mit einem Riß aber die Lage besann und zärtlich die Gefährtin vom Lager aufhob. Sie blickte empor, kindhaft erschreckt, doch nur von dem allzu jähen Auftauchen in die eisige Wirklichkeit. Dann lächelte sie ihm einverständlich zu: »Ich bin bereit.«

Unwillkürlich machten alle, als die beiden Hand in Hand eintraten, ihnen Platz, und so ergab es sich ohne Absicht, daß die Neuvermählten den Todesgang der Verurteilten eröffneten. Obwohl den täglichen Anblick jener traurigen Trupps schon gewohnt, blickten diesmal die Leute noch staunend dem sonderbaren Zuge nach, denn von diesen beiden Menschen, die ihn eröffneten, dem jungen Offizier und der mit bräutlichem Kranze geschmückten Frau, strahlte eine so ungewohnte Heiterkeit und fast selige Sicherheit aus, daß selbst dumpfe Seelen hier ein hohes Geheimnis ehrfürchtig fühlten. Aber auch die anderen Verurteilten stapften nicht den sonst schlürfenden Trott der zum Tode Geführten, sondern jeder von ihnen starrte auf die beiden, denen dreimal so unvermutete Wunscherfüllung geworden war, brennenden Blicks und mit dem verzweifelt angekrallten Vertrauen, noch einmal müsse, noch einmal werde an diesen beiden Glücklichen ein letztes Wunder sich ereignen und sie alle damit vom sicheren Tode erretten.

Aber das Leben liebt nur das Wunderbare und spart mit dem wirklichen Wunder: einzig das in Lyon damals Tagtägliche geschah. Der Zug wurde über die Brücke auf die sumpfigen Felder von Brotteaux geführt, dort erwarteten ihn zwölf Pelotons Infanterie, je drei Flintenläufe für den einzelnen Mann. Man stellte sie in Reih und Glied: Eine einzige Salve krachte alle nieder. Dann warfen die Soldaten die noch blutenden Leichen in die Rhône, deren rasche Strömung Antlitz und Schicksal dieser Unbekannten gleichgültig in sich hinunternahm. Nur der hochzeitliche Kranz, der sich vom Haupte der Sinkenden leichter gelöst hatte, schwamm einige Zeit noch sinnlos und fremd auf den weiterwandernden Wellen. Schließlich entschwand auch er und mit ihm für lange Zeit das Gedächtnis jener von den Lippen des Todes gelösten und darum denkwürdigen Liebesnacht.

Die Weltminute von Waterloo

Napoleon, 18. Juni 1815

Das Schicksal drängt zu den Gewaltigen und Gewalttätigen. Jahrelang macht es sich knechtisch gehorsam einem einzelnen hörig: Cäsar, Alexander, Napoleon; denn es liebt den elementaren Menschen, der ihm selber ähnlich wird, dem unfaßbaren Element.

Manchmal aber, ganz selten in allen Zeiten, wirft es in sonderbarer Laune irgendeinem Gleichgültigen sich hin. Manchmal – und dies sind die erstaunlichsten Augenblicke der Weltgeschichte – fällt der Faden des Fatums für eine zuckende Minute in eines ganz Nichtigen Hand. Immer sind dann solche Menschen mehr erschreckt als beglückt von dem Sturm der Verantwortung, der sie in heroisches Weltspiel mengt, und fast immer lassen sie das zugeworfene Schicksal zitternd aus den Händen. Selten nur reißt einer die Gelegenheit mächtig empor und sich selber mit ihr. Denn bloß eine Sekunde lang gibt sich das Große hin an den Geringen; wer sie versäumt, den begnadet sie nie mehr ein zweites Mal.

Grouchy

Zwischen Tanz, Liebschaften, Intrigen und Streit des Wiener Kongresses fährt als schmetternde Kanonenkugel sausend die Nachricht, Napoleon, der gefesselte Löwe, sei ausgebrochen aus seinem Käfig in Elba; und schon jagen andere Stafetten nach; er hat Lyon erobert, er hat den König verjagt, die Truppen gehen mit fanatischen Fahnen zu ihm über, er ist in Paris, in den Tuilerien, vergeblich waren Leipzig und zwanzig Jahre menschenmörderischen Krieges. Wie von einer Kralle gepackt, fahren die eben noch quengelnden streitenden Minister zusammen, ein englisches, ein preußisches, ein österreichisches, ein russisches Heer wird eilig aufgeboten, noch einmal und nun endgültig den Usurpator der Macht niederzuschmettern: nie war das legitime Europa der Kaiser und Könige einiger als in dieser Stunde ersten Entsetzens. Von Norden rückt Wellington gegen Frankreich, an seiner Seite schiebt sich eine preußische Armee unter Blücher hilfreich heran, am Rhein rüstet Schwarzenberg, und als Reserve marschieren quer durch Deutschland langsam und schwer die russischen Regimenter.

Napoleon übersieht mit einem Ruck die tödliche Gefahr. Er weiß, keine Zeit bleibt, zu warten, bis die Meute sich sammelt. Er muß sie zerteilen, muß sie einzeln anfallen, die Preußen, die Engländer, die Österreicher, ehe sie zur europäischen Armee werden und zum Untergang seines Kaiserreichs. Er muß eilen, weil sonst die Mißvergnügten im eigenen Lande erwachen, er muß schon Sieger sein, ehe die Republikaner erstarken und sich mit den Royalisten verbünden, bevor Fouché, der Zweizüngige und Unfaßbare, im Bunde mit Talleyrand, seinem Gegenspieler und Spiegelbild, ihm hinterrücks die Sehnen zerschneidet. In einem einzigen Elan muß er, den rauschenden Enthusiasmus der Armee nützend, gegen seine Feinde los; jeder Tag ist Verlust, jede Stunde Gefahr. So wirft er hastig den klirrenden Würfel auf das blutigste Schlachtfeld Europas, nach Belgien. Am 15. Juni, um drei Uhr morgens, überschreiten die Spitzen der großen – und nun auch einzigen – Armee Napoleons die Grenze. Am 16. schon rennen sie bei Ligny gegen die preußische Armee an und werfen sie zurück. Es ist der erste Prankenschlag des ausgebrochenen Löwen, ein furchtbarer, aber kein tödlicher. Geschlagen, aber nicht vernichtet, zieht sich die preußische Armee gegen Brüssel zurück.

Nun holt Napoleon aus zum zweiten Schlage, gegen Wellington. Er darf nicht Atem holen, nicht Atem lassen, denn jeder Tag bringt dem Gegner Verstärkung, und das Land hinter ihm, das ausgeblutete, unruhige, französische Volk muß berauscht werden mit dem feurigen Fusel der Siegesbulletins. Noch am 17. marschiert er mit seiner ganzen Armee bis an die Höhen von Quatre-Bras, wo Wellington, der kalte, stahlnervige Gegner, sich verschanzt hat. Nie waren Napoleons Dispositionen umsichtiger, seine militärischen Befehle klarer als an diesem Tage: er erwägt nicht nur den Angriff, sondern auch seine

Gefahren, nämlich, daß die geschlagene, aber nicht vernichtete Armee Blüchers sich mit jener Wellingtons vereinigen könnte. Dies zu verhindern, spaltet er einen Teil seiner Armee ab, damit sie Schritt für Schritt die preußische Armee vor sich herjage und die Vereinigung mit den Engländern verhindere.

Den Befehl dieser Verfolgungsarmee übergibt er dem Marschall Grouchy. Grouchy: ein mittlerer Mann, brav, aufrecht, wacker, verläßlich, ein Reiterführer, oftmals bewährt, aber ein Reiterführer und nicht mehr. Kein heißer, mitreißender Kavallerieberserker wie Murat, kein Stratege, wie Saint-Cyr und Berthier, kein Held wie Ney. Kein kriegerischer Küraß schmückt seine Brust, kein Mythus umrankt seine Gestalt, keine sichtbare Eigenheit gibt ihm Ruhm und Stellung in der heroischen Welt der Napoleonischen Legende: nur sein Unglück, nur sein Mißgeschick hat ihn berühmt gemacht. Zwanzig Jahre hat er gekämpft in allen Schlachten, von Spanien bis Rußland, von Holland bis Italien, langsam ist er die Staffel bis zur Marschallswürde aufgestiegen, nicht unverdient, aber ohne sonderliche Tat. Die Kugeln der Österreicher, die Sonne Ägyptens, die Dolche der Araber, der Frost Rußlands haben ihm die Vorgänger weggeräumt, Desaix bei Marengo, Kleber in Kairo, Lannes bei Wagram: den Weg zur obersten Würde, er hat ihn nicht erstürmt, sondern er ist ihm freigeschossen worden durch zwanzig Jahre Krieg.

Daß er in Grouchy keinen Heros hat und keinen Strategen, nur einen verläßlichen, treuen, braven, nüchternen Mann, weiß Napoleon wohl. Aber die Hälfte seiner Marschälle liegt unter der Erde, die andern sind verdrossen auf ihren Gütern geblieben, müde des unablässigen Biwaks. So ist er genötigt, einem mittleren Mann entscheidende Tat zu vertrauen.

Am 17. Juni, um elf Uhr vormittags, einen Tag nach dem Siege bei Ligny, einen Tag vor Waterloo, übergibt Napoleon dem Marschall Grouchy zum erstenmal ein selbständiges Kommando. Für einen Augenblick, für einen Tag tritt der bescheidene Grouchy aus der militärischen Hierarchie in die Weltgeschichte. Für einen Augenblick nur, aber für welch einen Augenblick! Napoleons Befehle sind klar. Während er selbst auf die Engländer losgeht, soll Grouchy mit einem Drittel der Armee die preußische Armee verfolgen. Ein einfacher Auftrag anscheinend dies, grade und unverkennbar, aber doch auch biegsam und zweischneidig wie ein Schwert. Denn gleichzeitig mit jener Verfolgung ist Grouchy geboten, ständig in Verbindung mit der Hauptarmee zu bleiben.

Zögernd übernimmt der Marschall den Befehl. Er ist nicht gewohnt, selbständig zu wirken, seine Besonnenheit ohne Initiative fühlt sich nur sicher, wenn der geniale Blick des Kaisers ihr die Tat zuweist. Außerdem spürt er im Rücken die Unzufriedenheit seiner Generäle, vielleicht auch, vielleicht, den dunklen Flügelschlag des Schicksals. Nur die Nähe des Hauptquartiers beruhigt ihn: denn bloß drei Stunden Eilmarsch trennen seine Armee von der kaiserlichen.

Im strömenden Regen nimmt Grouchy Abschied. Langsam rücken im schwammigen, lehmigen Grund seine Soldaten den Preußen nach, oder in die Richtung zumindest, in der sie Blücher und die Seinen vermuten.

Die Nacht in Caillou

Der nordische Regen strömt ohne Ende. Wie eine nasse Herde trotten im Dunkel die Regimenter Napoleons heran, jeder Mann zwei Pfund Schmutz an seinen Sohlen; nirgends Unterkunft, kein Haus und kein Dach. Das Stroh, zu schwammig, um sich darauf hinzulegen – so drücken sich immer zehn oder zwölf Soldaten zusammen und schlafen, aufrecht sitzend, Rücken an Rücken, im strömenden Regen. Auch der Kaiser selbst hält keine Rast. Eine fiebrige Nervosität jagt ihn auf und nieder, denn die Rekognoszierungen versagen an der Undurchdringlichkeit des Wetters, Kundschafter melden höchst verworrenen Bericht. Noch weiß er nicht, ob Wellington die Schlacht annimmt, und von Grouchy fehlt Nachricht über die Preußen. So schreitet er selbst um ein Uhr nachts – gleichgültig gegen den sausenden Wolkenbruch – die Vorposten entlang bis auf Kanonenschußweite an die englischen Biwaks heran, die ab und zu ein dünnes, rauchiges Licht im Nebel zeigen, und entwirft den Angriff. Erst mit Tagesgrauen kehrt er in die kleine Hütte Caillou, in sein ärmliches Hauptquartier, zurück, wo er die ersten Depeschen Grouchys findet; unklare Nachrichten über den Rückzug der Preußen, immerhin aber das beruhigende Versprechen, ihnen zu folgen. Allmählich hört der Regen auf. Ungeduldig geht der Kaiser im Zimmer auf und ab und starrt gegen den gelben Horizont, ob nicht endlich sich die Ferne enthüllen wolle und damit die Entscheidung.

Um fünf Uhr morgens – der Regen hat aufgehört – klärt sich auch das innere Gewölk des Entschließens. Der Befehl wird gegeben, um neun Uhr habe sturmbereit die ganze Armee anzutreten. Die Ordonnanzen sprengen in alle Richtungen. Bald knattern die Trommeln zur Sammlung. Nun erst wirft sich Napoleon auf sein Feldbett, um zwei Stunden zu schlafen.

Der Morgen von Waterloo

Neun Uhr morgens. Aber die Truppen sind noch nicht vollzählig beisammen. Der von dreitägigem Regen durchweichte Grund erschwert jede Bewegung und hemmt das Nachrücken der Artillerie. Erst allmählich erscheint die Sonne und leuchtet unter scharfem Wind: aber es ist nicht die Sonne von Austerlitz, blankstrahlend und glückverheißend, sondern nur falben Scheins glitzert mißmutig dieses nordische Licht. Endlich sind die Truppen bereit, und nun, ehe die Schlacht beginnt, reitet noch einmal Napoleon auf seiner weißen Stute die ganze Front entlang. Die Adler auf den Fahnen senken sich nieder wie unter brausendem Wind, die Reiter schütteln martialisch ihre Säbel, das Fußvolk hebt zum Gruß seine Bärenmützen auf die Spitzen der Bajonette. Alle Trommeln rollen frenetischen Wirbel, die Trompeten stoßen ihre scharfe Lust dem Feldherrn entgegen, aber alle diese funkelnden Töne überwogt donnernd der über die Regimenter hinrollende, aus siebzigtausend Soldatenkehlen sonor brausende Jubelschrei: »*Vive l'Empereur!*«

Keine Parade der zwanzig Napoleonjahre war großartiger und enthusiastischer als diese seine letzte. Kaum sind die Rufe verhallt, um elf Uhr – zwei Stunden später als vorausgesehen, um zwei verhängnisvolle Stunden zu spät! –, ergeht an die Kanoniere der Befehl, die Rotröcke am Hügel niederzukartätschen. Dann rückt Ney, *le brave des braves*, mit dem Fußvolk vor; die entscheidende Stunde Napoleons beginnt. Unzählige Male ist diese Schlacht geschildert worden, aber man wird nicht müde, ihre aufregenden Wechselfälle zu lesen, bald in der großartigen Darstellung Walter Scotts, bald in der episodischen Darstellung Stendhals. Sie ist groß und vielfältig von nah und fern gesehen, ebenso vom Hügel des Feldherrn wie vom Sattel des Kürassiers. Sie ist ein Kunstwerk der Spannung und Dramatik mit ihrem unablässigen Wechsel von Angst und Hoffnung, der plötzlich sich löst in einem äußersten Katastrophenmoment. Vorbild einer echten Tragödie, weil in diesem Einzelschicksal das Schicksal Europas bestimmt war und das phantastische Feuerwerk der Napoleonischen Existenz prachtvoll wie eine Rakete noch einmal aufschießt in alle Himmel, ehe es in zuckendem Sturz für immer erlischt.

Von elf bis ein Uhr stürmen die französischen Regimenter die Höhen, nehmen Dörfer und Stellungen, werden wieder verjagt, stürmen wieder empor. Schon bedecken zehntausend Tote die lehmigen, nassen Hügel des leeren Landes, und noch nichts ist erreicht als Erschöpfung hüben und drüben. Beide Heere sind ermüdet, beide Feldherren beunruhigt. Beide wissen, daß dem der Sieg gehört, der zuerst Verstärkung empfängt, Wellington von Blücher, Napoleon von Grouchy. Immer wieder greift Napoleon nervös zum Teleskop, immer neue Ordonnanzen jagt er hinüber; kommt sein Marschall rechtzeitig heran, so leuchtet über Frankreich noch einmal die Sonne von Austerlitz.

Der Fehlgang Grouchys

Grouchy, der unbewußt Napoleons Schicksal in Händen hält, ist indessen befehlsgemäß am 17. Juni abends aufgebrochen und folgt in der vorgeschriebenen Richtung den Preußen. Der Regen hat aufgehört. Sorglos wie in Friedensland schlendern die jungen Kompanien dahin, die gestern zum erstenmal Pulver geschmeckt haben: noch immer zeigt sich nicht der Feind, noch immer ist keine Spur zu finden von der geschlagenen preußischen Armee.

Da plötzlich, gerade als der Marschall in einem Bauernhaus ein rasches Frühstück nimmt, schüttert leise der Boden unter ihren Füßen. Sie horchen auf. Wieder und wieder rollt dumpf und schon verlöschend der Ton heran: Kanonen sind das, feuernde Batterien von ferne, doch nicht gar zu ferne, höchstens drei Stunden weit. Ein paar Offiziere werfen sich nach Indianerart auf die Erde, um deutlich die Richtung zu erlauschen. Stetig und dumpf dröhnt dieser ferne Schall. Es ist die Kanonade von Saint-Jean, der Beginn von Waterloo. Grouchy hält Rat. Heiß und feurig verlangt Gérard, sein Unterbefehlshaber, »*il faut marcher au canon*«, rasch hin in die Richtung des Geschützfeuers! Ein zweiter Offizier stimmt zu: hin, nur rasch hinüber! Es ist für sie alle zweifellos, daß der Kaiser auf die Engländer gestoßen ist und eine schwere Schlacht begonnen hat. Grouchy wird unsicher. An Gehorchen gewöhnt, hält er sich ängstlich an das geschriebene Blatt, an den Befehl des Kaisers, die Preußen auf ihrem Rückzug zu verfolgen. Gérard wird heftiger, als er sein Zögern sieht. »Marchez au canon!« – Wie ein Befehl klingt die Forderung des Unterkommandanten vor zwanzig Offizieren und Zivilisten, nicht wie eine Bitte. Das verstimmt Grouchy. Er erklärt härter und strenger, nicht abweichen zu dürfen von seiner Pflicht, solange keine Gegenordre vom Kaiser eintreffe. Die Offiziere sind enttäuscht, und die Kanonen poltern in ein böses Schweigen.

Da versucht Gérard sein Letztes: er bittet flehentlich, wenigstens mit seiner Division und etwas Kavallerie hinüber auf das Schlachtfeld zu dürfen, und verpflichtet sich, rechtzeitig zur Stelle zu sein. Grouchy überlegt. Er überlegt eine Sekunde lang.

Eine Sekunde überlegt Grouchy, und diese eine Sekunde formt sein eigenes Schicksal, das Napoleons und das der Welt. Sie entscheidet, diese Sekunde im Bauernhaus von Walhain, über das ganze neunzehnte Jahrhundert, und sie hängt an den Lippen – Unsterblichkeit – eines recht braven, recht banalen Menschen, sie liegt flach und offen in den Händen, die nervös die verhängnisvolle Ordre des Kaisers zwischen den Fingern knittern. Könnte Grouchy jetzt Mut fassen, kühn sein, ungehorsam der Ordre aus Glauben an sich und das sichtliche Zeichen, so wäre Frankreich gerettet. Aber der subalterne Mensch gehorcht immer dem Vorgeschriebenen und nie dem Anruf des Schicksals.

So winkt Grouchy energisch ab. Nein, das wäre unverantwortlich, ein so kleines Korps noch einmal zu teilen. Seine Aufgabe gebietet, die Preußen zu verfolgen, nichts als dies. Und er weigert sich, gegen den Befehl des Kaisers zu handeln. Die Offiziere schweigen verdrossen. Es entsteht eine Stille um ihn. Und in ihr entschwebt unwiderruflich, was Worte und Taten dann nie mehr fassen können – die entscheidende Sekunde. Wellington hat gesiegt.

So marschieren sie weiter, Gérard, Vandamme, mit zornigen Fäusten, Grouchy, bald beunruhigt und von Stunde zu Stunde unsicherer: denn sonderbar, noch immer zeigten sich die Preußen nicht, offenbar haben sie die Richtung auf Brüssel verlassen. Bald melden Botschafter verdächtige Anzeichen, daß ihr Rückzug sich in einen Flankenmarsch zum Schlachtfeld verwandelt habe. Noch wäre es Zeit, mit letzter Eile dem Kaiser zu Hilfe zu kommen, und immer ungeduldiger wartet Grouchy auf die Botschaft, auf den Befehl, zurückzukehren. Aber keine Nachricht kommt. Nur dumpf rollen immer ferner von drüben die Kanonen über die schauernde Erde: die eisernen Würfel von Waterloo.

Unterdessen ist es ein Uhr geworden. Vier Attacken sind zwar zurückgeworfen, aber sie haben das Zentrum Wellingtons empfindlich aufgelockert; schon rüstet Napoleon zum entscheidenden Sturm. Er läßt die Batterien vor Belle-Alliance verstärken, und ehe der Kampf der Kanonade seinen wolkigen Vorhang zwischen die Hügel zieht, wirft Napoleon noch einen letzten Blick über das Schlachtfeld.

Da bemerkt er nordöstlich einen dunkel vorrückenden Schatten, der aus den Wäldern zu fließen scheint: neue Truppen! Sofort wendet sich jedes Fernglas hin: ist es schon Grouchy, der kühn den Befehl überschritten hat und nun wunderbar zur rechten Stunde kommt? Nein, ein eingebrachter Gefangener meldet, es sei die Vorhut der Armee des Generals von Blücher, preußische Truppen. Zum erstenmal ahnt der Kaiser, jene geschlagene preußische Armee müsse sich der Verfolgung entzogen haben, um sich vorzeitig mit den Engländern zu vereinigen, indes ein Drittel seiner eigenen Truppen nutzlos im Leeren herummanövriere. Sofort schreibt er einen Brief an Grouchy mit dem Auftrag, um jeden Preis die Verbindung aufrechtzuerhalten und die Einmengung der Preußen in die Schlacht zu verhindern.

Zugleich erhält der Marschall Ney die Ordre zum Angriff. Wellington muß geworfen werden, ehe die Preußen eintreffen: kein Einsatz scheint mehr zu verwegen bei so plötzlich verringerten Chancen. Nun folgen den ganzen Nachmittag jene furchtbaren Attacken auf das Plateau mit immer frisch vorgeworfener Infanterie. Immer erstürmt sie die zerschossenen Dörfer, immer wieder wird sie herabgeschmettert, immer wieder erhebt sich mit flatternden Fahnen die Welle gegen die schon zerhämmerten Karrees. Aber noch hält Wellington stand, und noch immer kommt keine Nachricht von Grouchy. »Wo ist Grouchy? Wo bleibt Grouchy?« murmelt der Kaiser nervös, als er den Vortrab der Preußen allmählich eingreifen sieht. Auch die Befehlshaber unter ihm werden ungeduldig. Und entschlossen, gewaltsam ein Ende zu machen, schleudert Marschall Ney – ebenso tollkühn wie Grouchy allzu bedächtig (drei Pferde wurden ihm schon unter dem Leibe weggeschossen) – mit einem Wurf die ganze französische Kavallerie in einer einzigen Attacke heran. Zehntausend Kürassiere und Dragoner versuchen diesen fürchterlichen Todesritt, zerschmettern die Karrees, hauen die Kanoniere nieder und sprengen die ersten Reihen. Zwar werden sie selbst wieder herabgedrängt, aber die Kraft der englischen Armee ist im Erlöschen, die Faust, die jene Hügel umkrallt, beginnt sich zu lockern. Und als nun die dezimierte französische Kavallerie vor den Geschützen zurückweicht, rückt die letzte Reserve Napoleons, die alte Garde, schwer und langsamen Schrittes heran, um den Hügel zu stürmen, dessen Besitz das Schicksal Europas verbürgt.

Die Entscheidung

Vierhundert Kanonen donnern ununterbrochen seit Morgen auf beiden Seiten. An der Front klirren die Kavalkaden der Reiterei gegen die feuernden Karrees, Trommelschläge prasseln auf das dröhnende Fell, die ganze Ebene bebt vom vielfältigen Schall! Aber oben, auf den beiden Hügeln, horchen die beiden Feldherren über das Menschengewitter hinweg. Sie horchen beide auf leiseren Laut.

Zwei Uhren ticken leise wie Vogelherzen in ihrer Hand über die gewitternden Massen. Napoleon und Wellington, beide greifen sie ununterbrochen nach dem Chronometer und zählen die Stunden, die Minuten, die ihnen jene letzte entscheidende Hilfe bringen müssen. Wellington weiß Blücher nah, und Napoleon hofft auf Grouchy. Beide haben sie keine Reserven mehr, und wer zuerst eintrifft, hat die Schlacht entschieden. Beide spähen sie mit dem Teleskop nach dem Waldrand, wo jetzt wie ein leichtes Gewölk der preußische Vortrab zu erscheinen beginnt. Aber sind es nur Plänkler oder die Armee selbst, auf ihrer Flucht vor Grouchy? Schon leisten die Engländer nur noch letzten Widerstand, aber auch die französischen Truppen ermatten. Wie zwei Ringer keuchend, stehen sie mit schon gelähmten Armen einander gegenüber, atemholend, ehe sie einander zum letztenmal fassen: die unwiderrufliche Runde der Entscheidung ist gekommen.

Da endlich donnern Kanonen an der Flanke der Preußen: Geplänkel, Füsilierfeuer! »*Enfin Grouchy!*« Endlich Grouchy! atmet Napoleon auf. Im Vertrauen auf die nun gesicherte Flanke sammelt er seine letzte Mannschaft und wirft sie noch einmal gegen Wellingtons Zentrum, den englischen Riegel vor Brüssel zu zerbrechen, das Tor Europas aufzusprengen.

Aber jenes Gewehrfeuer war bloß ein irrtümliches Geplänkel, das die anrückenden Preußen, durch die andere Uniform verwirrt, gegen die Hannoveraner begonnen: bald stellen sie das Fehlfeuer ein, und ungehemmt, breit und mächtig, quellen jetzt ihre Massen aus der Waldung hervor: Nein, es ist nicht Grouchy, der mit seinen Truppen anrückt, sondern Blücher, und damit das Verhängnis. Die Botschaft verbreitet sich rasch unter den kaiserlichen Truppen, sie beginnen zurückzuweichen, in leidlicher Ordnung noch. Aber Wellington erfaßt den kritischen Augenblick. Er reitet bis an den Rand des siegreich verteidigten Hügels, lüftet den Hut und schwenkt ihn über dem Haupt gegen den weichenden Feind. Sofort verstehen die Seinen die triumphierende Geste. Mit einem Ruck erhebt sich, was von englischen Truppen noch übrig ist, und wirft sich auf die gelockerte Masse. Von der Seite stürzt gleichzeitig die preußische Kavallerie in die ermattete, zertrümmerte Armee: der Schrei gellt auf, der tödliche: »*Sauve qui peut!*« Ein paar Minuten nur, und die Grande Armee ist nichts mehr als ein zügellos jagender Angststrom, der alles, auch Napoleon selbst, mitreißt. Wie in wehrloses, fühlloses Wasser schlägt die nachspornende Kavallerie in diesen rasch und flüssig rückrennenden Strom, mit lockerem Zug fischen sie die Karosse Napoleons, den Heerschatz, die ganze Artillerie aus dem schreienden Schaum von Angst und Entsetzen, und nur die einbrechende Nacht rettet dem Kaiser Leben und Freiheit. Aber der dann mitternachts, verschmutzt und betäubt, in einem niedern Dorfwirtshaus müde in den Sessel fällt, ist kein Kaiser mehr. Sein Reich, seine Dynastie, sein Schicksal ist zu Ende: die Mutlosigkeit eines kleinen, unbedeutenden Menschen hat zerschlagen, was der Kühnste und Weitblickendste in zwanzig heroischen Jahren erbaut.

Kaum schmettert der englische Angriff Napoleon nieder, so jagt ein damals fast Namenloser auf einer Extrakalesche die Straße nach Brüssel und von Brüssel an das Meer, wo ein Schiff wartet. Er segelt hinüber nach London, um dort vor den Stafetten der Regierung einzutreffen, und es gelingt ihm, dank der noch unbekannten Nachricht, die Börse zu sprengen: es ist Rothschild, der mit diesem genialen Zug ein anderes Kaiserreich begründet, eine neue Dynastie. Am nächsten Tage weiß England um den Sieg und weiß in Paris Fouché, der ewige Verräter, um die Niederlage: schon dröhnen in Brüssel und Deutschland die Siegesglocken.

Nur einer weiß am nächsten Morgen noch nichts von Waterloo, obzwar nur vier Stunden weit von dem Schicksalsort: der unglückliche Grouchy; beharrlich und planmäßig ist er, genau nach dem Befehl, den Preußen nachgerückt. Aber sonderbar, er findet sie nirgends, das wirft Unsicherheit in sein Gefühl. Und immer noch poltern von nahe her die Kanonen lauter und lauter, als schrien sie um Hilfe. Sie spüren die Erde beben und spüren jeden Schuß bis ins Herz. Alle wissen nun, das gilt keinem Geplänkel, sondern eine gigantische Schlacht ist entbrannt, die Schlacht der Entscheidung.

Nervös reitet Grouchy zwischen seinen Offizieren. Sie vermeiden, mit ihm zu diskutieren: ihr Ratschlag ist ja verworfen.

Erlösung darum, wie sie bei Wavre endlich auf ein einzelnes preußisches Korps stoßen, auf Blüchers Nachhut. Gleich Rasenden stürmen sie gegen die Verschanzung, Gérard allen voran, als suche er, von düsterer Ahnung getrieben, den Tod. Eine Kugel schlägt ihn nieder: der lauteste der Mahner ist nun stumm. Mit Nachteinbruch stürmen sie das Dorf, aber sie fühlen's, dieser kleine Nachhutsieg hat keinen Sinn mehr, denn mit einmal ist es von drüben, vom Schlachtfeld her, vollkommen still geworden. Beängstigend stumm, grauenhaft friedlich, ein gräßliches, totes Schweigen. Und alle spüren sie, daß das Rollen der Geschütze noch besser war als diese nervenzerfressende Ungewißheit. Die Schlacht muß entschieden sein, die Schlacht bei

Waterloo, von der endlich Grouchy (zu spät!) jenes hilfedrängende Billet Napoleons erhalten hat. Sie muß entschieden sein, die gigantische Schlacht, doch für wen? Sie warten die ganze Nacht. Vergeblich! Keine Botschaft kommt von drüben. Es ist, als hätte die Große Armee sie vergessen, und sie ständen leer und sinnlos im undurchsichtigen Raum. Am Morgen brechen sie die Biwaks ab und nehmen den Marsch wieder auf, todmüde und längst bewußt, daß all ihr Marschieren und Manövrieren ganz zwecklos geworden ist. Da endlich, um zehn Uhr vormittags, sprengt ein Offizier des Generalstabs heran. Sie helfen ihm vom Pferde und überschütten ihn mit Fragen. Aber er, das Antlitz verwüstet von Grauen, die Haare naß an den Schläfen und zitternd von übermenschlicher Anstrengung, stammelt nur unverständliche Worte, Worte, die sie nicht verstehen, nicht verstehen können und wollen. Für einen Wahnsinnigen, für einen Trunkenen halten sie ihn, wie er sagt, es gäbe keinen Kaiser mehr, keine kaiserliche Armee, Frankreich sei verloren. Aber nach und nach entreißen sie ihm die ganze Wahrheit, den niederschmetternden, tödlich lähmenden Bericht. Grouchy steht bleich und stützt sich zitternd auf seinen Säbel: er weiß, daß jetzt das Martyrium seines Lebens beginnt. Aber er nimmt entschlossen die undankbare Aufgabe der vollen Schuld auf sich. Der subalterne, zaghafte Untergebene, der in der großen Sekunde der unsichtbaren Entscheidung versagte, wird jetzt, Blick in Blick mit einer nahen Gefahr, wieder Mann und beinahe Held. Er versammelt sofort alle Offiziere und hält – Tränen des Zorns und der Trauer in den Augen – eine kurze Ansprache, in der er sein Zögern rechtfertigt und gleichzeitig beklagt. Schweigend hören ihn seine Offiziere an, die ihm gestern noch grollten. Jeder könnte ihn anklagen und sich rühmen, besserer Meinung gewesen zu sein. Aber keiner wagt es und will es. Sie schweigen und schweigen. Die rasende Trauer macht sie alle stumm.

Und gerade in jener Stunde nach seiner versäumten Sekunde zeigt Grouchy – nun zu spät – seine ganze militärische Kraft. Alle seine großen Tugenden, Besonnenheit, Tüchtigkeit, Umsicht und Gewissenhaftigkeit werden klar, seit er wieder sich selbst vertraut und nicht mehr geschriebenem Befehl. Von fünffacher Übermacht umstellt, führt er – eine meisterhafte taktische Leistung – mitten durch die Feinde seine Truppen zurück, ohne eine Kanone, ohne einen Mann zu verlieren, und rettet Frankreich, rettet dem Kaiserreich sein letztes Heer. Aber kein Kaiser ist, wie er heimkehrt, mehr da, ihm zu danken, kein Feind, dem er die Truppen entgegenstellen kann. Er ist zu spät gekommen, zu spät für immer; und wenn nach außen sein Leben noch aufsteigt und man ihn zum Oberkommandanten ernennt, zum Pair von Frankreich, und er in jedem Amt sich mannhaft-tüchtig bewährt, nichts kann ihm mehr diesen einen Augenblick zurückkaufen, der ihn zum Herrn des Schicksals gemacht und dem er nicht gewachsen war.

So furchtbar rächt sich die große Sekunde, sie, die selten in das Leben der Irdischen niedersteigt, an dem zu Unrecht Gerufenen, der sie nicht zu nützen weiß. Alle bürgerlichen Tugenden, Vorsicht, Gehorsam, Eifer und Bedächtigkeit, sie alle schmelzen ohnmächtig in der Glut des großen Schicksalsaugenblicks, der immer nur den Genius fordert und zum dauernden Bildnis formt. Verächtlich stößt er den Zaghaften zurück; einzig den Kühnen hebt er, ein anderer Gott der Erde, mit feurigen Armen in den Himmel der Helden empor.

Die Marienbader Elegie

Goethe zwischen Karlsbad und Weimar

5. September 1823

Am 5. September 1823 rollt ein Reisewagen langsam die Landstraße von Karlsbad gegen Eger zu: der Morgen schauert schon herbstlich kühl, scharfer Wind geht durch die abgeernteten Felder, aber blau spannt sich der Himmel über geweitete Landschaft. In der Kalesche sitzen drei Männer, der großherzoglich sachsen-weimarsche Geheimrat v. Goethe (wie ihn die Kurliste Karlsbad rühmend verzeichnet) und die beiden Getreuen, Stadelmann, der alte Diener, und John, der Sekretär, dessen Hand fast alle Goethe-Werke des neuen Jahrhunderts zum erstenmal geschrieben. Keiner von beiden spricht ein Wort, denn seit der Abfahrt von Karlsbad, wo junge Frauen und Mädchen mit Gruß und Kuß den Scheidenden umdrängten, hat sich die Lippe des alternden Mannes nicht mehr geregt. Unbewegt sitzt er im Wagen, nur der sinnende, in sich gefangene Blick deutet auf innere Bewegung. In der ersten Relaisstation steigt er aus, die beiden Gefährten sehen ihn hastig mit der Bleifeder Worte auf ein zufälliges Blatt schreiben, und das gleiche wiederholt sich auf dem ganzen Wege bis Weimar bei Fahrt und Rast. In Zwotau, kaum angekommen, im Schloß Hartenberg am nächsten Tage, in Eger und dann in Pößneck, überall ist es sein erstes, das im rollenden Gefährt Übersonnene in eilender Schrift zu vermerken. Und das Tagebuch verrät nur lakonisch: »An dem Gedicht redigiert« (6. September), »Sonntag das Gedicht fortgesetzt« (7. September), »das Gedicht abermals unterwegs durchgegangen« (12. September). In Weimar, am Ziele, ist das Werk vollendet; kein geringeres als die »Marienbader Elegie«, das bedeutendste, das persönlich intimste und darum von ihm auch geliebteste Gedicht seines Alters, sein heroischer Abschied und sein heldenhafter Neubeginn.

»Tagebuch innerer Zustände« hat Goethe einmal im Gespräch die

Gedichte genannt, und vielleicht kein Blatt seines Lebenstagebuches liegt so offen, so klar in Ursprung und Entstehung vor uns wie dies tragisch fragende, tragisch klagende Dokument seines innersten Gefühls: kein lyrischer Erguß seiner Jünglingsjahre ist so unmittelbar aus Anlaß und Geschehnis entsprungen, kein Werk können wir dermaßen Zug um Zug, Strophe um Strophe, Stunde um Stunde sich bilden sehen wie dies »wundersame Lied, das uns bereitet«, dieses tiefste, reifste, wahrhaft herbstlich erglühende Spätlingsgedicht des Vierundsiebzigjährigen. »Produkt eines höchst leidenschaftlichen Zustandes«, wie er es Eckermann gegenüber nannte, vereint es gleichzeitig erhabenste Bändigung der Form: so wird offenbar und geheimnisvoll zugleich feurigster Lebensaugenblick in Gestaltung verwandelt. Noch heute, nach mehr als hundert Jahren, ist nichts welk und abgedunkelt an diesem herrlichen Blatt seines weitverzweigten rauschenden Lebens, und noch Jahrhunderte bewahrt sich dieser 5. September denkwürdig im Gedächtnis und Gefühl kommenden deutschen Geschlechts.

Über diesem Blatt, diesem Gedicht, diesem Menschen, dieser Stunde steht strahlend der seltene Stern der Neugeburt. Im Februar 1822 hatte Goethe schwerste Krankheit zu überstehen, heftige Fieberschauer durchschütteln den Körper, zu manchen Stunden ist das Bewußtsein schon verloren, und er selbst scheint es nicht minder. Die Ärzte, die kein deutliches Symptom erkennen und nur die Gefahr spüren, sind ratlos. Aber plötzlich, wie sie gekommen, entschwindet die Krankheit: im Juni geht Goethe nach Marienbad, ein vollkommen Verwandelter, denn fast hat es den Anschein, als ob jener Anfall nur Symptom einer inneren Verjüngung, einer »neuen Pubertät« gewesen wäre; der verschlossene, verhärtete, pedantische Mann, in dem das Dichterische fast ganz zu Gelehrsamkeit verkrustet war, gehorcht seit Jahrzehnten wieder nur noch ganz dem Gefühl. Musik »faltet ihn auseinander«, wie er sagt, kaum kann er Klavier spielen und besonders von einer so schönen Frau wie die Szymanowska spielen hören, ohne daß seine Augen in Tränen stehen; er sucht aus tiefstem Triebe Jugend auf, und staunend sehen die Genossen den Vierundsiebzigjährigen bis Mitternacht mit Frauen schwärmen, sehen ihn, wie er seit Jahren wieder zum Tanz antritt, wobei ihm, wie er stolz erzählt, »beim Damenwechsel die meisten hübschen Kinder in die Hand kamen«. Sein starres Wesen ist magisch aufgeschmolzen in diesem Sommer, und aufgetan, wie seine Seele nun ist, verfällt sie dem alten Zauber, der ewigen Magie. Das Tagebuch vermeldet verräterisch »konziliante Träume«, der »alte Werther« wird wieder in ihm wach: Frauennähe begeistert ihn zu kleinen Gedichten, zu scherzhaften Spielen und Neckereien, wie er sie vor einem halben Jahrhundert mit Lili Schönemann geübt. Noch schwankt unsicher die Wahl dem Weiblichen zu: erst ist es die schöne Polin, dann aber die neunzehnjährige Ulrike von Levetzow, der sein genesenes Gefühl entgegenschlägt. Vor fünfzehn Jahren hat er ihre Mutter geliebt und verehrt, und vor einem Jahre noch »das Töchterlein« bloß väterlich geneckt, nun aber wächst Neigung jäh zur Leidenschaft, nun eine andere Krankheit, sein ganzes Wesen ergreifend, tiefer ihn aufrüttelnd in der vulkanischen Welt des Gefühls als seit Jahren ein Erlebnis. Wie ein Knabe schwärmt der Vierundsiebzigjährige: kaum daß er die lachende Stimme auf der Promenade hört, läßt er die Arbeit und eilt ohne Hut und Stock zu dem heiteren Kinde hinab. Aber er wirbt auch wie ein Jüngling, wie ein Mann: das groteske Schauspiel, leicht satyrhaft im Tragischen, tut sich auf. Nachdem er mit dem Arzt geheim beraten, offenbart Goethe sich dem ältesten seiner Gefährten, dem Großherzog, mit der Bitte, er möchte für ihn bei Frau Levetzow um die Hand ihrer Tochter Ulrike werben. Und der Großherzog, gedenkend mancher tollen gemeinsamen Weibernacht vor fünfzig Jahren, vielleicht still und schadenfroh lächelnd über den Mann, den Deutschland, den Europa als den Weisesten der Weisen, den reifsten und abgeklärtesten Geist des Jahrhunderts verehrt – der Großherzog legt feierlich Stern und Orden an und geht für den Vierundsiebzigjährigen die Hand des neunzehnjährigen Mädchens von ihrer Mutter erbitten. Über die Antwort ist Genaues nicht bekannt – sie scheint abwartend, hinausschiebend gewesen zu sein. So ist Goethe Werber ohne Gewißheit, beglückt von bloß flüchtigem Kusse, liebgemeinten Worten, indes leidenschaftlicher und leidenschaftlicher das Verlangen ihn durchwogt, noch einmal Jugend in so zarter Gestalt zu besitzen. Noch einmal ringt der ewig Ungeduldige um höchste Gunst des Augenblicks: treulich folgt er von Marienbad der Geliebten nach Karlsbad, auch hier nur Ungewißheit für die Feurigkeit seines Wunsches findend, und mit dem sinkenden Sommer mehrt sich seine Qual. Endlich naht der Abschied, nichts versprechend, weniges verheißend, und als nun der Wagen rollt, fühlt der große Ahnende, daß ein Ungeheures in seinem Leben zu Ende ist. Aber tiefsten Schmerzes ewiger Genosse, ist in verdunkelter Stunde der alte Tröster da: über den Leidenden neigt sich der Genius, und der im Irdischen Trost nicht findet, ruft nach dem Gott. Noch einmal flieht, wie unzählige Male schon und nun zum letztenmal, Goethe aus dem Erlebnis in die Dichtung, und in wundersamer Dankbarkeit für diese letzte Gnade schreibt der Vierundsiebzigjährige über dies sein Gedicht die Verse seines Tasso, die er vor vierzig Jahren gedichtet, um sie noch einmal staunend zu erleben:

> Und wenn der Mensch in seiner Qual verstummt,
> Gab mir ein Gott, zu sagen, was ich leide.

Sinnend sitzt nun der greise Mann im fortrollenden Wagen, unmutig bewegt von der Ungewißheit innerer Fragen. Noch war Ulrike frühmorgens mit der Schwester beim »tumultuarischen Abschied« zu ihm hingeeilt, noch hatte ihn der jugendliche, der geliebte Mund geküßt, aber war dieser Kuß ein zärtlicher, war er ein töchterlicher? Wird sie ihn lieben können, wird sie ihn nicht vergessen? Und der Sohn, die Schwiegertochter, die unruhig das reiche Erbe erharren, werden sie eine Heirat dulden, die Welt, wird sie seiner nicht spotten? Wird er im nächsten Jahre ihr nicht weggealtert sein? Und wenn er sie sieht, was darf er vom Wiedersehen erhoffen?

Unruhig wogen die Fragen. Und plötzlich formt sich eine, die wesentlichste, zur Zeile, zur Strophe – die Frage, die Not wird zum Gedicht, der Gott hat ihm gegeben, »zu sagen, was ich leide«. Unmittelbar, nackt geradezu, stößt sich der Schrei hinein in das Gedicht, gewaltiger Anschwung innerer Bewegung:

> Was soll ich nun vom Wiedersehen hoffen,
> Von dieses Tages noch geschloßner Blüte?
> Das Paradies, die Hölle steht dir offen;
> Wie wankelsinnig regt sich's im Gemüte! –

Und nun strömt der Schmerz in kristallene Strophen, wunderbar von der eigenen Wirrnis gereinigt. Und wie der Dichter seines inneren Zustandes chaotische Not, die »schwüle Atmosphäre« durchirrt, hebt sich ihm zufällig der Blick. Aus dem rollenden Wagen sieht er morgendlich still die böhmische Landschaft, göttlichen Frieden gegen seine Unruhe gestellt, und schon fließt das eben erst geschaute Bildnis über sein Gedicht:

> Ist denn die Welt nicht übrig? Felsenwände,
> Sind sie nicht mehr gekrönt von heiligen Schatten?
> Die Ernte, reift sie nicht? Ein grün Gelände,
> Zieht sich's nicht hin am Fluß durch Busch und Matten?
> Und wölbt sich nicht das überweltlich Große,
> Gestaltenreiche, bald Gestaltenlose?

Aber zu unbeseelt ist ihm diese Welt. In solch leidenschaftlicher Sekunde vermag er alles nur in Verbindung mit der Gestalt der Geliebten zu begreifen, und magisch verdichtet sich die Erinnerung zu verklärender Erneuerung:

> Wie leicht und zierlich, klar und zart gewoben
> Schwebt, seraphgleich, aus ernster Wolken Chor,
> Als glich' es ihr, am blauen Äther droben
> Ein schlank Gebild aus lichtem Duft empor;
> So sahst du sie in frohem Tanze walten,
> Die lieblichste der lieblichen Gestalten.
> Doch nur Momente darfst dich unterwinden,
> Ein Luftgebild statt ihrer festzuhalten;

Ins Herz zurück! dort wirst du's besser finden,
Dort regt sie sich in wechselnden Gestalten:
Zu Vielen bildet Eine sich hinüber,
So tausendfach, und immer, immer lieber.

Kaum beschworen, bildet sich aber Ulrikens Bildnis schon sinnlich geformt. Er schildert, wie sie ihn empfing und »stufenweis' beglückte«, wie sie nach dem letzten Kuß ihm noch den »letztesten« auf die Lippen drückte, und selig erinnernder Beglückung dichtet nun in erhabenster Form der alte Meister eine der reinsten Strophen über das Gefühl der Hingabe und Liebe, die jemals die deutsche und irgendeine Sprache geschaffen:

In unsers Busens Reine wogt ein Streben,
Sich einem Höhern, Reinern, Unbekannten
Aus Dankbarkeit freiwillig hinzugeben,
Enträtselnd sich den ewig Ungenannten;
Wir heißen's: fromm sein! – Solcher seligen Höhe
Fühl' ich mich teilhaft, wenn ich vor ihr stehe.

Aber gerade im Nachgefühl dieses seligsten Zustandes leidet der Verlassene unter der Trennung der Gegenwart, und nun bricht ein Schmerz hervor, der die erhaben elegische Stimmung des großartigen Gedichtes fast zerreißt, eine Offenheit des Empfindens, wie sie nur das spontane Verwandeln eines unmittelbaren Erlebnisses einmal in Jahren verwirklicht. Erschütternd ist diese Klage:

Nun bin ich fern! Der jetzigen Minute,
Was ziemt denn der? Ich wüßt es nicht zu sagen.
Sie bietet mir zum Schönen manches Gute;
Das lastet nur, ich muß mich ihm entschlagen.
Mich treibt umher ein unbezwinglich Sehnen,
Da bleibt kein Rat als grenzenlose Tränen.

Dann steigert sich, kaum steigerungsfähig, der letzte, furchtbarste Aufschrei:

Verlaßt mich hier, getreue Weggenossen,
Laßt mich allein am Fels, in Moor und Moos!
Nur immer zu! euch ist die Welt erschlossen,
Die Erde weit, der Himmel hehr und groß;
Betrachtet, forscht, die Einzelheiten sammelt,
Naturgeheimnis werde nachgestammelt.
Mir ist das All, ich bin mir selbst verloren,
Der ich noch erst den Göttern Liebling war:
Sie prüften mich, verliehen mir Pandoren,
So reich an Gütern, reicher an Gefahr;
Sie drängten mich zum gabeseligen Munde,
Sie trennen mich und – richten mich zu Grunde.

Nie war dem sonst Verhaltenen eine ähnliche Strophe entklungen. Der sich als Jüngling zu verbergen, als Mann zu enthalten wußte, der sonst fast immer nur in Spiegelbildern, Chiffren und Symbolen sein tiefstes Geheimnis verriet, hier offenbart er als Greis zum erstenmal großartig frei sein Gefühl. Seit fünfzig Jahren war der fühlende Mensch, der große lyrische Dichter in ihm vielleicht nicht lebendiger als auf diesem unvergeßlichen Blatt, an diesem denkwürdigen Wendepunkt seines Lebens.

So geheimnisvoll, als eine seltene Gnade des Schicksals, hat auch Goethe selbst dieses Gedicht empfunden. Kaum nach Weimar heimgekehrt, ist es sein erstes, noch ehe er sich irgendeiner anderen Arbeit oder häuslichen Dingen zuwendet, eine kunstvolle Abschrift der Elegie eigenhändig zu kalligraphieren. Drei Tage schreibt er auf besonders gewähltem Papier mit großen, feierlichen Lettern, wie ein Mönch in seiner Zelle, das Gedicht nieder und birgt es selbst vor den nächsten Hausgenossen, auch vor dem vertrautesten, als Geheimnis. Selbst die Buchbinderarbeit fertigt er, damit geschwätzige Kunde sich nicht voreilig verbreite, und befestigt das Manuskript mit einer seidenen Schnur in einer Decke von rotem Maroquin (die er dann später durch einen blauen, wundervollen Leinwandband ersetzen ließ, der noch heute im Goethe-und-Schiller-Archiv zu sehen ist). Die Tage sind ärgerlich und verdrießlich, sein Heiratsplan hat im Hause nur Hohn gefunden, den Sohn sogar zu Ausbrüchen offenen Hasses verleitet; nur in den eigenen dichterischen Worten kann er bei dem geliebten Wesen weilen. Erst als die schöne Polin, die Szymanowska, wieder zu Besuch kommt, erneuert sich das Gefühl der hellen Marienbader Tage und macht ihn mitteilsam. Am 27. Oktober endlich ruft er Eckermann zu sich herein, und schon an der besonderen Feierlichkeit, mit der er die Verlesung einleitete, verrät sich's, mit welcher besonderen Liebe er an diesem Gedichte gehangen. Der Diener muß zwei Wachslichter auf den Schreibtisch stellen, dann erst wird Eckermann ersucht, vor den Lichtern Platz zu nehmen und die Elegie zu lesen. Nach und nach bekommen sie auch die anderen, aber nur die Vertrautesten, zu Gehör, denn Goethe hütet sie nach Eckermanns Worten »wie ein Heiligtum«. Daß sie besondere Bedeutung für sein Leben besitzt, zeigen schon die nächsten Monate. Dem gesteigerten Wohlbefinden des Verjüngten folgt bald ein Zusammenbruch. Wieder scheint er dem Tode nahe, schleppt sich vom Bett zum Lehnsessel, vom Lehnsessel zum Bett, ohne Ruhe zu finden; die Schwiegertochter ist auf Reisen, der Sohn voll Haß, niemand pflegt oder berät den verlassenen, alten Kranken. Da kommt, offenbar von den Freunden gerufen, Zelter aus Berlin, der Vertrauteste seines Herzens, und erkennt sofort den inneren Brand. »Was finde ich«, schreibt er erstaunt, »einen, der aussieht, als hätte er Liebe, die ganze Liebe mit aller Qual der Jugend im Leibe.« Um ihn zu heilen, liest er ihm immer und immer wieder »mit inniger Teilnahme« das eigene Gedicht vor, und Goethe wird nicht müde, es zu hören. »Es war doch eigen«, schreibt er dann als Genesender, »daß du mich durch dein gefühlvolles, sanftes Organ mehrmals vernehmen ließest, was mir in einem Grade lieb ist, den ich mir selbst nicht gestehen mag.« Und schreibt dann weiter: »Ich darf es nicht aus Händen geben, aber lebten wir zusammen, so müßtest du mir's so lange vorlesen und vorsingen, bis du's auswendig könntest.«

So kommt, wie Zelter sagt, »die Heilung vom Speer, der ihn verwundet hatte«. Goethe rettet sich – man darf es wohl so sagen – durch dieses Gedicht. Endlich ist die Qual überwunden, die letzte tragische Hoffnung besiegt, der Traum von einem ehelichen Leben mit dem geliebten »Töchterchen« zu Ende. Er weiß, er wird niemals mehr nach Marienbad, nach Karlsbad, nie mehr in die heitere Spielwelt der Sorglosen gehen, fortan gehört sein Leben allein noch der Arbeit. Dem Neubeginnen des Schicksals hat der Geprüfte entsagt, dafür tritt ein anderes großes Wort in seinen Lebenskreis, es heißt: vollenden. Ernst wendet er seinen Blick zurück auf sein Werk, das sechzig Jahre umspannt, sieht es zersplittert und verstreut und beschließt, da er nun nicht mehr bauen kann, wenigstens zu sammeln; der Kontrakt für die »Gesammelten Werke« wird abgeschlossen, das Schutzrecht erworben. Noch einmal wirbt seine Liebe, die eben noch um ein neunzehnjähriges Mädchen geirrt, um die beiden ältesten Gefährten seiner Jugend. »Wilhelm Meister« und »Faust«. Rüstig geht er zu Werke; aus vergilbten Blättern wird der Plan vergangenen Jahrhunderts erneuert. Ehe er achtzig ist, sind die »Wanderjahre« abgeschlossen, und heroischen Mutes tritt der Einundachtzigjährige an das »Hauptgeschäft« seines Lebens, den »Faust«, den er sieben Jahre nach diesen tragischen Schicksalstagen der Elegie vollendet und mit gleich ehrfürchtiger Pietät wie die Elegie noch mit Siegel und Geheimnis vor der Welt verschließt.

Zwischen diesen beiden Sphären des Gefühls, zwischen letztem Begehren und letztem Entsagen, zwischen Beginnen und Vollenden, steht als Scheitelpunkt, als unvergeßlicher Augenblick innerer Wende, dieser fünfte September, der Abschied von Karlsbad, der Abschied von der Liebe, in Ewigkeit verwandelt durch erschütternde Klage. Wir dürfen ihn denkwürdig nennen, diesen Tag, denn die deutsche Dichtung hat seitdem keine sinnlich großartigere Stunde gehabt als den Überstrom urmächtigsten Gefühls in dies mächtige Gedicht.

Die Entdeckung Eldorados

J. A. Suter, Kalifornien

Januar 1848

Der Europamüde

1834. Ein Amerikadampfer steuert von Le Havre nach New York. Mitten unter den Desperados, einer unter Hunderten, Johann August Suter, heimisch zu Rynenberg bei Basel, 31 Jahre alt und höchst eilig, das Weltmeer zwischen sich und den europäischen Gerichten zu haben, Bankerotteur, Dieb, Wechselfälscher, hat er seine Frau und drei Kinder einfach im Stich gelassen, in Paris sich mit einem betrügerischen Ausweis etwas Geld verschafft und ist nun auf der Suche nach neuer Existenz. Am 7. Juli landet er in New York und treibt dort zwei Jahre lang alle möglichen und unmöglichen Geschäfte, wird Packer, Drogist, Zahnarzt, Arzneiverkäufer, Tavernenhälter. Schließlich, einigermaßen gesettlet, siedelt er sich in einem Wirtshaus an, verkauft es wieder und zieht, dem magischen Zug der Zeit folgend, nach Missouri. Dort wird er Landmann, schafft sich in kurzer Zeit ein kleines Eigentum und könnte ruhig leben. Aber immer hasten Menschen an seinem Hause vorbei, Pelzhändler, Jäger, Abenteurer und Soldaten, sie kommen vom Westen, sie ziehen nach Westen, und dieses Wort Westen bekommt allmählich einen magischen Klang. Zuerst, so weiß man, sind Steppen, Steppen mit ungeheuren Büffelherden, tageweit, wochenweit menschenleer, nur durchjagt von den Rothäuten, dann kommen Gebirge, hoch, unerstiegen, dann endlich jenes andere Land, von dem niemand Genaues weiß und dessen sagenhafter Reichtum gerühmt wird, Kalifornien, das noch unerforschte. Ein Land, wo Milch und Honig fließt, frei jedem, der es nehmen will – nur weit, unendlich weit und lebensgefährlich zu erreichen.

Aber Johann August Suter hat Abenteurerblut, ihn lockt es nicht, stillzusitzen und seinen guten Grund zu bebauen. Eines Tages, im Jahre 1837, verkauft er sein Hab und Gut, rüstet eine Expedition mit

Wagen und Pferden und Büffelherden aus und zieht vom Fort Independence ins Unbekannte.

Der Marsch nach Kalifornien

1838. Zwei Offiziere, fünf Missionare, drei Frauen ziehen aus in Büffelwagen ins unendliche Leere. Durch Steppen und Steppen, schließlich über die Berge, dem Pazifischen Ozean entgegen. Drei Monate lang reisen sie, um Ende Oktober in Fort Van Couver anzukommen. Die beiden Offiziere haben Suter schon vorher verlassen, die Missionare gehen nicht weiter, die drei Frauen sind unterwegs an den Entbehrungen gestorben.

Suter ist allein, vergebens sucht man ihn zurückzuhalten in Van Couver, bietet ihm eine Stellung an – er lehnt alles ab, die Lockung des magischen Namens sitzt ihm im Blut. Mit einem erbärmlichen Segler durchkreuzt er den Pazifik zuerst zu den Sandwich-Inseln und landet, nach unendlichen Schwierigkeiten an den Küsten von Alaska vorbei, an einem verlassenen Platz, namens San Franzisko. San Franzisko – nicht die Stadt von heute, nach dem Erdbeben mit verdoppeltem Wachstum zu Millionenzahlen emporgeschossen – nein, nur ein elendes Fischerdorf, so nach der Mission der Franziskaner genannt, nicht einmal Hauptstadt jener unbekannten mexikanischen Provinz Kalifornien, die verwahrlost, ohne Zucht und Blüte, in der üppigsten Zone des neuen Kontinents brachliegt.

Spanische Unordnung, gesteigert durch Abwesenheit jeder Autorität, Revolten, Mangel an Arbeitstieren und Menschen, Mangel an zupackender Energie. Suter mietet ein Pferd, treibt es hinab in das fruchtbare Tal des Sakramento: ein Tag genügt, um ihm zu zeigen, daß hier nicht nur Platz ist für eine Farm, für ein großes Gut, sondern Raum für ein Königreich. Am nächsten Tag reitet er nach Monte Rey, in die klägliche Hauptstadt, stellt sich dem Gouverneur Alvarado vor, erklärt ihm seine Absicht, das Land urbar zu machen. Er hat Kanaken mitgebracht von den Inseln, will regelmäßig diese fleißigen und arbeitsamen Farbigen von dort sich nachkommen lassen und macht sich anheischig, Ansiedlungen zu bauen und ein kleines Reich, Neu-Helvetien, zu gründen.

»Warum Neu-Helvetien?« fragt der Gouverneur.

»Ich bin Schweizer und Republikaner«, antwortet Suter.

»Gut, tun Sie, was Sie wollen. Ich gebe Ihnen eine Konzession auf zehn Jahre.«

Man sieht: Geschäfte werden dort rasch abgeschlossen. Tausend Meilen von jeder Zivilisation hat Energie eines einzelnen Menschen einen anderen Preis als zu Hause.

Neu-Helvetieu

1839. Eine Karawane karrt langsam längs der Ufer des Sakramento hinauf. Voran Suter zu Pferd, das Gewehr umgeschnallt, hinter ihm zwei, drei Europäer, dann hundertfünfzig Kanaken in kurzem Hemd, dann dreißig Büffelwagen mit Lebensmitteln, Samen und Munition, fünfzig Pferde, fünfundsiebzig Maulesel, Kühe und Schafe, dann eine kurze Nachhut – das ist die ganze Armee, die Neu-Helvetien erobern will.

Vor ihnen rollt eine gigantische Feuerwoge. Sie zünden die Wälder an, bequemere Methode, als sie auszuroden. Und kaum, daß die riesige Lohe über das Land gerannt ist, noch auf den rauchenden Baumstrünken, beginnen sie ihre Arbeit. Magazine werden gebaut, Brunnen gegraben, der Boden, der keiner Pflügung bedarf, besät, Hürden geschaffen für die unendlichen Herden; allmählich strömt von den Nachbarorten Zuwachs aus den verlassenen Missionskolonien.

Der Erfolg ist gigantisch. Die Saaten tragen sofort fünfhundert Prozent. Die Scheuern bersten, bald zählen die Herden nach Tausenden, und ungeachtet der fortwährenden Schwierigkeiten im Lande, der Expeditionen gegen die Eingeborenen, die immer wieder Einbrüche in die aufblühende Kolonie wagen, entfaltet sich Neu-Helvetien zu tropisch gigantischer Größe. Kanäle, Mühlen, Faktoreien werden geschaffen, auf den Flüssen fahren Schiffe stromauf und stromab, Suter versorgt nicht nur Van Couver und die Sandwich-Inseln, sondern auch alle Segler, die in Kalifornien anlegen, er pflanzt Obst, das heute so berühmte und vielbewunderte Obst Kaliforniens. Sieh da! es gedeiht, und so läßt er Weinreben kommen aus Frankreich und vom Rhein, und nach wenigen Jahren bedecken sie weite Gelände. Sich selbst baut er Häuser und üppige Farmen, läßt ein Klavier von Pleyel hundertachtzig Tagereisen weit aus Paris kommen und eine Dampfmaschine mit sechzig Büffeln von New York her über den ganzen Kontinent. Er hat Kredite und Guthaben bei den größten Bankhäusern Englands und Frankreichs, und nun, fünfundvierzig Jahre alt, auf der Höhe seines Triumphes, erinnert er sich, vor vierzehn Jahren eine Frau und drei Kinder irgendwo in der Welt gelassen zu haben. Er schreibt ihnen und ladet sie zu sich, in sein Fürstentum. Denn jetzt fühlt er die Fülle in den Fäusten, er ist Herr von Neu-Helvetien, einer der reichsten Männer der Welt, und wird es bleiben. Endlich reißen auch die Vereinigten Staaten die verwahrloste Kolonie aus Mexikos Händen. Nun ist alles gesichert und geborgen. Ein paar Jahre noch, und Suter ist der reichste Mann der Welt.

Der verhängnisvolle Spatenstich

1848, im Januar. Plötzlich kommt James W. Marshall, sein Schreiner, aufgeregt zu Johann August Suter ins Haus gestürzt, er müsse ihn unbedingt sprechen. Suter ist erstaunt, hat er doch noch gestern Marshall hinaufgeschickt in seine Farm nach Coloma, dort ein neues Sägewerk anzulegen. Und nun ist der Mann ohne Erlaubnis zurückgekehrt, steht zitternd vor Aufregung vor ihm, drängt ihn in sein Zimmer, schließt die Tür ab und zieht aus der Tasche eine Handvoll Sand mit ein paar gelben Körnern darin. Gestern, beim Graben sei ihm dieses sonderbare Metall aufgefallen, er glaube, es sei Gold, aber die anderen hätten ihn ausgelacht. Suter wird ernst, nimmt die Körner, macht die Scheideprobe: es ist Gold. Er entschließt sich, sofort am nächsten Tage mit Marshall zur Farm hinaufzureiten, aber der

Zimmermeister ist als erster von dem furchtbaren Fieber ergriffen, das bald die Welt durchschütteln wird: noch in der Nacht, mitten im Sturm, reitet er zurück, ungeduldig nach Gewißheit.

Am nächsten Morgen ist Colonel Suter in Coloma, sie dämmen den Kanal ab und untersuchen den Sand. Man braucht nur ein Sieb zu nehmen, ein wenig hin und her zu schütteln, und die Goldkörner bleiben blank auf dem schwarzen Geflecht. Suter versammelt die paar weißen Leute um sich, nimmt ihnen das Ehrenwort ab, zu schweigen, bis das Sägewerk vollendet sei, dann reitet er ernst und entschlossen wieder zu seiner Farm zurück. Ungeheure Gedanken bewegen ihn: soweit man sich entsinnen kann, hat niemals das Gold so leicht faßbar, so offen in der Erde gelegen, und diese Erde ist sein, ist Suters Eigentum. Ein Jahrzehnt scheint übersprungen in einer Nacht: Er ist der reichste Mann der Welt.

Der Rush

Der reichste Mann? Nein – der ärmste, der jämmerlichste, der enttäuschteste Bettler dieser Erde. Nach acht Tagen ist das Geheimnis verraten, eine Frau – immer eine Frau! – hat es irgendeinem Vorübergehenden erzählt und ihm ein paar Goldkörner gegeben. Und was nun geschieht, ist ohne Beispiel. Sofort lassen alle Männer Suters ihre Arbeit, die Schlosser laufen von der Schmiede, die Schäfer von den Herden, die Weinbauer von den Reben, die Soldaten lassen ihre Gewehre, alles ist wie besessen und rennt mit rasch geholten Sieben und Kasserollen hin zum Sägewerk, Gold aus dem Sand zu schütteln. Über Nacht ist das ganze Land verlassen, die Milchkühe, die niemand melkt, brüllen und verrecken, die Büffelherden zerreißen ihre Hürden, stampfen hinein in die Felder, wo die Frucht am Halme verfault, die Käsereien arbeiten nicht, die Scheunen stürzen ein, das ungeheure Räderwerk des gigantischen Betriebes steht still. Telegraphen sprühen die goldene Verheißung über Länder und Meere. Und schon kommen die Leute herauf von den Städten, von den Häfen, Matrosen verlassen ihre Schiffe, die Regierungsbeamten ihren Posten, in langen, unendlichen Kolonnen zieht es von Osten, von Westen, zu Fuß, zu Pferd und zu Wagen heran, der Rush, der menschliche Heuschreckenschwarm, die Goldgräber. Eine zügellose, brutale Horde, die kein Gesetz kennt als das der Faust, kein Gebot als das ihres Revolvers, ergießt sich über die blühende Kolonie. Alles ist für sie herrenlos, niemand wagt diesen Desperados entgegenzutreten. Sie schlachten Suters Kühe, sie reißen seine Scheuern ein, um sich Häuser zu bauen, sie zerstampfen seine Äcker, sie stehlen seine Maschinen – über Nacht ist Johann August Suter bettelarm geworden, wie König Midas, erstickt im eigenen Gold.

Und immer gewaltiger wird dieser beispiellose Sturm nach Gold; die Nachricht ist in die Welt gedrungen, von New York allein gehen einhundert Schiffe ab, aus Deutschland, aus England, aus Frankreich, aus Spanien kommen 1848, 1849, 1850, 1851 ungeheure Abenteurerhorden herübergezogen. Einige fahren um das Kap Hoorn, das ist aber den Ungeduldigsten zu lang, so wählen sie den gefährlicheren Weg über den Isthmus von Panama. Eine rasch entschlossene Kompanie baut flink am Isthmus eine Eisenbahn, bei der Tausende Arbeiter im Fieber zugrunde gehen, nur damit für die Ungeduldigen drei bis vier Wochen erspart würden und sie früher zum Gold gelangen. Quer über den Kontinent ziehen riesige Karawanen, Menschen aller Rassen und Sprachen, und alle wühlen sie in Johann August Suters Eigentum wie auf eigenem Grunde. Auf der Erde von San Franzisko, die ihm durch besiegelten Akt der Regierung zugehört, wächst in traumhafter Geschwindigkeit eine Stadt, fremde Menschen verkaufen sich gegenseitig seinen Grund und Boden, und der Name Neu-Helvetien, sein Reich, verschwindet hinter dem magischen Wort: Eldorado, Kalifornien.

Johann August Suter, noch einmal bankerott, starrt wie gelähmt auf diese gigantische Drachensaat. Zuerst versucht er mitzugraben und selbst mit seinen Dienern und Gefährten den Reichtum auszunützen, aber alle verlassen ihn. So zieht er sich ganz aus dem Golddistrikt zurück, in eine abgesonderte Farm, nahe dem Gebirge, weg von dem verfluchten Fluß und dem unheiligen Sand, in seine Farm

Eremitage. Dort erreicht ihn endlich seine Frau mit den drei herangewachsenen Kindern, aber kaum angelangt, stirbt sie infolge der Erschöpfung der Reise. Doch drei Söhne sind jetzt da, acht Arme, und mit ihnen beginnt Johann August Suter die Landwirtschaft; noch einmal, nun mit seinen drei Söhnen, arbeitet er sich empor, still, zäh und nützt die phantastische Fruchtbarkeit dieser Erde. Noch einmal birgt und verbirgt er einen großen Plan.

Der Prozeß

1850. Kalifornien ist in die Union der Vereinigten Staaten aufgenommen worden. Unter ihrer strengen Zucht kommt nach dem Reichtum endlich Ordnung in das goldbesessene Land. Die Anarchie ist gebändigt, das Gesetz gewinnt wieder sein Recht.

Und nun tritt Johann August Suter plötzlich vor mit seinen Ansprüchen. Der ganze Boden, so heischt er, auf dem die Stadt San Franzisko gebaut ist, gehört ihm nach Fug und Recht. Der Staat ist verpflichtet, den Schaden, den er durch Diebstahl seines Eigentums erlitten, gutzumachen, an allem aus seiner Erde geförderten Gold beansprucht er sein Teil. Ein Prozeß beginnt, in Dimensionen, wie sie die Menschheit vor ihm nie gekannt. Johann August Suter verklagt siebzehntausendzweihunderteinundzwanzig Farmer, die sich in seinen Pflanzungen angesiedelt haben, und fordert sie auf, den gestohlenen Grund zu räumen, er verlangt fünfundzwanzig Millionen Dollar vom Staate Kalifornien dafür, daß er sich die von ihm gebauten Wege, Kanäle, Brücken, Stauwerke, Mühlen einfach angeeignet habe, er verlangt von der Union fünfundzwanzig Millionen Dollar als Schadenersatz für zerstörtes Gut und außerdem noch seinen Anteil am geförderten Gold. Er hat seinen älteren Sohn, Emil, in Washington die Rechte studieren lassen, um den Prozeß zu führen, und verwendet die ungeheuren Einnahmen aus seinen neuen Farmen einzig dazu, diesen kostspieligen Prozeß zu nähren. Vier Jahre lang treibt er ihn durch alle Instanzen.

Am 15. März 1855 wird endlich das Urteil gefällt. Der unbestechliche Richter Thompson, der höchste Beamte Kaliforniens, erkennt die Rechte Johann August Suters auf den Boden als vollkommen berechtigt und unantastbar an.

An diesem Tage ist Johann August Suter am Ziel. Er ist der reichste Mann der Welt.

Das Ende

Der reichste Mann der Welt? Nein, abermals nein, der ärmste Bettler, der unglücklichste, geschlagenste Mann. Wieder führt das Schicksal wider ihn einen jener mörderischen Streiche, nun aber einen, der ihn für immer zu Boden streckt. Auf die Nachricht von dem Urteil bricht ein Sturm in San Franzisko und im ganzen Lande los. Zehntausende rotten sich zusammen, alle die bedrohten Eigentümer, der Mob der Straße, das immer plünderungsfrohe Gesindel, sie stürmen den Justizpalast und brennen ihn nieder, sie suchen den Richter, um ihn zu lynchen, und sie machen sich auf, eine ungeheure Schar, um den ganzen Besitz Johann August Suters zu plündern. Sein ältester Sohn erschießt sich, von den Banditen bedrängt, der zweite wird ermordet, der dritte flieht und ertrinkt auf der Heimkehr. Eine Feuerwoge fährt über Neu-Helvetien hin, Suters Farmen werden niedergebrannt, seine Weinstöcke zertreten, sein Mobiliar, seine Sammlungen, sein Geld geraubt und mit erbarmungsloser Wut der ungeheure Besitz zur Wüstenei gemacht. Suter selbst rettet sich mit knapper Not.

Von diesem Schlage hat sich Johann August Suter nie mehr erholt. Sein Werk ist vernichtet, seine Frau, seine Kinder sind tot, sein Geist verwirrt: nur eine Idee flackert noch wirr in dem dumpf gewordenen Gehirn: das Recht, der Prozeß.

Fünfundzwanzig Jahre irrt dann noch ein alter, geistesschwacher, schlechtgekleideter Mann in Washington um den Justizpalast. In allen Bureaux kennt man dort den »General« im schmutzigen Überrock und mit den zerfetzten Schuhen, der seine Milliarden fordert. Und immer wieder finden sich Advokaten, Abenteurer und Filous, die ihm das Letzte seiner Pension entlocken und ihn neuerdings zum

Prozesse treiben. Er selbst will kein Geld, er haßt das Gold, das ihn arm gemacht, das ihm drei Kinder ermordet, das sein Leben zerstört. Er will nur sein Recht und verficht es mit der querulantischen Erbitterung des Monomanen. Er reklamiert beim Senat, er reklamiert beim Kongreß, er vertraut sich allerlei Helfern an, die, mit Pomp dann die Affäre aufzäumend, ihm eine lächerliche Generalsuniform anziehen und den Unglücklichen als Popanz von Amt zu Amt, von Abgeordneten zu Abgeordneten schleppen. Das geht zwanzig Jahre lang, von 1860 bis 1880, zwanzig erbärmliche Bettlerjahre. Tag um Tag umlungert er den Kongreßpalast, Spott aller Beamten, Spiel aller Gassenjungen, er, dem das reichste Land der Erde gehört und auf dessen Grund und Boden die zweite Hauptstadt des Riesenreiches steht und stündlich wächst. Aber man läßt den Unbequemen warten. Und dort auf der Treppe des Kongreßpalastes trifft ihn endlich am 17. Juni 1880 am Nachmittag der erlösende Herzschlag – man trägt einen toten Bettler weg. Einen toten Bettler, aber einen mit einer Streitschrift in der Tasche, die ihm und seinen Erben nach allen irdischen Rechten den Anspruch auf das größte Vermögen der Weltgeschichte sichert.

Niemand hat Suters Erbe bislang angefordert, kein Nachfahr hat seinen Anspruch angemeldet. Noch immer steht San Franzisko, steht ein ganzes Land auf fremdem Boden. Noch immer ist hier nicht Recht gesprochen, und nur ein Künstler, Blaise Cendrars, hat dem vergessenen Johann August Suter wenigstens das einzige Recht großen Schicksals gegeben, das Recht auf staunendes Gedenken der Nachwelt.

Der Kampf um den Südpol

Kapitän Scott, 90. Breitengrad
16. Januar 1912

Der Kampf um die Erde

Das zwanzigste Jahrhundert blickt nieder auf geheimnislose Welt. Alle Länder sind erforscht, die fernsten Meere zerpflügt. Landschaften, die vor einem Menschenalter noch selig frei im Namenlosen dämmerten, dienen schon knechtisch Europas Bedarf, bis zu den Quellen des Nils, den langgesuchten, streben die Dampfer; die Viktoriafälle, erst vor einem halben Jahrhundert vom ersten Europäer erschaut, mahlen gehorsam elektrische Kraft, die letzte Wildnis, die Wälder des Amazonenstromes, ist gelichtet, der Gürtel des einzig jungfräulichen Landes, Tibets, gesprengt. Das Wort *Terra incognita* der alten Landkarten und Weltkugeln ist von wissenden Händen überzeichnet, der Mensch des zwanzigsten Jahrhunderts kennt seinen Lebensstern. Schon sucht sich der forschende Wille neuen Weg, hinab zur phantastischen Fauna der Tiefsee muß er steigen oder empor in die unendliche Luft. Denn unbetretene Bahn ist nur noch im Himmel zu finden, und schon schießen im Wettlauf die stählernen Schwalben der Aeroplane empor, neue Höhen und neue Fernen zu erreichen, seit die Erde der irdischen Neugier brach ward und geheimnislos.

Aber ein letztes Rätsel hat ihre Scham noch vor dem Menschenblick bis in unser Jahrhundert geborgen, zwei winzige Stellen ihres zerfleischten und gemarterten Körpers gerettet vor der Gier ihrer eigenen Geschöpfe. Südpol und Nordpol, das Rückgrat ihres Leibes, diese beiden fast wesenlosen, unsinnlichen Punkte, um die ihre Achse seit Jahrtausenden schwingt, sie hat die Erde sich rein gehütet und unentweiht. Barren von Eis hat sie vor dieses letzte Geheimnis geschoben, einen ewigen Winter als Wächter den Gierigen entgegengestellt. Frost und Sturm halten herrisch den Zugang ummauert,

Grauen und Gefahr scheuchen mit Todesdrohung den Kühnen. Flüchtig nur darf selbst die Sonne diese verschlossene Sphäre schauen, und niemals ein Menschenblick.

Seit Jahrzehnten folgen einander die Expeditionen. Keine erreicht das Ziel. Irgendwo, erst jetzt entdeckt, ruht im gläsernen Sarge des Eises, dreiunddreißig Jahre, die Leiche des kühnsten der Kühnen, Andrées, der im Ballon den Pol überfliegen wollte und niemals wiederkam. Jeder Ansturm zerschellte an den blanken Wällen des Frostes. Seit Jahrtausenden bis in unsern Tag verhüllt die Erde ihr Antlitz, zum letztenmal siegreich gegen die Leidenschaft ihrer Geschöpfe. Jungfräulich und rein trotzt ihre Scham der Neugier der Welt.

Aber das junge zwanzigste Jahrhundert reckt ungeduldig seine Hände. Es hat neue Waffen geschmiedet in Laboratorien, neue Panzer gefunden gegen die Gefahr, und alle Widerstände mehren nur seine Gier. Es will alle Wahrheit wissen, sein erstes Jahrzehnt schon will erobern, was alle Jahrtausende vor ihm nicht zu erreichen vermochten. Dem Mut des Einzelnen gesellt sich die Rivalität der Nationen. Nicht um den Pol allein kämpfen sie mehr, auch um die Flagge, die zuerst über dem Neuland wehen soll: ein Kreuzzug der Rassen und Völker hebt an um die durch Sehnsucht geheiligte Stätte. Von allen Erdteilen erneut sich der Ansturm. Ungeduldig harrt schon die Menschheit, sie weiß, es gilt das letzte Geheimnis unseres Lebensraumes. Von Amerika rüsten Peary und Cook gegen den Nordpol, nach Süden steuern zwei Schiffe: das eine befehligt der Norweger Amundsen, das andere ein Engländer, der Kapitän Scott.

Scott

Scott: irgendein Kapitän der englischen Marine. Irgendeiner. Seine Biographie identisch mit der Rangliste. Er hat gedient zur Zufriedenheit seiner Vorgesetzten, hat später an Shackletons Expedition teilgenommen. Keine sonderliche Conduite deutet den Helden an, den Heros. Sein Gesicht, rückgespiegelt von der Photographie, das von tausend Engländern, von zehntausend, kalt, energisch, ohne Muskelspiel, gleichsam hart gefroren von verinnerlichter Energie. Stahlgrau die Augen, starr geschlossen der Mund. Nirgends eine romantische Linie, nirgends ein Glanz von Heiterkeit in diesem Antlitz aus Willen und praktischem Weltsinn. Seine Schrift: irgendeine englische Schrift, ohne Schatten und Schnörkel, rasch und sicher. Sein Stil: klar und korrekt, packend in den Tatsächlichkeiten und doch phantasielos wie ein Rapport. Scott schreibt Englisch wie Tacitus Latein, gleichsam in unbehauenen Quadern. Man spürt einen völlig traumlosen Menschen, einen Fanatiker der Sachlichkeit, einen echten Menschen also der englischen Rasse, bei der selbst Genialität sich in die kristallene Form der gesteigerten Pflichterfüllung preßt. Dieser Scott war schon hundertmal in der englischen Geschichte, er hat Indien erobert und namenlose Inseln im Archipel, er hat Afrika kolonisiert und die Schlachten gegen die Welt geschlagen, immer mit der gleichen ehernen Energie, dem gleichen kollektiven Bewußtsein und dem gleichen kalten, verhaltenen Gesicht.

Stahlhart aber dieser Wille; das spürt man schon vor der Tat. Scott will vollenden, was Shackleton begonnen. Er rüstet eine Expedition, aber die Mittel reichen nicht aus. Das hindert ihn nicht. Er opfert sein Vermögen und macht Schulden in der Sicherheit des Gelingens. Seine junge Frau schenkt ihm einen Sohn – er zögert nicht, ein anderer Hektor, Andromache zu verlassen. Freunde und Gefährten sind bald gefunden, nichts Irdisches kann den Willen mehr beugen. *Terra Nova* heißt das seltsame Schiff, das sie bis an den Rand des Eismeeres bringen soll. Seltsam, weil so zwiefach in seiner Ausrüstung, halb Arche Noah, voll lebenden Getiers, und dann wieder modernes Laboratorium mit tausend Instrumenten und Büchern. Denn alles muß mitgebracht werden, was der Mensch für die Notdurft des Körpers und Geistes bedarf, in diese leere, unbewohnte Welt, sonderbar gattet sich hier das primitive Wehrzeug des Urmenschen, Felle und Pelze, lebendiges Getier, dem letzten Raffinement des neuzeitlichen komplizierten Rüstzeuges. Und phantastisch wie dies Schiff auch das Doppelantlitz der ganzen Unternehmung: ein Abenteuer, aber doch eins, das kalkuliert ist wie ein Geschäft, eine Verwegenheit mit allen

Künsten der Vorsicht – eine Unendlichkeit von genauer, einzelner Berechnung gegen die noch stärkere Unendlichkeit des Zufalls.

Am 1. Juni 1910 verlassen sie England. In diesen Tagen leuchtet das angelsächsische Inselreich. Saftig und grün glühen die Wiesen, warm liegt und glänzend die Sonne über der nebellosen Welt. Erschüttert fühlen sie die Küste fortschwinden, wissen sie doch alle, alle, daß sie Wärme und Sonne Abschied sagen auf Jahre, manche vielleicht für immer. Aber dem Schiff zu Haupte weht die englische Flagge, und sie trösten sich in dem Gedanken, daß ein Weltzeichen mitwandert zum einzig noch herrenlosen Strich der eroberten Erde.

Universitas antarctica

Im Januar landen sie nach kurzer Rast in Neuseeland bei Kap Evans, am Rande des ewigen Eises, und rüsten ein Haus zum Überwintern. Dezember und Januar heißen dort die Sommermonate, weil einzig im Jahre dort die Sonne ein paar Stunden des Tages auf dem weißen, metallenen Himmel glänzt. Aus Holz sind die Wände gezimmert, ganz wie bei den früheren Expeditionen, aber innen spürt man den Fortschritt der Zeit. Während ihre Vorgänger damals noch mit stinkenden, schwelenden Tranlampen im Halbdunkel saßen, müde ihres eigenen Gesichts, ermattet von der Eintönigkeit der sonnenlosen Tage, haben diese Menschen des zwanzigsten Jahrhunderts die ganze Welt, die ganze Wissenschaft in Abbreviatur zwischen ihren vier Wänden. Eine Azetylenlampe spendet weißwarmes Licht, Kinematographen zaubern ihnen Bilder der Ferne, Projektionen tropischer Szenen aus linderen Landschaften vor, ein Pianola vermittelt Musik, das Grammophon die menschliche Stimme, die Bibliothek das Wissen ihrer Zeit. In einem Raum hämmert die Schreibmaschine, der zweite dient als Dunkelkammer, in der kinematographische und farbige Aufnahmen entwickelt werden. Der Geologe prüft das Gestein auf seine Radioaktivität, der Zoologe entdeckt neue Parasiten bei den gefangenen Pinguinen, meteorologische Observationen wechseln mit physikalischen Experimenten; jedem einzelnen ist Arbeit zugeteilt für die Monate der Dunkelheit, und ein kluges System verwandelt die isolierte Forschung in gemeinsame Belehrung. Denn diese dreißig Menschen halten sich allabendlich Vorträge, Universitätskurse in Packeis und arktischem Frost, jeder sucht seine Wissenschaft dem andern zu vermitteln, und im regen Austausch des Gesprächs rundet sich ihnen die Anschauung der Welt. Die Spezialisierung der Forschung gibt hier ihren Hochmut auf und sucht Verständigung in der Gemeinsamkeit. Inmitten einer elementaren Urwelt, ganz einsam im Zeitlosen tauschen da dreißig Menschen die letzten Resultate des zwanzigsten Jahrhunderts miteinander, und hier innen spürt man nicht nur die Stunde, sondern die Sekunde der Weltuhr. Es ist rührend zu lesen, wie diese ernsten Menschen dazwischen sich freuen können an ihrer Christbaumfeier, an den kleinen Späßen der *South Polar Times*, der Scherzzeitung, die sie herausgeben, wie das Kleine – ein Wal, der auftaucht, ein Pony, das stürzt – zum Erlebnis wird und anderseits das Ungeheure – das glühende Nordlicht, der entsetzliche Frost, die gigantische Einsamkeit – zum Alltäglichen und Gewohnten.

Dazwischen wagen sie kleine Vorstöße. Sie proben ihre Automobilschlitten, sie lernen Skilaufen und dressieren die Hunde. Sie rüsten ein Depot für die große Reise, aber langsam, ganz langsam blättert nur der Kalender ab bis zum Sommer (dem Dezember), der ihnen das Schiff durch das Packeis bringt mit Briefen von zu Hause. Kleine Gruppen wagen auch jetzt schon, inmitten des grimmigsten Winters, abhärtende Tagesreisen, die Zelte werden erprobt, die Erfahrungen befestigt. Nicht alles gelingt, aber gerade die Schwierigkeiten geben ihnen neuen Mut. Wenn sie zurückkommen von ihren Expeditionen, erfroren und abgemüdet, so empfängt sie Jubel und warmer Herdglanz, und dies kleine, behagliche Haus am siebenundsiebzigsten Breitengrad scheint ihnen nach den Tagen der Entbehrung der seligste Aufenthalt der Welt.

Aber einmal kehrt eine Expedition von Westen zurück, und ihre Botschaft wirft Stille ins Haus. Sie haben auf ihrer Wanderung Amundsens Winterquartier entdeckt: mit einem Male weiß nun

Scott, daß außer dem Frost und der Gefahr noch ein anderer ihm den Ruhm streitig macht, als erster das Geheimnis der störrischen Erde entrafft zu haben: Amundsen, der Norweger. Er mißt nach auf den Karten. Und man spürt sein Entsetzen aus den Zeilen nachschwingen, als er gewahr wird, daß Amundsens Winterquartier um hundertzehn Kilometer näher zum Pole postiert ist als das seine. Er erschrickt, aber ohne darum zu verzagen. »Auf, zur Ehre meines Landes!« schreibt er stolz in sein Tagebuch.

Ein einziges Mal taucht dieser Name Amundsen in seinen Tagebuchblättern auf. Und dann nicht mehr. Aber man spürt: seit jenem Tage liegt ein Schatten von Angst über dem einsam umfrorenen Haus. Und es gibt fortan keine Stunde mehr, wo dieser Name nicht seinen Schlaf verängstigt und sein Wachen.

Aufbruch zum Pol

Eine Meile von der Hütte, auf dem Beobachtungshügel, löst sich ständig eine Wache ab. Ein Apparat ist dort aufgerichtet, einsam auf steiler Erhebung, einer Kanone ähnlich gegen unsichtbaren Feind: ein Apparat, um die ersten Wärmeerscheinungen der nahenden Sonne zu messen. Tagelang harren sie auf ihr Erscheinen. Über den morgendlichen Himmel zaubern Reflexe schon glühende Farbenwunder hin, aber noch schwingt sich die runde Scheibe nicht bis zum Horizont empor. Doch dieser Himmel schon, erfüllt mit dem magischen Licht ihrer Nähe, dieser Vorspiegel von Widerschein, befeuert die Ungeduldigen. Endlich klingelt das Telephon von der Hügelspitze herüber zu den Beglückten: die Sonne ist erschienen, zum erstenmal seit Monaten hat sie für eine Stunde ihr Haupt erhoben in die winterliche Nacht. Ganz schwach ist ihr Schimmer, ganz bläßlich, kaum vermag er die eisige Luft zu beleben, kaum rühren ihre schwingenden Wellen in dem Apparat regere Zeichen an, doch der bloße Anblick löst schon Beglückung aus. Fieberhaft wird die Expedition gerüstet, um restlos die kurze Spanne Licht, die Frühling, Sommer und Herbst in einem bedeutet und für unsere lauen Lebensbegriffe noch immer ein grausamer Winter wäre, zu nützen. Voran sausen die Automobilschlitten. Hinter ihnen die Schlitten mit den sibirischen Ponys und Hunden. In einzelne Etappen ist der Weg vorsorglich aufgeteilt, alle zwei Tagereisen wird ein Depot errichtet, um für die Rückkehrenden neue Bekleidung, Nahrung und das Wichtigste, Petroleum, zu bewahren, kondensierte Wärme im unendlichen Frost. Gemeinsam rückt die ganze Schar aus, um in einzelnen Gruppen allmählich zurückzukehren und so der letzten kleinen Gruppe, den erwählten Eroberern des Pols, das Maximum an Befrachtung, die frischesten Zugtiere und die besten Schlitten zu hinterlassen.

Meisterhaft ist der Plan ausgedacht, selbst das Mißgeschick im einzelnen vorausgesehen. Und das bleibt nicht aus. Nach zwei Tagereisen brechen die Motorschlitten nieder und bleiben liegen, ein unnützer Ballast. Auch die Ponys halten nicht so gut, als man erwarten konnte, aber hier triumphiert das organische über das technische Werkzeug, denn die Niedergebrochenen, die unterwegs erschossen werden müssen, geben den Hunden willkommene heiße, blutkräftige Nahrung und stärken ihre Energie.

Am 1. November 1911 brechen sie auf in einzelnen Trupps. Auf den Bildern sieht man die wundersame Karawane dieser erst dreißig, dann zwanzig, dann zehn und schließlich nur mehr fünf Menschen durch die weiße Wüste einer leblosen Urwelt wandern. Vorn immer ein Mann eingemummt in Pelze und Tücher, ein wildbarbarisches Wesen, dem nur der Bart und die Augen frei aus der Umhüllung lugen. Die bepelzte Hand hält am Halfter ein Pony, das seinen schwerbeladenen Schlitten schleppt, und hinter ihm wieder ein anderer, in gleicher Kleidung und gleicher Haltung und hinter ihm wieder einer, zwanzig schwarze Punkte in wandelnder Linie in einem unendlichen, blendenden Weiß. Nachts wühlen sie sich in Zelte ein, Schneewälle werden gegraben in der Richtung des Windes, um die Ponys zu schützen, und morgens beginnt wieder der Marsch, eintönig und trostlos, durch die eisige Luft, die seit Jahrtausenden zum erstenmal menschlicher Atem trinkt.

Aber die Sorgen mehren sich. Das Wetter bleibt unfreundlich, statt vierzig Kilometer können sie manchmal nur dreißig zurücklegen, und jeder Tag wird ihnen zur Kostbarkeit, seit sie wissen, daß unsichtbar in dieser Einsamkeit von einer anderen Seite ein anderer gegen das gleiche Ziel vorrückt. Jede Kleinigkeit schwillt hier zur Gefahr. Ein Hund ist entlaufen, ein Pony will nicht fressen – all dies ist beängstigend, weil hier in der Öde die Werte so furchtbar sich verwandeln. Hier wird jedes Lebensding tausendwertig, ja unersetzlich sogar. An den vier Hufen eines einzelnen Ponys hängt vielleicht die Unsterblichkeit, ein verwölkter Himmel mit Sturm kann eine Tat für die Ewigkeit verhindern. Dabei beginnt der Gesundheitszustand der Mannschaft zu leiden, einige sind schneeblind geworden, anderen sind Gliedmaßen erfroren, immer matter werden die Ponys, denen man die Nahrung kürzen muß, und schließlich, knapp vor dem Beardmoregletscher, brechen sie zusammen. Die traurige Pflicht muß erfüllt werden, diese wackeren Tiere, die hier in der Einsamkeit und darum Gemeinsamkeit zweier Jahre zu Freunden geworden sind, die jeder beim Namen kennt und hundertmal mit Zärtlichkeit überhäufte, zu töten. Das »Schlachthauslager« nennen sie den traurigen Ort. Ein Teil der Expedition spaltet sich an der blutigen Stätte ab und kehrt zurück, die andern rüsten nun zur letzten Anstrengung, zum grausamen Weg über den Gletscher, den gefährlichen Eiswall, mit dem sich der Pol umgürtet und den nur die Glut eines leidenschaftlichen Menschenwillens zersprengen kann.

Immer geringer werden ihre Marschleistungen, denn der Schnee körnt sich hier krustig, nicht ziehen müssen sie mehr den Schlitten, sondern schleppen. Das harte Eis schneidet die Kufen, die Füße reiben sich wund im Wandern durch den lockeren Eissand. Aber sie geben nicht nach. Am 30. Dezember ist der siebenundachtzigste Breitengrad erreicht, Shackletons äußerster Punkt. Hier muß die letzte Abteilung umkehren: nur fünf Erlesene dürfen mit bis zum Pol. Scott mustert die Leute aus. Sie wagen nicht zu widerstreben, aber das Herz wird ihnen schwer, so griffnah vom Ziel umkehren zu müssen und den Gefährten den Ruhm zu lassen, als erste den Pol gesehen zu haben. Doch der Würfel der Wahl ist gefallen. Einmal noch schütteln sie einander die Hände, mit männlicher Anstrengung bemüht, ihre Rührung zu verbergen, dann löst sich die Gruppe. Zwei kleine, winzige Züge ziehen sie, die einen nach Süden zum Unbekannten, die anderen nach Norden, in die Heimat zurück. Immer wieder wenden sie von hüben und drüben den Blick, um noch die letzte Gegenwart eines Befreundet-Belebten zu spüren. Bald entschwindet die letzte Gestalt. Einsam ziehen sie weiter ins Unbekannte, die fünf Auserwählten der Tat: Scott, Bowers, Oates, Wilson und Evans.

Der Südpol

Unruhiger werden die Aufzeichnungen in diesen letzten Tagen, wie die blaue Nadel des Kompasses beginnen sie zu zittern in der Nähe des Pols. »Wie endlos lang dauert das, bis die Schatten langsam um uns herumkriechen, von unserer rechten Seite nach vorn rücken und dann von vorn wieder nach links hinüberschleichen!« Aber zwischendurch funkelt immer heller die Hoffnung. Immer leidenschaftlicher verzeichnet Scott die bewältigten Distanzen: »Nur noch einhundertfünfzig Kilometer zum Pol, wenn das so weitergeht, halten wir's nicht aus«, so meldet noch die Müdigkeit. Und zwei Tage später: »Noch einhundertsiebenunddreißig Kilometer zum Pol, aber sie werden uns bitter schwer werden.« Aber dann plötzlich ein neuer, sieghafter Ton: »Nur noch vierundneunzig Kilometer zum Pol! Wenn wir nicht hingelangen, so kommen wir doch verteufelt nahe.« Am 14. Januar wird die Hoffnung zur Sicherheit: »Nur noch siebzig Kilometer, das Ziel liegt vor uns!« Und am nächsten Tage lodert schon heller Jubel, fast Heiterkeit aus den Aufzeichnungen: »Nur noch lumpige fünfzig Kilometer, wir müssen hinkommen, koste es, was es wolle!« Man spürt bis ins Herz aus den beflügelten Zeilen, wie straff ihre Sehnen von der Hoffnung gespannt sind, wie alles in ihren Nerven bebt von Erwartung und Ungeduld. Die Beute ist nahe; schon recken sie die Hände nach dem letzten Geheimnis der Erde. Nur noch ein letzter Ruck, und das Ziel ist erreicht.

»Gehobene Stimmung« verzeichnet das Tagebuch. Morgens sind sie ausgerückt, früher als sonst, die Ungeduld hat sie aus ihren Schlafsäkken gerissen, eher das Geheimnis, das furchtbar schöne, zu schauen. Vierzehn Kilometer legen die fünf Unentwegten bis nachmittags zurück, heiter marschieren sie durch die seelenlose, weiße Wüste dahin: nun ist das Ziel nicht mehr zu verfehlen, die entscheidende Tat für die Menschheit fast getan. Plötzlich wird einer der Gefährten, Bowers, unruhig. Sein Auge brennt sich fest an einen kleinen, dunklen Punkt in dem ungeheuren Schneefeld. Er wagt seine Vermutung nicht auszusprechen, aber allen zittert nun der gleiche furchtbare Gedanke im Herzen, daß Menschenhand hier ein Wegzeichen aufgerichtet haben könnte. Künstlich versuchen sie sich zu beruhigen. Sie sagen sich – so wie Robinson die fremde Fußspur auf der Insel vergebens erst als die eigene erkennen will –, dies müsse ein Eisspalt sein oder vielleicht eine Spiegelung. Mit zuckenden Nerven marschieren sie näher, noch immer versuchen sie, sich gegenseitig zu täuschen, so sehr sie alle schon die Wahrheit wissen: daß die Norweger, daß Amundsen ihnen zuvorgekommen ist.

Bald zerbricht der letzte Zweifel an der starren Tatsache einer schwarzen Fahne, die an einem Schlittenständer hoch aufgerichtet ist, über den Spuren eines fremden, verlassenen Lagerplatzes – Schlittenkufen und die Abdrücke vieler Hundepfoten: Amundsen hat hier gelagert. Das Ungeheure, das Unfaßbare in der Menschheit ist geschehen: der Pol der Erde, seit Jahrtausenden unbeseelt, seit Jahrtausenden, und vielleicht seit allem Anbeginn ungeschaut vom irdischen Blick, ist in einem Molekül Zeit, ist innerhalb von fünfzehn Tagen zweimal entdeckt worden. Und sie sind die zweiten – um einen einzigen Monat von Millionen Monaten zu spät –, die zweiten in einer Menschheit, für die der erste alles ist und der zweite nichts. Vergebens also alle Anstrengung, lächerlich die Entbehrungen, irrsinnig die Hoffnungen von Wochen, von Monaten, von Jahren. »All die Mühsal, all die Entbehrung, all die Qual – wofür?« schreibt Scott in sein

Tagebuch. »Für nichts als Träume, die jetzt zu Ende sind.« Tränen treten ihnen in die Augen, trotz ihrer Übermüdung können sie die Nacht nicht schlafen. Mißmutig, hoffnungslos, wie Verurteilte treten sie den letzten Marsch zum Pol an, den sie jubelnd zu erstürmen gedachten. Keiner versucht, den andern zu trösten, wortlos schleppen sie sich weiter. Am 18. Januar erreicht Kapitän Scott mit seinen vier Gefährten den Pol. Da die Tat, der erste gewesen zu sein, ihm nicht mehr den Blick blendet, sieht er nur mit stumpfen Augen das Traurige der Landschaft: »Nichts ist hier zu sehen, nichts, was sich von der schauerlichen Eintönigkeit der letzten Tage unterschiede« – das ist die ganze Beschreibung, die Robert F. Scott vom Südpol gibt. Das einzige Seltsame, das sie dort entdecken, ist nicht von Natur gestaltet, sondern von feindlicher Menschenhand: Amundsens Zelt mit der norwegischen Flagge, die frech und siegesfroh auf dem erstürmten Walle der Menschheit flattert. Ein Brief des Konquistadors wartet hier auf jenen unbekannten zweiten, der nach ihm diese Stelle betreten würde, und bittet, das Schreiben an König Hakon von Norwegen zu befördern. Scott nimmt es auf sich, diese härteste Pflicht treulich zu erfüllen: Zeuge zu sein vor der Welt für eine fremde Tat, die er als eigene glühend erstrebt.

Traurig stecken sie die englische Flagge, den »zu spät gekommenen *Union Jack*«, neben Amundsens Siegeszeichen. Dann verlassen sie den »treulosen Ort ihres Ehrgeizes«, kalt fährt der Wind ihnen nach. Mit prophetischem Argwohn schreibt Scott in sein Tagebuch: »Mir graut vor dem Rückweg.«

Der Zusammenbruch

Der Heimmarsch verzehnfacht die Gefahren. Am Wege zum Pol wies sie der Kompaß. Nun müssen sie achten, bei der Rückkehr außerdem noch die eigene Spur nicht zu verlieren, wochenlang nicht ein einziges Mal zu verlieren, um nicht von den Depots abzukommen, wo ihre Nahrung liegt, ihre Kleidung und die aufgestaute Wärme in den paar Gallonen Petroleum. Unruhe überkommt sie darum bei jedem

Schritt, wenn Schneetreiben ihnen den Blick verklebt, denn jede Abirrung geht geradeaus in den sicheren Tod. Dabei fehlt schon ihren Körpern die unabgenützte Frische des ersten Marsches, da sie noch geheizt waren von den chemischen Energien reichlicher Nahrung, vom warmen Quartier ihrer antarktischen Heimat.

Und dann: die Stahlfeder des Willens ist gelockert in ihrer Brust. Beim Hinmarsch straffte die überirdische Hoffnung, einer ganzen Menschheit Neugier und Sehnsucht zu verkörpern, ihre Energien heroisch zusammen, Übermenschliches an Kraft ward ihnen durch das Bewußtsein unsterblicher Tat. Nun kämpfen sie um nichts als die heile Haut, um ihre körperliche, ihre sterbliche Existenz, um eine ruhmlose Heimkehr, die ihr innerster Wille vielleicht mehr fürchtet als ersehnt.

Furchtbar sind die Notizen aus jenen Tagen zu lesen. Das Wetter wird ständig unfreundlicher, früher als sonst hat der Winter eingesetzt, und der weiche Schnee krustet sich dick unter ihren Schuhen zur Fußangel, darin sich ihre Schritte verfangen, und der Frost zermürbt die ermüdeten Körper. Immer ist's ein kleiner Jubel darum, wenn sie wieder ein Depot erreichen nach tagelangem Irren und Zagen, immer flackert dann wieder eine flüchtige Flamme von Vertrauen in ihren Worten auf. Und nichts bezeugt grandioser den geistigen Heroismus dieser paar Menschen in der ungeheuren Einsamkeit, als daß Wilson, der Forscher, selbst hier, haarbreit vom Tod, seine wissenschaftlichen Beobachtungen fortsetzt und auf seinem eigenen Schlitten zu all der notwendigen Last noch sechzehn Kilogramm seltener Gesteinsarten mitschleppt.

Aber allmählich unterliegt der menschliche Mut der Übermacht der Natur, die hier unerbittlich und mit durch Jahrtausende gestählter Kraft gegen die fünf Verwegenen alle Mächte des Untergangs, Kälte, Frost, Schnee und Wind, heraufbeschwört. Längst sind die Füße zerschunden, und der Körper, ungenügend geheizt von der einmaligen warmen Mahlzeit, geschwächt durch die verminderten Rationen, beginnt zu versagen. Mit Schrecken erkennen die Gefährten eines Tages, daß Evans, der Kräftigste unter ihnen, plötzlich phantastische

Dinge unternimmt. Er bleibt am Wege zurück, klagt unaufhörlich über wirkliche und eingebildete Leiden; schauernd entnehmen sie seinem seltsamen Gerede, daß der Unglückselige infolge eines Sturzes oder der entsetzlichen Qualen wahnsinnig geworden ist. Was mit ihm beginnen? Ihn verlassen in der Eiswüste? Aber anderseits müssen sie das Depot ohne Verzögerung erreichen, sonst – Scott selbst zögert noch, das Wort hinzuschreiben. Um ein Uhr nachts, am 17. Februar, stirbt der unglückliche Offizier, knapp einen Tagesmarsch vor jenem »Schlachthauslager«, wo sie zum erstenmal wieder reichlichere Mahlzeit von dem vormonatigen Massaker ihrer Ponys vorfinden.

Zu viert nun nehmen sie den Marsch auf, aber Verhängnis! Das nächste Depot bringt neue herbe Enttäuschungen. Es enthält zuwenig Öl, und das heißt: sie müssen mit dem Notwendigsten, mit Brennmaterial, haushalten, müssen mit Wärme sparen, der einzigen wehrhaften Waffe gegen den Frost. Eiskalte, sturmumrüttelte Nacht und mutloses Erwachen, kaum haben sie die Kraft mehr, sich die Filzschuhe über die Füße zu stülpen. Aber sie schleppen sich weiter, der eine von ihnen, Oates, schon auf abfrierenden Zehen. Der Wind weht schärfer als je, und im nächsten Depot, am 2. März, wiederholt sich die grausame Enttäuschung: wiederum ist zuwenig Brennmaterial vorhanden.

Nun fährt die Angst bis in die Worte hinein. Man spürt, wie Scott sich bemüht, das Grauen zu verhalten, aber immer wieder stößt schrill ein Schrei der Verzweiflung nach dem andern seine künstliche Ruhe durch. »So darf es nicht weitergehn«, oder »Gott steh uns bei! Diesen Anstrengungen sind wir nicht mehr gewachsen« oder »Unser Spiel geht tragisch aus«, und schließlich die grauenhafte Erkenntnis: »Käme uns doch die Vorsehung zu Hilfe! Von Menschen haben wir jetzt keine mehr zu erwarten.« Aber sie schleppen sich weiter und weiter, ohne Hoffnung, mit verbissenen Zähnen. Oates kann immer schlechter mitwandern, er ist für seine Freunde immer mehr Last als Hilfe. Sie müssen bei einer Mittagstemperatur von zweiundvierzig Grad den Marsch verzögern, und der Unglückselige spürt und weiß, daß er seinen Freunden Verhängnis bringt. Schon bereiten sie sich auf das Letzte vor. Sie lassen sich von Wilson, dem Forscher, jeder zehn Morphiumtabletten aushändigen, um gegebenenfalls ihr Ende zu beschleunigen. Noch einen Tagesmarsch versuchen sie es mit dem Kranken. Dann verlangt der Unglückselige selbst, sie mögen ihn in seinem Schlafsack zurücklassen und ihr Schicksal von dem seinen trennen. Sie weisen den Vorschlag energisch zurück, wiewohl sie alle darüber klar sind, daß er für sie eine Erleichterung bedeuten würde. Ein paar Kilometer taumelt der Kranke auf seinen erfrorenen Beinen noch mit zum Nachtquartier. Er schläft mit ihnen bis zum nächsten Morgen. Sie blicken hinaus: draußen tobt ein Orkan.

Plötzlich erhebt sich Oates: »Ich will ein wenig hinausgehen«, sagt er zu den Freunden. »Ich bleibe vielleicht eine Weile draußen.« Die andern zittern. Jeder weiß, was dieser Rundgang bedeutet. Aber keiner wagt ein Wort, um ihn zurückzuhalten. Keiner wagt, ihm die Hand zum Abschied zu bieten, denn sie fühlen alle mit Ehrfurcht, daß der Rittmeister Lawrence J. E. Oates von den Inniskillingdragonern wie ein Held dem Tode entgegengeht.

Drei müde, geschwächte Menschen schleppen sich durch die endlose, eisig-eiserne Wüste, müde schon, hoffnungslos, nur der dumpfe Instinkt der Selbsterhaltung spannt noch die Sehnen zu wankendem Gang. Immer furchtbarer wird das Wetter, bei jedem Depot höhnt sie neue Enttäuschung, immer zuwenig Öl, zuwenig Wärme. Am 21. März sind sie nur noch zwanzig Kilometer von einem Depot entfernt, aber der Wind weht mit so mörderischer Kraft, daß sie ihr Zelt nicht verlassen dürfen. Jeden Abend hoffen sie auf den nächsten Morgen, um das Ziel zu erreichen, indes schwindet der Proviant und die letzte Hoffnung mit ihm. Der Brennstoff ist ihnen ausgegangen, und das Thermometer zeigt vierzig Grad unter Null. Jede Hoffnung erlischt: sie haben jetzt nur noch die Wahl zwischen Tod durch Hunger oder Frost. Acht Tage kämpfen diese drei Menschen in einem kleinen Zelt inmitten der weißen Urwelt gegen das unabwendbare Ende. Am 29. März wissen sie, daß kein Wunder mehr sie retten kann. So beschließen sie, keinen Schritt dem Verhängnis entgegenzugehen und den Tod stolz wie alles andere Unglück zu erdulden. Sie kriechen in ihre Schlafsäcke, und von ihren letzten Leiden ist nie ein Seufzer in die Welt gedrungen.

Die Briefe des Sterbenden

In diesen Augenblicken, einsam gegenüber dem unsichtbaren und doch atemnahen Tod, während außen der Orkan an die dünnen Zeltwände wie ein Rasender anrennt, besinnt sich Kapitän Scott aller Gemeinsamkeit, der er verbunden ist. Allein im eisigsten Schweigen, das noch nie die Stimme eines Menschen durchatmet, wird ihm die Brüderschaft zu seiner Nation, zur ganzen Menschheit heroisch bewußt. Eine innere Fata Morgana des Geistes beschwört in diese weiße Wüste die Bilder all jener, die ihm durch Liebe, Treue und Freundschaft jemals verbunden waren, und er richtet das Wort an sie. Mit erstarrenden Fingern schreibt Kapitän Scott, schreibt Briefe aus der Stunde seines Todes an alle Lebendigen, die er liebt.

Wundervoll sind diese Briefe. Alles Kleinliche ist in ihnen vor der gewaltigen Nähe des Todes abgetan, die kristallene Luft dieses unbelebten Himmels scheint in sie eingedrungen. An Menschen sind sie gerichtet und sprechen doch zur ganzen Menschheit. An eine Zeit sind sie geschrieben und sprechen für die Ewigkeit.

Er schreibt an seine Frau. Er mahnt sie, das höchste Vermächtnis, seinen Sohn, zu hüten, er legt ihr nahe, ihn vor allem vor Schlappheit zu bewahren, und bekennt von sich selbst am Ende einer der erhabensten Leistungen der Weltgeschichte: »Ich mußte mich, wie Du weißt, zwingen, strebsam zu werden – ich hatte immer Neigung zur Trägheit.« Eine Handbreit vor dem Untergang rühmt er noch, statt zu bedauern, den eigenen Entschluß. »Was könnte ich Dir alles von dieser Reise erzählen. Und wieviel besser war sie doch, als daheim zu sitzen in zu großer Bequemlichkeit!«

Und er schreibt in treuester Kameradschaft an die Frau und die Mutter seiner Leidensgefährten, die mit ihm den Tod erlitten haben, um Zeugnis abzulegen für ihr Heldentum. Er tröstet, selbst ein Sterbender, die Hinterbliebenen der andern mit seinem starken und schon übermenschlichen Gefühl für die Größe des Augenblicks und das Denkwürdige dieses Unterganges.

Und er schreibt an die Freunde. Bescheiden für sich selbst, aber voll herrlichen Stolzes für die ganze Nation, als deren Sohn und würdigen Sohn er sich in dieser Stunde begeistert fühlt: »Ich weiß nicht, ob ich ein großer Entdecker gewesen bin«, bekennt er, »aber unser Ende wird ein Zeugnis sein, daß der Geist der Tapferkeit und die Kraft zum Erdulden aus unserer Rasse noch nicht entschwunden sind.« Und was männliche Starre, seelische Keuschheit ihm ein Leben lang zu sagen wehrte, dies Bekenntnis der Freundschaft entringt ihm nun der Tod. »Ich bin nie in meinem Leben einem Menschen begegnet«, schreibt er an seinen besten Freund, »den ich so bewundert und geliebt habe wie Sie, aber ich konnte Ihnen niemals zeigen, was Ihre Freundschaft für mich bedeutete, denn Sie hatten viel zu geben und ich Ihnen nichts.«

Und er schreibt einen letzten Brief, den schönsten von allen, an die englische Nation. Er fühlt sich bemüßigt, Rechenschaft zu geben, daß er in diesem Kampfe um den englischen Ruhm ohne eigene Schuld unterlegen. Er zählt die einzelnen Zufälle auf, die sich gegen ihn verschworen, und er ruft mit der Stimme, der der Widerhall des Todes ein wundervolles Pathos gibt, alle Engländer mit der Bitte auf, seine Hinterbliebenen nicht zu verlassen. Sein letzter Gedanke reicht noch über das eigene Schicksal hinaus. Sein letztes Wort spricht nicht vom eigenen Tode, sondern vom fremden Leben: »Um Gottes willen, sorgt für unsere Hinterbliebenen!« Dann bleiben die Blätter leer.

Bis zum äußersten Augenblick, bis die Finger ihm festfroren und der Stift seinen steifen Händen entglitt, hat Kapitän Scott sein Tagebuch geführt. Die Hoffnung, daß man bei seiner Leiche die Blätter finden würde, die für ihn und für den Mut der englischen Rasse zeugen könnten, hat ihn zu so übermenschlicher Anstrengung befähigt. Als letztes zittern die schon erfrierenden Finger noch den Wunsch hin: »Schickt dies Tagebuch meiner Frau!« Aber dann streicht seine Hand in grausamer Gewißheit das Wort »meiner Frau« aus und schreibt darüber das furchtbare »meiner Witwe«.

Wochenlang hatten die Gefährten in der Hütte gewartet. Zuerst vertrauensvoll, dann leise besorgt, mit steigender Unruhe schließlich. Zweimal waren Expeditionen zur Hilfe entgegengesandt worden, doch das Wetter peitscht sie zurück. Den ganzen langen Winter verweilen die Führerlosen zwecklos in der Hütte, der Schatten der Katastrophe fällt schwarz in ihr Herz. In diesen Monaten ist das Schicksal und die Tat Kapitän Robert Scotts in Schnee und Schweigen verschlossen. Das Eis hält sie im gläsernen Sarg versiegelt; erst am 29. Oktober, im Polarfrühling, bricht eine Expedition auf, um wenigstens die Leichen der Helden und ihre Botschaft zu finden. Und am 12. November erreichen sie das Zelt; sie finden die Leichen der Helden erfroren in den Schlafsäcken, Scott, der noch im Tode Wilson brüderlich umschlingt, sie finden die Briefe, die Dokumente und schichten den tragischen Helden ein Grab. Ein schlichtes, schwarzes Kreuz über einem Schneehügel ragt nun einsam in die weiße Welt, die unter sich das Zeugnis jener heroischen Leistung der Menschheit für immer verbirgt.

Aber nein! Eine Auferstehung geschieht ihren Taten, unerwartet und wunderbar: herrliches Wunder unserer neuzeitlichen technischen Welt! Die Freunde bringen die Platten und Filme nach Hause, im chemischen Bad befreien sich die Bilder, noch einmal sieht man Scott mit seinen Gefährten auf seiner Wanderschaft und die Landschaft des Pols, die außer ihm nur jener andere, Amundsen, gesehen. Auf elektrischem Draht springt die Botschaft seiner Worte und Briefe in die aufstaunende Welt, in der Kathedrale des Reiches neigt der König dem Gedächtnis der Helden das Knie. So wird, was vergebens schien, noch einmal fruchtbar, das Versäumte zu rauschendem Anruf an die Menschheit, ihre Energien dem Unerreichbaren entgegenzustraffen; in großartigem Widerspiel ersteht aus einem heroischen Tode gesteigertes Leben, aus Untergang Wille zum Aufstieg ins Unendliche empor. Denn nur Ehrgeiz entzündet sich am Zufall des Erfolges und leichten Gelingens, nichts aber erhebt dermaßen herrlich das Herz als der Untergang eines Menschen im Kampf gegen die unbesiegbare Übermacht des Geschickes, diese allezeit großartigste aller Tragödien, die manchmal ein Dichter und tausendmal das Leben gestaltet.

Die Welt der Sicherheit

Still und eng und ruhig auferzogen
Wirft man uns auf einmal in die Welt;
Uns umspülen hunderttausend Wogen,
Alles reizt uns, mancherlei gefällt,
Mancherlei verdrießt uns, und von Stund zu Stunden
Schwankt das leicht unruhige Gefühl;
Wir empfinden, und was wir empfunden,
Spült hinweg das bunte Weltgewühl.

Goethe

Wenn ich versuche, für die Zeit vor dem Ersten Weltkriege, in der ich aufgewachsen bin, eine handliche Formel zu finden, so hoffe ich am prägnantesten zu sein, wenn ich sage: es war das goldene Zeitalter der Sicherheit. Alles in unserer fast tausendjährigen österreichischen Monarchie schien auf Dauer gegründet und der Staat selbst der oberste Garant dieser Beständigkeit. Die Rechte, die er seinen Bürgern gewährte, waren verbrieft vom Parlament, der frei gewählten Vertretung des Volkes, und jede Pflicht genau begrenzt. Unsere Währung, die österreichische Krone, lief in blanken Goldstücken um und verbürgte damit ihre Unwandelbarkeit. Jeder wußte, wieviel er besaß oder wieviel ihm zukam, was erlaubt und was verboten war. Alles hatte seine Norm, sein bestimmtes Maß und Gewicht. Wer ein Vermögen besaß, konnte genau errechnen, wieviel an Zinsen es alljährlich zubrachte, der Beamte, der Offizier wiederum fand im Kalender verläßlich das Jahr, in dem er avancieren werde und in dem er in Pension gehen würde. Jede Familie hatte ihr bestimmtes Budget, sie wußte, wieviel sie zu verbrauchen hatte für Wohnen und Essen, für Sommerreise und Repräsentation, außerdem war unweigerlich ein kleiner Betrag sorgsam für Unvorhergesehenes, für Krankheit und Arzt bereitgestellt. Wer ein Haus besaß, betrachtete es als sichere Heimstatt für Kinder und Enkel, Hof und Geschäft vererbte sich von Geschlecht zu Geschlecht; während ein Säugling noch in der Wiege lag, legte man in der Sparbüchse oder der Sparkasse bereits einen ersten Obolus für den Lebensweg zurecht, eine kleine ›Reserve‹ für die Zukunft. Alles stand in diesem weiten Reiche fest und unverrückbar an seiner Stelle und an der höchsten der greise Kaiser; aber sollte er sterben, so wußte man (oder meinte man), würde ein anderer kommen und nichts sich ändern in der wohlberechneten Ordnung. Niemand glaubte an Kriege, an Revolutionen und Umstürze. Alles Radikale, alles Gewaltsame schien bereits unmöglich in einem Zeitalter der Vernunft.

Dieses Gefühl der Sicherheit war der erstrebenswerteste Besitz von Millionen, das gemeinsame Lebensideal. Nur mit dieser Sicherheit galt das Leben als lebenswert, und immer weitere Kreise begehrten ihren Teil an diesem kostbaren Gut. Erst waren es nur die Besitzenden, die sich dieses Vorzugs erfreuten, allmählich aber drängten die breiten Massen heran; das Jahrhundert der Sicherheit wurde das goldene Zeitalter des Versicherungswesens. Man assekurierte sein Haus gegen Feuer und Einbruch, sein Feld gegen Hagel und Wetterschaden, seinen Körper gegen Unfall und Krankheit, man kaufte sich Leibrenten für das Alter und legte den Mädchen eine Police in die Wiege für die künftige Mitgift. Schließlich organisierten sich sogar die Arbeiter, eroberten sich einen normalisierten Lohn und Krankenkassen, Dienstboten sparten sich eine Altersversicherung und zahlten im voraus ein in die Sterbekasse für ihr eigenes Begräbnis. Nur wer sorglos in die Zukunft blicken konnte, genoß mit gutem Gefühl die Gegenwart.

In diesem rührenden Vertrauen, sein Leben bis auf die letzte Lücke verpalisadieren zu können gegen jeden Einbruch des Schicksals, lag trotz aller Solidität und Bescheidenheit der Lebensauffassung eine große und gefährliche Hoffart. Das neunzehnte Jahrhundert war in seinem liberalistischen Idealismus ehrlich überzeugt, auf dem geraden und unfehlbaren Weg zur ›besten aller Welten‹ zu sein. Mit Verachtung blickte man auf die früheren Epochen mit ihren Kriegen, Hungersnöten und Revolten herab als auf eine Zeit, da die Menschheit eben noch unmündig und nicht genug aufgeklärt gewesen. Jetzt aber war es doch nur eine Angelegenheit von Jahrzehnten, bis das letzte Böse und Gewalttätige endgültig überwunden sein würde, und dieser Glaube an den ununterbrochenen, unaufhaltsamen ›Fortschritt‹ hatte für jenes Zeitalter wahrhaftig die Kraft einer Religion; man glaubte an diesen ›Fortschritt‹ schon mehr als an die Bibel, und sein Evangelium schien unumstößlich bewiesen durch die täglich neuen Wunder der Wissenschaft und der Technik. In der Tat wurde ein allgemeiner Aufstieg zu Ende dieses friedlichen Jahrhunderts immer sichtbarer, immer geschwinder, immer vielfältiger. Auf den Straßen flammten des Nachts statt der trüben Lichter elektrische Lampen, die Geschäfte trugen von den Hauptstraßen ihren verführerischen neuen Glanz bis in die Vorstädte, schon konnte dank des Telephons der Mensch zum Menschen in die Ferne sprechen, schon flog er dahin im pferdelosen Wagen mit neuen Geschwindigkeiten, schon schwang er sich empor in die Lüfte im erfüllten Ikarustraum. Der Komfort drang aus den vornehmen Häusern in die bürgerlichen, nicht mehr mußte das Wasser vom Brunnen oder Gang geholt werden, nicht mehr mühsam am Herd das Feuer entzündet, die Hygiene verbreitete sich, der Schmutz verschwand. Die Menschen wurden schöner, kräftiger, gesünder, seit der Sport ihnen die Körper stählte, immer seltener sah man Verkrüppelte, Kropfige, Verstümmelte auf den Straßen, und alle diese Wunder hatte die Wissenschaft vollbracht, dieser Erzengel des Fortschritts. Auch im Sozialen ging es voran; von Jahr zu Jahr wurden dem Individuum neue Rechte gegeben, die Justiz linder und humaner gehandhabt, und selbst das Problem der Probleme, die Armut der großen Massen, schien nicht mehr unüberwindlich. Immer weiteren Kreisen gewährte man das Wahlrecht und damit die Möglichkeit, legal ihre Interessen zu verteidigen, Soziologen und Professoren wetteiferten, die Lebenshaltung des Proletariats gesünder und sogar glücklicher zu gestalten – was Wunder darum, wenn dieses Jahrhundert sich an seiner eigenen Leistung sonnte und jedes beendete Jahrzehnt nur als die Vorstufe eines besseren empfand? An barbarische Rückfälle, wie Kriege zwischen den Völkern Europas, glaubte man so wenig wie an Hexen und Gespenster; beharrlich waren unsere Väter durchdrungen von dem Vertrauen auf die unfehlbar bindende Kraft von Toleranz und Konzilianz. Redlich meinten sie, die Grenzen von Divergenzen zwischen den Nationen und Konfessionen würden allmählich zerfließen ins gemeinsame Humane und damit Friede und Sicherheit, diese höchsten Güter, der ganzen Menschheit zugeteilt sein.

Es ist billig für uns heute, die wir das Wort ›Sicherheit‹ längst als ein Phantom aus unserem Vokabular gestrichen haben, den optimistischen Wahn jener idealistisch verblendeten Generation zu belächeln, der technische Fortschritt der Menschheit müsse unbedingterweise einen gleich rapiden moralischen Aufstieg zur Folge haben. Wir, die wir im neuen Jahrhundert gelernt haben, von keinem Ausbruch kollektiver Bestialität uns mehr überraschen zu lassen, wir, die wir von jedem kommenden Tag noch Ruchloseres erwarteten als von dem vergangenen, sind bedeutend skeptischer hinsichtlich einer moralischen Erziehbarkeit der Menschen. Wir mußten Freud recht geben, wenn er in unserer Kultur, unserer Zivilisation nur eine dünne Schicht sah, die jeden Augenblick von den destruktiven Kräften der Unterwelt durchstoßen werden kann, wir haben allmählich uns gewöhnen müssen, ohne Boden unter unseren Füßen zu leben, ohne Recht, ohne Freiheit, ohne Sicherheit. Längst haben wir für unsere eigene Existenz der Religion unserer Väter, ihrem Glauben an einen raschen und andauernden Aufstieg der Humanität abgesagt; banal scheint uns grausam Belehrten jener voreilige Optimismus angesichts einer Katastrophe, die mit einem einzigen Stoß uns um tausend Jahre humaner Bemühungen zurückgeworfen hat. Aber wenn auch nur Wahn, so war es doch ein wundervoller und edler Wahn, dem unsere Väter dienten, menschlicher und fruchtbarer als die Parolen von heute. Und etwas in mir kann sich geheimnisvollerweise trotz aller Erkenntnis und Enttäuschung nicht ganz von ihm loslösen. Was ein

Mensch in seiner Kindheit aus der Luft der Zeit in sein Blut genommen, bleibt unausscheidbar. Und trotz allem und allem, was jeder Tag mir in die Ohren schmettert, was ich selbst und unzählige Schicksalsgenossen an Erniedrigung und Prüfungen erfahren haben, ich vermag den Glauben meiner Jugend nicht ganz zu verleugnen, daß es wieder einmal aufwärts gehen wird trotz allem und allem. Selbst aus dem Abgrund des Grauens, in dem wir heute halb blind herumtasten mit verstörter und zerbrochener Seele, blicke ich immer wieder auf zu jenen alten Sternbildern, die über meiner Kindheit glänzten, und tröste mich mit dem ererbten Vertrauen, daß dieser Rückfall dereinst nur als ein Intervall erscheinen wird in dem ewigen Rhythmus des Voran und Voran.

Heute, da das große Gewitter sie längst zerschmettert hat, wissen wir endgültig, daß jene Welt der Sicherheit ein Traumschloß gewesen. Aber doch, meine Eltern haben darin gewohnt wie in einem steinernen Haus. Kein einziges Mal ist ein Sturm oder eine scharfe Zugluft in ihre warme, behagliche Existenz eingebrochen; freilich hatten sie noch einen besonderen Windschutz: sie waren vermögende Leute, die allmählich reich und sogar sehr reich wurden, und das polsterte in jenen Zeiten verläßlich Fenster und Wand. Ihre Lebensform scheint mir dermaßen typisch für das sogenannte ›gute jüdische Bürgertum‹, das der Wiener Kultur so wesentliche Werte gegeben hat und zum Dank dafür völlig ausgerottet wurde, daß ich mit dem Bericht ihres gemächlichen und lautlosen Daseins eigentlich etwas Unpersönliches erzähle: so wie meine Eltern haben zehntausend oder zwanzigtausend Familien in Wien gelebt in jenem Jahrhundert der gesicherten Werte.

Man lebte gut, man lebte leicht und unbesorgt in jenem alten Wien, und die Deutschen im Norden sahen etwas ärgerlich und verächtlich auf uns Nachbarn an der Donau herab, die, statt ›tüchtig‹ zu sein und straffe Ordnung zu halten, sich genießerisch leben ließen, gut aßen, sich an Festen und Theatern freuten und dazu vortreffliche Musik machten. Statt der deutschen ›Tüchtigkeit‹, die schließlich allen andern Völkern die Existenz verbittert und verstört hat, statt dieses gierigen Allen-andern-vorankommen-Wollens und Vorwärtsjagens liebte man in Wien gemütlich zu plaudern, pflegte ein behagliches Zusammensein und ließ in einer gutmütigen und vielleicht laxen Konzilianz jedem ohne Mißgunst seinen Teil. ›Leben und leben lassen‹ war der berühmte Wiener Grundsatz, ein Grundsatz, der mir noch heute humaner erscheint als alle kategorischen Imperative, und er setzte sich unwiderstehlich in allen Kreisen durch. Arm und reich, Tschechen und Deutsche, Juden und Christen wohnten trotz gelegentlicher Hänseleien friedlich beisammen, und selbst die politischen und sozialen Bewegungen entbehrten jener grauenhaften Gehässigkeit, die erst als giftiger Rückstand vom Ersten Weltkrieg in den Blutkreislauf der Zeit eingedrungen ist. Man bekämpfte sich im alten Österreich chevaleresk, man beschimpfte sich zwar in den Zeitungen, im Parlament, aber dann saßen nach ihren ciceronianischen Tiraden dieselben Abgeordneten freundschaftlich beisammen beim Bier oder Kaffee und duzten einander; selbst als Lueger als Führer der antisemitischen Partei Bürgermeister der Stadt wurde, änderte sich im privaten Verkehr nicht das mindeste, und ich persönlich muß bekennen, weder in der Schule, noch auf der Universität, noch in der Literatur jemals die geringste Hemmung oder Mißachtung als Jude erfahren zu haben. Der Haß von Land zu Land, von Volk zu Volk, von Tisch zu Tisch sprang einen noch nicht täglich aus der Zeitung an, er sonderte nicht Menschen von Menschen und Nationen von Nationen; noch war jenes Herden- und Massengefühl nicht so widerwärtig mächtig im öffentlichen Leben wie heute; Freiheit im privaten Tun und Lassen galt als eine – heute kaum mehr vorstellbare – Selbstverständlichkeit; man sah auf Duldsamkeit nicht wie heute als eine Weichlichkeit und Schwächlichkeit herab, sondern rühmte sie als eine ethische Kraft.

Denn es war kein Jahrhundert der Leidenschaft, in dem ich geboren und erzogen wurde. Es war eine geordnete Welt mit klaren Schichtungen und gelassenen Übergängen, eine Welt ohne Hast. Der Rhythmus der neuen Geschwindigkeiten hatte sich noch nicht von den Maschinen, von dem Auto, dem Telephon, dem Radio, dem Flugzeug auf den Menschen übertragen, Zeit und Alter hatten ein anderes Maß. Man lebte gemächlicher, und wenn ich versuche, mir bildhaft die Figuren der Erwachsenen zu erwecken, die um meine Kindheit standen, so fällt mir auf, wie viele unter ihnen frühzeitig korpulent waren. Mein Vater, mein Onkel, meine Lehrer, die Verkäufer in den Geschäften, die Philharmoniker an ihren Pulten waren mit vierzig Jahren alle schon beleibte, ›würdige‹ Männer. Sie gingen langsam, sie sprachen gemessen und strichen im Gespräch sich die wohlgepflegten, oft schon angegrauten Bärte. Aber graues Haar war nur ein neues Zeichen für Würde, und ein ›gesetzter‹ Mann vermied bewußt die Gesten und den Übermut der Jugend als etwas Ungehöriges. Selbst in meiner frühesten Kindheit, als mein Vater noch nicht vierzig Jahre alt war, kann ich mich nicht entsinnen, ihn je eine Treppe hastig hinauf- oder hinunterlaufen gesehen zu haben oder überhaupt etwas in sichtbarer Form hastig tun. Eile galt nicht nur als unfein, sie war in der Tat überflüssig, denn in dieser bürgerlich stabilisierten Welt mit ihren unzähligen kleinen Sicherungen und Rükkendeckungen geschah niemals etwas Plötzliches; was von Katastrophen sich allenfalls draußen an der Weltperipherie ereignete, drang nicht durch die gut gefütterte Wand des ›gesicherten‹ Lebens. Der Burenkrieg, der japanisch-russische Krieg, selbst der Balkankrieg reichten nicht einen Zoll tief in die Existenz meiner Eltern hinein. Sie überschlugen alle Schlachtberichte in der Zeitung ebenso gleichgültig wie die Sportrubrik. Und wirklich, was ging sie das an, was außerhalb Österreichs geschah, was veränderte es in ihrem Leben? In ihrem Österreich gab es in jener windstillen Epoche keine Staatsumwälzung, keine jähen Wertzerstörungen; wenn einmal an der Börse die Papiere vier oder fünf Prozent verloren, nannte man es schon einen ›Krach‹ und sprach mit gefalteter Stirn über die ›Katastrophe‹. Man klagte mehr aus Gewohnheit als aus wirklicher Überzeugung über die ›hohen‹ Steuern, die de facto im Vergleich zu denen des Nachkriegs nur eine Art kleinen Trinkgelds an den Staat bedeuteten. Man stipulierte noch in den Testamenten auf das genaueste, wie man

Enkel und Urenkel vor jedem Vermögensverlust schützen könnte, als sei durch einen unsichtbaren Schuldschein Sicherheit von den ewigen Mächten garantiert, und dazwischen lebte man behaglich und streichelte seine kleinen Sorgen wie gute, gehorsame Haustiere, vor denen man sich im Grunde nicht fürchtete. Immer darum, wenn mir der Zufall eine alte Zeitung aus jenen Tagen in die Hände spielt und ich die aufgeregten Artikel lese über eine kleine Gemeinderatswahl, wenn ich die Burgtheaterstücke mit ihren winzigen Problemchen mir zurückzuerinnern suche oder die unproportionierte Erregung unserer jugendlichen Diskussionen über im Grund belanglose Dinge, muß ich unwillkürlich lächeln. Wie liliputanisch waren alle diese Sorgen, wie windstill jene Zeit! Sie hat es besser getroffen, jene Generation meiner Eltern und Großeltern, sie hat still, gerade und klar ihr Leben von einem bis zum andern Ende gelebt. Aber dennoch, ich weiß nicht, ob ich sie darum beneide. Denn wie jenseits haben sie damit von allen wahrhaften Bitternissen, von den Tücken und Mächten des Schicksals dahingedämmert, wie vorbeigelebt an all jenen Krisen und Problemen, die das Herz zerdrücken, aber zugleich großartig erweitern! Wie wenig haben sie gewußt durch ihr Verhaspeltsein in Sicherheit und Besitz und Behaglichkeit, daß Leben auch Übermaß und Spannung sein kann, ein ewiges Überraschtsein und aus allen Angeln Gehobensein; wie wenig in ihrem rührenden Liberalismus und Optimismus haben sie geahnt, daß jeder nächste Tag, der vor dem Fenster graut, unser Leben zerschmettern kann. Selbst in ihren schwärzesten Nächten vermochten sie sich nicht auszuträumen, wie gefährlich der Mensch werden kann, aber ebensowenig auch, wieviel Kraft er hat, Gefahren zu überstehen und Prüfungen zu überwinden. Wir, gejagt durch alle Stromschnellen des Lebens, wir, gerissen aus allen Wurzeln unseres Verbundenseins, wir, immer neu beginnend, wo wir an ein Ende getrieben werden, wir, Opfer und doch auch willige Diener unbekannter mystischer Mächte, wir, für die Behaglichkeit eine Sage geworden ist und Sicherheit ein kindlicher Traum, – wir haben die Spannung von Pol zu Pol und den Schauer des ewig Neuen bis in jede Faser unseres Leibes gefühlt. Jede Stunde unserer Jahre war dem Weltgeschick verbunden. Leidend und lustvoll haben wir weit über unsere kleine Existenz hinaus Zeit und Geschichte gelebt, während jene sich in sich selber begrenzten. Jeder einzelne darum von uns, auch der Geringste unseres Geschlechts, weiß heute tausendmal mehr von den Wirklichkeiten als die Weisesten unserer Ahnen. Aber nichts war uns geschenkt; wir haben voll und gültig den Preis dafür gezahlt.

Die Monotonisierung der Welt
(1925)

Monotonisierung der Welt. Stärkster geistiger Eindruck von jeder Reise in den letzten Jahren, trotz aller einzelnen Beglückung: ein leises Grauen vor der Monotonisierung der Welt. Alles wird gleichförmiger in den äußeren Lebensformen, alles nivelliert sich auf ein einheitliches kulturelles Schema. Die individuellen Gebräuche der Völker schleifen sich ab, die Trachten werden uniform, die Sitten international. Immer mehr scheinen die Länder gleichsam ineinandergeschoben, die Menschen nach einem Schema tätig und lebendig, immer mehr die Städte einander äußerlich ähnlich. Paris ist zu drei Vierteln amerikanisiert, Wien verbudapestet: immer mehr verdunstet das feine Aroma des Besonderen in den Kulturen, immer rascher blättern die Farben ab und unter der zersprungenen Firnisschicht wird der stahlfarbene Kolben des mechanischen Betriebes, die moderne Weltmaschine, sichtbar.

Dieser Prozeß ist schon lange im Gange: schon vor dem Kriege hat Rathenau diese Mechanisierung des Daseins, die Präponderanz [das Übergewicht] der Technik als wichtigste Erscheinung unseres Lebensalters prophetisch verkündet, aber nie war dieser Niedersturz in die Gleichförmigkeit der äußeren Lebensformen so rasch, so launenhaft wie in den letzten Jahren. Seien wir uns klar darüber! Es ist wahrscheinlich das brennendste, das entscheidendste Phänomen unserer Zeit.

Symptome: Man könnte, um das Problem deutlich zu machen, Hunderte aufzählen. Ich wähle nur schnell ein paar der geläufigsten, die jedem gewärtig sind, um zu zeigen, wie sehr sich Sitten und Gebräuche im letzten Jahrzehnt monotonisiert und sterilisiert haben.

Das Sinnfälligste: der Tanz. Vor zwei, drei Jahrzehnten noch war er an die einzelnen Nationen gebunden und an die persönliche Neigung des Individuums. Man tanzte in Wien Walzer, in Ungarn den

Csárdás, in Spanien den Bolero nach unzähligen verschiedenen Rhythmen und Melodien, in denen sich der Genius eines Künstlers ebenso wie der Geist einer Nation sichtbarlich formten. Heute tanzen Millionen Menschen von Kapstadt bis Stockholm, von Buenos Aires bis Kalkutta denselben Tanz, nach denselben fünf oder sechs kurzatmigen, unpersönlichen Melodien. Sie beginnen um die gleiche Stunde: so wie die Muezzim im orientalischen Lande Zehntausende um die gleiche Stunde des Sonnenunterganges zu einem einzigen Gebet, so wie dort zwanzig Worte, so rufen jetzt zwanzig Takte um fünf Uhr nachmittags die ganze abendländische Menschheit zu dem gleichen Ritus. Niemals außer in gewissen Formeln und Formen der Kirche haben zweihundert Millionen Menschen eine solche Gleichzeitigkeit und Gleichförmigkeit des Ausdruckes gefunden wie die weiße Rasse Amerikas, Europas und aller Kolonien in dem modernen Tanze.

Ein zweites Beispiel: die Mode. Sie hat niemals eine solche blitzhafte Gleichheit gehabt in allen Ländern wie in unserer Epoche. Früher dauerte es Jahre, ehe eine Mode aus Paris in die anderen Großstädte, wiederum Jahre, ehe sie aus den Großstädten auf das Land drang, und es gab eine gewisse Grenze des Volkes und der Sitte, die sich ihren tyrannischen Forderungen sperrte. Heute wird ihre Diktatur im Zeitraume eines Pulsschlages universell. New York diktiert die kurzen Haare der Frauen: innerhalb eines Monats fallen, wie von einer einzigen Sense gemäht, fünfzig oder hundert Millionen weiblicher Haarmähnen. Kein Kaiser, kein Khan der Weltgeschichte hatte ähnliche Macht, kein Gebot des Geistes ähnliche Geschwindigkeit erlebt. Das Christentum, der Sozialismus brauchten Jahrhunderte und Jahrzehnte, um eine Gefolgschaft zu gewinnen, um ihre Gebote über so viel Menschen wirksam zu machen, wie ein Pariser Schneider sie sich heute in acht Tagen hörig macht.

Ein drittes Beispiel: das Kino. Wiederum unermeßliche Gleichzeitigkeit über alle Länder und Sprachen hin, Ausbildung gleicher Darbietung, gleichen Geschmackes (oder Ungeschmackes) auf Tausend-Millionen-Massen. Vollkommene Aufhebung jeder individuellen

Note, obwohl die Fabrikanten triumphierend ihre Filme als national anpreisen: die Nibelungen siegen in Italien und Max Linder aus Paris in den allerdeutschesten, völkischesten Wahlkreisen. Auch hier ist der Instinkt der Massenhaftigkeit stärker und selbstherrlicher als der Gedanke. Jackie Coogans Triumph und Kommen war stärkeres Erlebnis für die Gegenwart als vor zwanzig Jahren Tolstois Tod.

Ein viertes Beispiel: das Radio. Alle diese Erfindungen haben nur einen Sinn: Gleichzeitigkeit. Der Londoner, Pariser und der Wiener hören in der gleichen Sekunde dasselbe, und diese Gleichzeitigkeit, diese Uniformität berauscht durch das Überdimensionale. Es ist eine Trunkenheit, ein Stimulans für die Masse und zugleich in allen diesen neuen technischen Wundern eine ungeheure Ernüchterung des Seelischen, eine gefährliche Verfügung zur Passivität für den einzelnen. Auch hier fügt sich das Individuum, wie beim Tanz, der Mode und dem Kino, dem allgleichen herdenhaften Geschmack, es wählt nicht mehr vom inneren Wesen her, sondern es wählt nach der Meinung einer Welt.

Bis ins Unzählige könnte man diese Symptome vermehren, und sie vermehren sich von selbst von Tag zu Tag. Der Sinn für Selbständigkeit im Genießen überflutet die Zeit. Schon wird es schwieriger, die Besonderheiten bei Nationen und Kulturen aufzuzählen als ihre Gemeinsamkeiten.

Konsequenzen: Aufhören aller Individualität bis ins Äußerliche. Nicht ungestraft gehen alle Menschen gleich angezogen, gehen alle Frauen gleich gekleidet, gleich geschminkt: die Monotonie muß notwendig nach innen dringen. Gesichter werden einander ähnlicher durch gleiche Leidenschaft, Körper einander ähnlicher durch gleichen Sport, die Geister ähnlicher durch gleiche Interessen. Unbewußt entsteht eine Gleichhaftigkeit der Seelen, eine Massenseele durch den gesteigerten Uniformierungstrieb, eine Verkümmerung der Nerven zugunsten der Muskeln, ein Absterben des Individuellen zugunsten des Typus. Konversation, die Kunst der Rede, wird zertanzt und zersportet, das Theater brutalisiert im Sinne des Kinos, in die Literatur wird die Praxis der raschen Mode, des »Saisonerfolges«

eingetrieben. Schon gibt es, wie in England, nicht mehr Bücher für die Menschen, sondern immer nur mehr das »Buch der Saison«, schon breitet sich gleich dem Radio die blitzhafte Form des Erfolges aus, der an allen europäischen Stationen gleichzeitig gemeldet und in der nächsten Sekunde abgekurbelt wird. Und da alles auf das Kurzfristige eingestellt ist, steigert sich der Verbrauch: so wird Bildung, die durch ein Leben hin waltende, geduldig sinnvolle Zusammenfassung, ein ganz seltenes Phänomen in unserer Zeit, so wie alles, das sich nur durch individuelle Anstrengung erzwingt.

Ursprung: woher kommt diese furchtbare Welle, die uns alles Farbige, alles Eigenförmige aus dem Leben wegzuschwemmen droht? Jeder, der drüben gewesen ist, weiß es: von Amerika. Die Geschichtsschreiber der Zukunft werden auf dem nächsten Blatt nach dem großen europäischen Kriege einmal einzeichnen für unsere Zeit, daß in ihr die Eroberung Europas durch Amerika begonnen hat. Oder mehr noch, sie ist schon in vollem reißenden Zuge, und wir merken es nur nicht (alle Besiegten sind immer Zu-langsam-Denker). Noch jubelt bei uns jedes Land mit allen seinen Zeitungen und Staatsmännern, wenn es einen Dollarkredit bekommt. Noch schmeicheln wir uns Illusionen vor über philanthropische und wirtschaftliche Ziele Amerikas: in Wirklichkeit werden wir Kolonien seines Lebens, seiner Lebensführung, Knechte einer der europäischen im tiefsten fremden Idee, der maschinellen.

Aber solche wirtschaftliche Hörigkeit scheint mir noch gering gegen die geistige Gefahr. Eine Kolonisation Europas wäre politisch nicht das Furchtbarste, knechtischen Seelen scheint jede Knechtschaft milde, und der Freie weiß überall seine Freiheit zu wahren. Die wahre Gefahr für Europa scheint mir im Geistigen zu liegen, im Herüberdringen der amerikanischen Langeweile, jener entsetzlichen, ganz spezifischen Langeweile, die dort aus jedem Stein und Haus der numerierten Straßen aufsteigt, jener Langeweile, die nicht, wie früher die europäische, eine der Ruhe, eine des Bierbanksitzens und Dominospielens und Pfeifenrauchens ist, also eine zwar faulenzerische, aber doch ungefährliche Zeitvergeudung: die amerikanische

Langeweile aber ist fahrig, nervös und aggressiv, überrennt sich mit eiligen Hitzigkeiten, will sich betäuben in Sport und Sensationen. Sie hat nichts Spielhaftes mehr, sondern rennt mit einer tollwütigen Besessenheit, in ewiger Flucht vor der Zeit: sie erfindet sich immer neue Kunstmittel, wie Kino und Radio, um die hungrigen Sinne mit einer Massennahrung zu füttern, und verwandelt die Interessengemeinschaft des Vergnügens zu so riesenhaften Konzernen wie ihre Banken und Trusts.

Von Amerika kommt jene furchtbare Welle der Einförmigkeit, die jedem Menschen dasselbe gibt, denselben Overallanzug auf die Haut, dasselbe Buch in die Hand, dieselbe Füllfeder zwischen die Finger, dasselbe Gespräch auf die Lippe und dasselbe Automobil statt der Füße. In verhängnisvoller Weise drängt von der anderen Seite unserer Welt, von Rußland her, derselbe Wille zur Monotonie in verwandelter Form: der Wille zur Parzellierung des Menschen, zur Uniformität der Weltanschauung, derselbe fürchterliche Wille zur Monotonie. Noch ist Europa jetzt das letzte Bollwerk des Individualismus, und vielleicht ist der überspannte Krampf der Völker, jener aufgetriebene Nationalismus, bei all seiner Gewalttätigkeit doch eine gewissermaßen fieberhafte unbewußte Auflehnung, ein letzter verzweifelter Versuch, sich gegen die Gleichmacherei zu wehren. Aber gerade die krampfige Form der Abwehr verrät unsere Schwäche. Schon ist der Genius der Nüchternheit am Werke, um Europa, das letzte Griechenland der Geschichte, von der Tafel der Zeit auszulöschen.

Gegenwehr: Was nun tun? Das Kapitol stürmen, die Menschen anrufen: »Auf die Schanzen, die Barbaren sind da, sie zerstören unsere Welt!« Noch einmal die Cäsarenworte ausschreien, nun aber in einem ernsteren Sinne: »Völker Europas, wahrt eure heiligsten Güter!« Nein, wir sind nicht mehr so blindgläubig, um zu glauben, man könne noch mit Vereinen, mit Büchern und Proklamationen gegen eine Weltbewegung ungeheuerlicher Art aufkommen und diesen Trieb zur Monotonisierung niederschlagen. Was immer man auch schriebe, es bliebe ein Blatt Papier, gegen einen Orkan geworfen. Was immer wir auch schrieben, es erreichte die Fußballmatcher und

Shimmytänzer nicht, und wenn es sie erreichte, sie verstünden uns nicht mehr. In all diesen Dingen, von denen ich nur einige wenige andeutete, im Kino, im Radio, im Tanze, in all diesen neuen Mechanisierungsmitteln der Menschheit liegt eine ungeheure Kraft, die nicht zu überwältigen ist. Denn sie alle erfüllen das höchste Ideal des Durchschnittes: Vergnügen zu bieten, ohne Anstrengung zu fordern. Und ihre nicht zu besiegende Stärke liegt darin, daß sie unerhört bequem sind. Der neue Tanz ist von dem plumpsten Dienstmädchen in drei Stunden zu erlernen, das Kino ergötzt Analphabeten und erfordert von ihnen nicht einen Gran Bildung, um den Radiogenuß zu haben, braucht man nur gerade den Hörer vom Tisch zu nehmen und an den Kopf zu hängen und schon walzt und klingt es einem ins Ohr – gegen eine solche Bequemlichkeit kämpfen selbst die Götter vergebens. Wer nur das Minimum an geistiger und körperlicher Anstrengung und sittlicher Kraftaufbietung fordert, muß notwendigerweise in der Masse siegen, denn die Mehrzahl steht leidenschaftlich zu ihm, und wer heute noch Selbständigkeit, Eigenwahl, Persönlichkeit selbst im Vergnügen verlangte, wäre lächerlich gegen so ungeheure Übermacht. Wenn die Menschheit sich jetzt zunehmend verlangweiligt und monotonisiert, so geschieht ihr eigentlich nichts anderes, als was sie im Innersten will. Selbständigkeit in der Lebensführung und selbst im Genuß des Lebens bedeutet jetzt nur so wenigen mehr ein Ziel, daß die meisten es nicht mehr fühlen, wie sie Partikel werden, mitgespülte Atome einer gigantischen Gewalt. So baden sie sich warm in dem Strome, der sie wegreißt ins Wesenlose; wie Tacitus sagte: *ruere in servitium*, sich selbst in Knechtschaft stürzen, diese Leidenschaft zur Selbstauflösung hat alle Nationen zerstört. Nun ist Europa an der Reihe: der Weltkrieg war die erste Phase, die Amerikanisierung ist die zweite.

Darum keine Gegenwehr! Es wäre eine ungeheure Anmaßung, wollten wir versuchen, die Menschen von diesen (im Innersten leeren) Vergnügungen wegzurufen. Denn wir – um ehrlich zu sein –, was haben wir ihnen noch zu geben? Unsere Bücher erreichen sie nicht mehr, weil sie längst nicht mehr das an kalter Spannung, an kitzliger Erregung zu leisten vermögen, was der Sport und das Kino ihnen verschwenderisch geben, sie sind sogar so unverschämt, unsere Bücher, geistige Anstrengung zu fordern und Bildung als Vorbedingung, eine Mitarbeit des Gefühles und eine Anspannung der Seele. Wir sind – gestehen wir es nur zu – allen diesen Massenfreuden und Massenleidenschaften und damit dem Geist der Epoche furchtbar fremd geworden, wir, denen geistige Kultur Lebensleidenschaft ist, wir, die wir uns niemals langweilen, denen jeder Tag zu kurz wird um sechs Stunden, wir, die wir keine Totschlageapparate brauchen für die Zeit und keine Amüsiermaschinen, weder Tanz noch Kino noch Radio noch Bridge noch Modenschau. Wir brauchen nur bei einer Plakatsäule in einer Großstadt vorüberzugehen oder eine Zeitung zu lesen, in der Fußballkämpfe mit der Ausführlichkeit von homerischen Schlachten geschildert werden, um zu fühlen, daß wir schon solche Outsider geworden sind wie die letzten Enzyklopädisten während der Französischen Revolution, etwas so Seltenes, Aussterbendes im heutigen Europa wie die Gemsen und das Edelweiß. Vielleicht wird man um uns seltene letzte Exemplare einmal einen Naturschutzpark anlegen, um uns zu erhalten und als Kuriosa der Zeit respektvoll zu bewahren, aber wir müssen uns klar sein darüber, daß uns längst jede Macht fehlt, gegen diese zunehmende Gleichmäßigkeit der Welt das mindeste zu versuchen. Wir können nur in den Schatten jenes grellen Jahrmarktslichtes treten und wie die Mönche in den Klöstern während der großen Kriege und Umstürze in Chroniken und Beschreibungen einen Zustand aufzeichnend schildern, den wir wie jene für eine Verwirrung des Geistes halten. Aber wir können nichts tun, nichts hindern und nichts ändern: jeder Aufruf zum Individualismus an die Massen, an die Menschheit wäre Überheblichkeit und Anmaßung.

Rettung: so bleibt nur eines für uns, da wir den Kampf für vergeblich halten: Flucht, Flucht in uns selbst. Man kann nicht das Individuelle in der Welt retten, man kann nur das Individuum verteidigen in sich selbst. Des geistigen Menschen höchste Leistung ist immer Freiheit, Freiheit von den Menschen, von den Meinungen, von den

Dingen, Freiheit zu sich selbst. Und das ist unsere Aufgabe: immer freier werden, je mehr sich die anderen freiwillig binden! Immer vielfältiger die Interessen ausweiten in alle Himmel des Geistes hinein, je mehr die Neigung der anderen eintöniger, eingleisiger, maschineller wird! Und alles dieses ohne Ostentation! Nicht prahlerisch zeigen: wir sind anders! Keine Verachtung affichieren für alle diese Dinge, in denen vielleicht doch ein höherer Sinn liegt, den wir nicht verstehen. Uns innen absondern, aber nicht außen: dieselben Kleider tragen, von der Technik alle Bequemlichkeiten übernehmen, sich nicht vergeuden in prahlerischen Distanzierungen, in einem dummen ohnmächtigen Widerstand gegen die Welt. Still, aber frei leben, sich lautlos und unscheinbar einfügen in den äußeren Mechanismus der Gesellschaft, aber innen einzig ureigenster Neigung leben, sich seinen eigenen Takt und Rhythmus des Lebens bewahren! Nicht hochmütig wegsehen, nicht frech sich weghalten, sondern *zusehen*, zu erkennen suchen und dann wissend ablehnen, was uns nicht zugehört, und wissend erhalten, was uns notwendig erscheint. Denn wenn wir uns der wachsenden Gleichförmigkeit dieser Welt auch mit der Seele verweigern, so wohnen wir doch dankbar treu im Unzerstörbaren dieser Welt, das immer jenseits aller Wandlungen bleibt. Noch wirken Mächte, die aller Zerteilung und Nivellierung spotten. Noch bleibt die Natur wandelhaft in ihren Formen und schenkt sich Gebirge und Meer im Umschwung der Jahreszeiten ewig gestaltend neu. Noch spielt Eros sein ewig vielfältiges Spiel, noch lebt die Kunst im Gestalten unaufhörlich vielfachen Seins, noch strömt Musik in immer anders tönender Quelle aus einzelner Menschen aufgeschlossener Brust, noch dringt aus Büchern und Bild Unzahl der Erscheinung und Erschütterung. Mag all das, was man unsere Kultur nennt, mit einem widrigen und künstlichen Wort immer mehr parzelliert und vernüchtert werden – das »Urgut der Menschheit«, wie Emil Lucka die Elemente des Geistes und der Natur in seinem wunderbaren Buche nennt, ist nicht ausmünzbar an die Massen, es liegt zu tief unten in den Schächten des Geistes, in den Minengängen des Gefühls, es liegt zu weit von den Straßen, zu weit von der Bequemlichkeit. Hier im ewig umgestalteten, immer wieder neu zu gestaltenden Element erwartet den Willigen unendliche Vielfalt: hier ist unsere Werkstatt, unsere ureigenste, niemals zu monotonisierende Welt.

Reisen oder Gereist-Werden

Häfen und Bahnhöfe, sie sind meine Leidenschaft. Stundenlang kann ich vor ihnen stehen und warten, bis eine neue brausende Welle mit Menschen und Waren die schon zerflutete überrollt, ich liebe die Zeichen, die geheimnisvollen von Stunde und Fahrt, die Schreie und Geräusche, bunt und dumpf, die deutsam ineinanderklingen. Jeder Bahnhof ist anders, jeder reißt eine andere Ferne in sich hinein, jeder Hafen, jedes Schiff bringt andere Fracht. Sie sind die Welt in unseren Städten, die Vielfalt in unserem täglichen Tag.

Aber nun habe ich eine neue Art Bahnhöfe gesehen, in Paris zum erstenmal; die stehen mitten in der Straße ohne Halle und Dach, sie haben kein Wahrzeichen und sind doch ständige Ebbe und Flut. Das sind die Standorte der großen Gesellschaftsautomobile, die vielleicht einmal den Waggon ganz ersetzen werden: mit ihnen beginnt ein anderes Reisen, das Reisen in Masse, das Reisen auf Kontrakt, das Gereist-Werden. Neun Uhr: der erste Trupp kommt vom Boulevard, vierzig, fünfzig Passagiere, Amerikaner und Engländer zumeist, ein Dolmetsch mit bunter Kappe lädt sie auf, sie werden nach Versailles geführt, an die Schlösser der Loire, an den Mont [St.] Michel, bis in die Provence hinab. Mathematische Organisation hat ihnen allen diese Reise schon vorgedacht, vorbereitet, sie brauchen nicht zu suchen, zu rechnen mehr; der Motor kurbelt an, sie fahren in fremde Stadt, das Mittagessen (im Preise inbegriffen) steht wartend da und abends das Bett, die Museen, die Sehenswürdigkeiten stehen sperrbreit bei der Ankunft geöffnet, man braucht keinen Pförtner zu holen, kein Trinkgeld zu geben. Die Zeit ist vorgerechnet für jeden Blick, die Straße gewählt nach bester Erfahrung: wie bequem dies alles! Man hat nicht not, an Geld zu denken, sich vorzubereiten, Bücher zu lesen, Quartier zu erfragen – hinter den Gereisten (ich sage nicht: Reisenden) steht farbig bekappt der Reisewärter (denn eine Art

Wärter und Wächter ist er ja) und erklärt ihnen mechanisch jede Sonderheit. Man hat nichts zu tun, als einmal in ein Reisebureau zu gehen, sich die Reise auszuwählen, den Betrag zu bezahlen – sich selbst auf vierzehn Tage in eine Art Reiserente einzukaufen, und schon rollt das Gepäck einem voraus, Heinzelmännchen stellen Essen und Bett geschäftig in niegesehene Landschaft – und so, ohne den Finger zu rühren, reisen jetzt Hunderttausende aus England, aus Amerika herüber. Oder vielmehr, sie werden gereist.

Ich habe mich bemüht, einmal in einen solchen Menschenschub mich hineinzudenken; die Bequemlichkeit läßt sich nicht leugnen. Man hat alle seine Sinne frei für Schauen und Genießen: man ist nicht abgelenkt durch die liliputanischen, aber doch unablässigen Sorgen um einen Schlafplatz und Mittagstisch, braucht keine Züge nachschlagen, nicht durch falsche Gassen stolpern, sich nicht narren und betrügen lassen, nicht mühsam eine fremde Sprache stammeln – alle Sinne bleiben einzig der Aufnahme des Neuen bereit. Und dies Neue wiederum hat schon jahrzehntelange Erfahrung auf das Sehenswürdige hin ausgesiebt: man sieht wirklich und wahrhaftig nur das Wichtigste auf solcher gemeinsamen Reisetour, an Gesellschaft fehlt es nicht für solche, denen Genuß erst wahrhaft wird, wenn sie ihn mitteilsam mit anderen genießen. Außerdem ist es billig, praktisch und vor allem bequem, sicherlich darum die Methode der Zukunft. Man wird nicht reisen mehr, sondern gereist werden.

Aber doch: geht nicht gerade das Geheimnisvollste des Reisens durch so zufällige Gemeinschaft verloren? Noch von uralten Zeiten her umwittert das Wort Reise ein leises Aroma von Abenteuer und Gefahr, ein Atem von wetterwendischem Zufall und lockender Unsicherheit. Wenn wir reisen, tun wir's doch nicht nur um der Ferne allein willen, sondern auch um des Fortseins vom Eigenen, von der täglich geordneten ausgezählten Hauswelt, um der Lust willen des Nicht-zu Hause-Seins und deshalb Nicht-sich-selbst-Seins. – Wir wollen das bloße Dahinleben durch Erleben unterbrechen. Jene aber, die so gereist werden, fahren nur an vielem Neuen vorbei und nicht ins Neue hinein, alles Sonderbare und Persönliche eines Landes muß ihnen notwendig entgehen, solange sie geführt werden und nicht der wahre Gott der Wanderer, der Zufall, ihre Schritte lenkt. Diese Amerikaner und Engländer bleiben auf dem Massenautomobil eigentlich immer in England und Amerika, sie hören die fremde Sprache nicht, fühlen (weil jede Reibung fehlt) nicht Eigenart und Sitte des Volks. Sie sehen das Sehenswürdige, gewiß, aber alle zwanzig Wagenladungen im Tag, alle dasselbe Sehenswürdige, jeder erlebt das gleiche und noch mehr dadurch, daß es der gleiche Mann ihnen erklärt. Und keiner erlebt es in der Tiefe, weil er in Gesellschaft, im Geschwätz und Gerede den erlesensten Werten und Welten nahekommt, nie allein schauend, nie allein das Wunderbare fromm an sich ziehend: was er heimbringt, ist nichts als der sachliche Stolz, diese Kirche, jenes Bild tatsächlich vor Augen gehabt zu haben – ein Rekord mehr sportlicher Art als Gefühl innerer Bildung und kultureller Bereicherung.

Darum lieber das Unbequeme, das Lästige, das Ärgerliche dazu: es gehört zu jeder richtigen Reise, denn immer liegt ein Widersinn zwischen dem Komfortablen, dem mühelos Erreichten und dem wirklichen Erleben. Alles Wesentliche im Leben, alles, was wir Gewinn nennen, wächst aus Mühe und Widerstand, aller wirkliche Zuwachs an Weltgefühl muß irgendwie an ein Persönliches unseres Wesens gebunden sein. Deshalb will mir die immer mehr verbesserte Mechanik des Reisens mehr Gefahr als Gewinn für jeden scheinen, der nicht nur von außen an das Fremde heran will, sondern sich wirklich lebendiges und betontes Bild von neuer Landschaft in die Seele ziehen. Wo wir nicht entdecken oder wenigstens zu entdecken vermeinen, wo nicht eine verborgene Energie und Sympathie uns zu neuen Dingen führt, fehlt eine geheimnisvolle Spannung im Genießen, eine Verbindung zwischen dem Niegesehenen und unserem überraschten Blick, und je weniger wir die Erlebnisse an uns bequem herbringen lassen, je mehr wir ihnen abenteuernd entgegendringen, um so inniger bleiben sie uns verbunden. Bergbahnen sind herrlich: in einer Stunde heben sie uns empor in die großartigste Gebirgswelt, unermüdet und bequem genießt man den Rundblick in die niedergebückte Welt. Aber doch, es fehlt irgendein seelischer Reiz bei diesem mechanischen Hinaufgebrachtsein, ein merkwürdig prickelnder Stolz, das Gefühl der Eroberung. Und dies sonderbare, aber zum wahrhaften Erleben gehörige Gefühl entbehren alle, die so gereist werden statt zu reisen, die irgendwo an einem Schalter zwar den Preis für die Rundreise aus der Brieftasche bezahlen, aber nicht den andern Preis, den höheren, den wertvolleren, aus dem innern Willen, der gespannten Energie. Und sonderbar: gerade dieser Aufwand erstattet sich später am verschwenderischsten zurück. Denn nur da, wo wir mit Ärger, Unannehmlichkeiten, Irrtum uns einen Eindruck erkauften, bleibt die Erinnerung besonders leuchtkräftig und stark, an nichts denkt man lieber als an die kleinen Mühseligkeiten, die Verlegenheiten, die Irrungen und Wirrungen einer Reise, so wie man ja auch in späteren Jahren die dümmsten Dummheiten seiner eigenen Jugend am freudigsten liebt. Daß unser eigenes tägliches Leben immer mechanischer, ordnungshafter auf den glatten Schienen eines technischen Jahrhunderts verläuft, wir können es nicht mehr hindern, ja wir wollen es vielleicht gar nicht, weil wir unsere Kräfte damit sparen. Aber Reise soll Verschwendung sein, Hingabe der Ordnung an den Zufall, des Täglichen an das Außerordentliche, sie muß allerpersönlichste, ureigenste Gestaltung unserer Neigung sein – wir wollen sie darum verteidigen gegen die neue bureaukratische, maschinelle Form des Massenwanderns, des Reisebetriebs.

Retten wir uns dies kleine Geviert Abenteuer in unserer allzu geordneten Welt, lassen wir uns nicht reisen als Frachtgut praktischer Agenturen, sondern reisen wir weiter nach Altväterart aus eigenem Willen eigenem Ziele entgegen: denn nur so wird jede Reise zur Entdeckung nicht nur der äußern, sondern auch unserer eigenen innern Welt.

Herbstwinter in Meran

Oktoberwende hat längst die letzten Trauben von den Reben gelöst, aber noch glühen die Weingärten in einem sanften und doch feurigen Licht. Blatt an Blatt leuchtet, blank und messingfarben, und immer, wenn eine sanfte Brise die zitternden umlegt, meint man sie klingen zu hören wie feine metallene Scheiben. Dunkler sieht der Herbst ins Land. Selten nur blicken mit ihren roten Kinderwangen die Äpfel durch das mürbe Gesträuch, häufiger und schneller entblättern sich die Kastanienbäume und schleudern die letzten dunklen Kerne aus der matten Umhüllung nieder, doch der Winter scheint noch immer unendlich weit. Seit Tagen ist der ernste November in das Tal getreten, aber die Landschaft lächelt ihm geruhig zu. Die Berge haben schon Schnee auf dem Scheitel, doch ihre Brust liegt noch frei und grün, und leuchtend umschnürt ihre tiefe Hüfte der farbige Gurt der Weinberge. Ganz weit scheint der Winter noch. Nur die Höhen, die weiter in die Ferne schauen, scheinen ihn bereits erspäht zu haben, das Tal freut sich noch der Sonne und wird nur feuriger in den herbstlichen Farben. Wie brennende Büschel flackern einzelne Bäume rote Warnung ins Land, rostfarben leuchten die Stämme, und das heitere Gelb der welken Blätter mengt sich fröhlich ins dunkle Grün der Matten. Unwandelbar aber schließt oben der blaue Himmel mit einem weiten, voll ausgespannten Klang den bunten Reigen der Farben. Es ist ein Herbst ohne Ende, ein Herbst ohne Bitterkeit, der hier langsam Winter wird und – man fühlt es schon – ein milder geruhiger Winter, ohne Härte und Harm.

Es ist mir nicht neu, das vielfältige Farbenspiel dieser Landschaft. Oft hab' ich sie schon so gesehen im Zauber des Übergangs, immer beglückt und immer neu begeistert. Aber immer nur wie etwa ein Maler es sehen mag, froh der Reinheit der Luft und der seligen Klarheit der Farben und fraglos hingegeben im sanften Genießen. Doch heute lüstet es mich, diese Schönheit nach ihrem Sinn zu fragen, denn es gibt Stunden, da der Genuß eine Rechenschaft fordert und selbst die Beglückung noch ihren Sinn. Ich sehe in ihre heiteren Züge hinein und frage das eigene Herz, noch heiß im Entzücken, warum gerade ihr diese seltsame Macht gegeben ist, so reine Beruhigung in mir auszubreiten und von ihrer sanften Heiterkeit einen Widerschein in mich zu streuen. Ich weiß gewaltigere, gekrönt mit den heroischen Insignien großer Vergangenheit, Landschaften, die das Meer zu ihren Füßen haben, das unendliche oder einen See, ständig das Bild ihrer Anmut zu spiegeln, Landschaften, die wie urweltliche versteinerte Gedanken sind, Tragödien aus Fels und Wald. Ich sehe sie an, suchend, an hundert Stellen ihre Schönheit zu fassen, und nichts Einzelnes gibt Antwort. Denn nichts in ihr ist eigentlich sonderbar oder einzigartig, nichts reißt herrisch den Blick an sich, freundlich läßt ihn eine Linie in die andere fließen. Und diese Harmonie des Überganges ist ihre Magie. Denn alle Elemente der Schönheit sind nicht nur verteilt im Meraner Tal, sondern auch vereint. Sie hat Größe und Gewalt, diese Landschaft am Fuße der nordischen Alpen, aber eine, die nicht drückt und beschwert: schieben sich die Berge in ihren Rücken wie zornige Falten auf der Stirn eines Giganten drohend zusammen, scheint von allen Seiten Begrenzung dem Blick zu drohen, ihm im Sinnbild die eigene warnend zu zeigen, nach Süden tut sich die verschlossene Landschaft unendlich auf, ein sonniges Tal führt den Blick, den befreiten, heiter fruchtbare Felder ins Ferne entlang. Sie ist großartig, diese Landschaft, und doch nicht streng, ihre Nähe schön und ihre Ferne erhaben. Ihr felsiger Bau beängstigt nicht wie etwa eine verschlossene Gebirgslandschaft, deren schroffe Felsen sich einem schließlich um das Herz bauen, ihre Weite ermüdet nicht, weil sie nicht flach ins Ferne rinnt, sondern überall den Höhen sich verkettet. Alles ist Übergang in diesem Anblick. Die Stadt selbst, uralt, mit ihren Laubengängen und Herrensitzen und doch geschmackvoll in den neuen Villen und Burgen fügt Vergangenheit und Gegenwart in eine gesellige Gemeinsamkeit. Weiß und doch schon grün durchädert von den Parken und Anlagen, klettert sie langsam in die Wiesen und Weinreben hinein, die selbst wieder aufsteigend hinschwinden in den dunkeln Wald. Dieser wieder verliert sich klimmend in den Fels, dessen Grau mählich mit dem kühlen Weiß des Firnenschnees sich überstäubt, und diese höchste zackige Linie wiederum zeichnet sich rein ins unendliche Blau. So klar und rein entfaltet sich hier der Fächer der Farben, nichts befeindet sich, alle Gegensätze sind harmonisch gelöst. Norden und Süden, Stadt und Landschaft, Deutschland und Italien, alle diese scharfen Kontraste gleiten sanft ineinander, selbst das Feindlichste scheint hier gesellig und vertraut. Nirgends ist eine brüske Bewegung in der Landschaft, nirgends eine zerrissene abgesprengte Linie: wie mit runder, ruhiger Schrift hat die Natur hier mit bunten Lettern das Wort Frieden in die Welt geschrieben.

Meisterschaft des Überganges: das ist die Gewalt dieser Südtiroler Täler. Und nicht nur in der Struktur in ihrem eigenen Leben ist der Wandel der Erscheinung bezwungen, auch der Umschwung der Jahreszeiten, der Himmel, unter dem sie ruhen, scheint gebändigt von ihrer beruhigenden Gewalt. Die Jahreszeiten, die vier feindlichen Schwestern, hier halten sie sich noch friedlich Hand an Hand, leise umwandelnd im Reigen. Sie stoßen sich nicht zornig weg, eine der anderen den Platz zu rauben, sondern geben sich wie einen bunten Ball diese Welt weiter im heiteren Spiel. So weiß ich's nicht zu sagen, ob jetzt noch Herbst ist oder Winter schon, fast vermeint man, Höhe und Tiefe, Fels und Tal hätten sich hier geeint, beide gleichzeitig zu empfangen. Oben auf den Firnen glänzt schon der Schnee, auf wilden Stürmen sprengt der Winter durch die Tannen hin, indes unten das Tal in durchsonnter Luft golden funkelt und einen südlichen Sommer, eine ewige Jugend zu den grauen Felsen emporspiegelt. Und im Sommer wiederum, wenn der Juli im überhitzten Kessel der Tiefe brodelt, glänzt oben auf dem Vigiljoch und der Mendel ein heller Frühling durch die fast winterlich kühle, würzige Luft. So mildert hier immer die doppelte Welt das Übermaß der Jahreszeiten durch die nachbarliche Gegenwart der anderen, und selbst an einem einzigen Tage, im Kreise weniger Stunden, vermag man hier beide zu empfinden, den Winter am Morgen, den Frühling zu Mittag, wenn die Sonne den weißen Reif weggetrunken und ihre freundliche Wärme über das Tal gebreitet hat. Geschwisterlich sind hier die Jahreszeiten. Wie auf einem antiken Bild, geschmückt mit den bunten Allegorien der Früchte, wandeln sie dahin und verstatten das freundliche Wunder, ihnen vereint zu begegnen.

Dieses Wunder hat die Landschaft von Meran vollbracht dadurch, daß sie den Störenfried verbannte, den Wind. Denn der Wind ist es allein, der die Jahreszeiten gewaltsam trennt, der ihren ruhigen Reigen jäh auseinanderreißt. Wie oft hat man's im Norden erlebt; nachts haben die Fenster geklirrt, ein Heulen war in den Straßen, ein Stöhnen von verzweifeltem Widerstand, ein Schreien und ein Kampf, und erst am nächsten Morgen wenn der Schnee weiß über den Dächern liegt, wußte man's, der Herbst war entführt worden für ein ganzes langes Jahr, weggerissen von unsichtbaren Ketten. Und so gewalttätig stürzt der Sturm den Frühling wieder über den Winter und den Winter wieder über den Herbst. Mit einem Ruck reißt er den schlotternden Bäumen ihr gelbes Gewand ab und streut es in die Ferne, mit jähem Stoß schleudert er den Schnee von den Bergen, daß die Flüsse aufschäumen und rasend ins Tal rollen. Weggepeitscht in wildem Erschrecken entflieht vor ihm jede Jahreszeit, man erschrickt und staunt unvermutet über das neue Antlitz der Erde und ist befremdet, ehe man sich gewöhnt. Hier aber wehrt die Landschaft mit hohen Schultern seinem zornigen Ansturm. Nicht plötzlich ist der Übergang, sondern unmerklich zart, fast wie Musik. Jeden Tag spannt die Sonne jetzt etwas enger ihren Bogen, jede Nacht entsaugt der Frost den Blättern einen Tropfen grünes Blut. Erst beginnen sie zu gilben, dann rosten sie zu einem bräunlichen Rot, dann erst schrumpfen und welken sie, um schließlich, wenn sie ganz schwach und müde sind, schläfrig vom Baum zu taumeln und auf die Erde zu sinken in sanftem kreisenden Flug. Aber sie wehen nicht fort, sondern sinken nur matt zu den Füßen und umscharen weich den entlaubten Stamm, als wollten sie mit ihrem welken Laub noch die Wurzeln für den neuen Frühling wärmen. Und so wie jedes einzelne Blatt hat auch die ganze Landschaft hier ihr volles Farbenspiel und verstattet, daß man den Herbst, den Winter nicht wie eine Überraschung empfinde, wie einen Überfall, sondern geruhig wie ein Schauspiel genieße. Frucht auf Frucht fällt hin, Farbe um Farbe lischt mählich aus, aber niemals legt sich der Schnee weiß und tot zwischen Welken und Blühen, und dem Absterben nähert sich schon der Neubeginn. Unentwegt hält der Efeu aber dazwischen überall seine grüne Wacht bis zum Frühjahr, bis die Farben wieder zart einsetzen. Keine Pause ist hier im anregenden Spiel der Farben und des Lichts, nur Übergang, eine sanft anklingende und sanft wieder abschwellende Harmonie.

Dies ist das eine Geheimnis ihrer Schönheit, die Feindschaft mit dem Wind, und das zweite ihre rege Freundschaft mit der Sonne. Meran lebt vom Licht, und man fühlt's nie stärker als an einem Regentag, wenn plötzlich all ihre heiteren Züge wie in Tränen untergehen und die Ferne wolkig ihr Haupt verhüllt. Die Farben leuchten dann nur stumpf, wie durch eine Mattscheibe, die Menschen mit dem regen Bunt ihrer Gewandung verbergen sich in den Häusern, der Sinn der Stunden ist verwirkt, man findet seine innere Beziehung zu der gestern noch so nahen Schönheit nicht mehr. Meran lebt nur im Licht. Denn die Sonne hat hier eine seltsame, fast mythische Macht: sie zählt die Stunden, sie gliedert den Tag, sie nährt die Kranken mit Hoffnung und die Früchte mit heißem Blut. Erst wenn sie aufglänzt, beginnt der Tag, wenn sie niedersinkt, ist er vorbei. Mit glühendem Zirkel mißt sie die Stunden zu, breiter im Sommer, enger im Winter, immer aber geregelt und genau, und jeder mißt seine Zeit an ihr. Ist man ein wenig eingewohnt in Meran, so kann man bald die Uhr entbehren, denn die Rosawolke auf dem Berg, die vorauseilend ihr Kommen ankündigt, deutet eine bestimmte Stunde und wieder eine der Augenblick, wenn sie mit ihrem schrägen Strahl jetzt jenes Kirchendach erreicht, und jene wieder, wenn ihr Leuchten endlich bis in die Passer niederfunkelt. Und so wieder, wenn dieses Haus in Schatten sinkt und dann jenes: allmählich verwandeln sich dem wissenden Blick alle einzelnen Punkte der Landschaft zu Zahlen eines

Ziffernblattes, an dem man das Steigen und Neigen der Stunde zu erkennen vermag. Eine ungeheure Sonnenuhr ist die ganze Landschaft, und diese sichtbare Regelmäßigkeit hat einen wundervollen Reiz für jeden, der schon dem heiligen Zeichen der Himmelsuhr sich entfremdet hat. Denn wir in den Städten spüren Morgen und Abend kaum anders als im Zimmerlicht, wir wissen, daß es Nacht wird, wenn uns die Zeile im Buch zerrinnt und wir das Licht zünden müssen, und vergessen ganz die spendende Kraft, der alles Licht entstammt und die dort so unablässig sinnlich gewärtig ist. Hier dämmert der Morgen nur müßig hin bis zum Augenblick, da sich die Sonne von den Bergen nieder ins Tal getastet hat. Dann erst wird sie wach, die Welt, mit einem Male sind Menschen auf den Straßen, Musik sammelt sie auf der Promenade und in den Gärten, denen das Licht mit raschem Finger die Feuchte des Frostes abstreift und die sommerlich plötzlich leuchten, als wollten sie noch einmal aufzublühen beginnen, mit Blumen und Früchten. Alles drängt sich heran, Sonne zu trinken, die ganze Stadt ist ihr gleichsam zugewandt, südwärts halten die Häuser ihre Balkone und Terrassen entgegen, auf denen, großen Sonnenblumen nicht unähnlich, das Rund der Schirme über den Kranken wacht, die Helligkeit der Landschaft wird doppelt in jedem Blick, und die letzten Nebel fliegen als weiße Wolken leuchtend in den Himmel hinein. Nur wenn die Sonne hier wach ist und nur solange sie das Tal mit ihren warmen Wellen badet, dauert hier der Tag. Goldene Kugeln, glühende und große im Sommer, mattblinkende und kleine im Winter, rollen diese Sonnenstunden von Berg zu Berg, das ganze Leben in vielfaches Spiegelbild einschließend, rollen es aus Nacht wieder in Nacht zurück. Sinkt die Sonne hinter dem Berg, so fällt die Dämmerung kühl und rasch wie ein feiner, grauer Aschenregen. Alles wird anders. Die Luft, die von der Sonne durchfiltert, weich und golden sich anfühlte, wird plötzlich schneekühl, die Farben erlöschen und die Menschen verschwinden. Immer ist hier in der Dämmerung eine Viertel, eine halbe Stunde gleichsam des Erschreckens, ein Niedersturz ins Dunkle, so plötzlich und überraschend, wie wenn man in einem Eisenbahnzuge aus dem Betrachten schöner, sonniger Landschaft plötzlich in einem Tunnel sich alles entrissen fühlt und mit befremdeten Augen in eine unerwartete Nacht starrt. Aber Beruhigung beginnt, sobald die Lichter in den Häusern zu funkeln anheben und, wohnt man auf der Höhe, so ist es unbeschreiblich schön zu sehen, wie das tiefe Tal nun von tausend Funken durchglüht ist. Ein Sternenreigen, flirren sie unten in der Tiefe, dazwischen die kleinen Monde der elektrischen Bogenlampen und matt glänzend in ihrer Mitte wie eine Milchstraße die schäumige Passer. Wie ein Spiegel hält unten der irdische Sternenhimmel dem Unendlichen sein Bild zurück, eine Welt ahmt die andere nach, und oben am Rande der Berge funkelt manches Licht der Höhe schon frech in das Ewige hinein. Nun erst fühlt man in dieser Landschaft, deren heiterer Sonnenblick tagsüber nur Milde offenbart, die innere Strenge, nun erst in der immer tieferen Stille vernimmt man ihre Rede, das stürzende Brausen des Flusses. Sah man tags nur ihr Lächeln, nun hört man ihr Herz.

Diese wunderbare Gleichzeitigkeit aller Kontraste scheint mir das Liebenswerte der Meraner Welt, der ich mich verbunden fühle durch die Heimatlichkeit einer immer wieder erneuten Wahl. Nie wird es – ich fühle es immer mehr im Versuche – gelingen, ihre gastliche nachgiebige Schönheit jemandem zu erklären, der in der Schönheit immer nur das Sehenswürdige will, das sichtbar Besondere, die Sehenswürdigkeit, diesen Begriff der Eiligen und Unverständigen, die aus innerer Armut des Schauens Landschaften und Werke in der Presse des Ruhms zu Banknoten der Menschheit gestempelt haben. Die nicht ahnen, daß man mit einer Landschaft Freundschaft schließen kann, mit ihr Zwiesprache halten, daß man sich selber zu mäßigen vermag am bloßen Anblick ihrer Farben und lernen an der Gelassenheit, mit der sie sich dem notwendigen Umschwung der Zeiten entgegenbietet. Nichts vermag solche Beruhigung zu erklären, die oft von einer einzigen Linie eines sanft sich niederneigenden Berges, von den klingenden Halden eines schön geschwungenen Berges einem bis ins Blut strömt und in weiterer Verwandlung selbst Entschlüsse und Gedanken freundlicher formt. Aber ich glaube, unbewußt bildet sich in den Jahren fast in jedem Menschen schließlich eine Vorliebe für eine bestimmte Gegend, die sicherlich mehr bedeutet als gemeine Zufriedenheit mit Wohnung und Klima. Man spürt, daß die Landschaft, die mit solcher Beharrlichkeit einen verlockt, doch des eigenen Charakters unruhige und fließende Form schon in festem, darum aber nicht regellosem Bilde innehabe und freut sich, seine eigene fließende Existenz irgendwo in ewigem Bilde versteinert zu sehen. So liebe ich diese Meraner Welt mit an den Jahren nur gesteigerter Sehnsucht, von ihr zu lernen, die notwendige innere Zwiespältigkeit des Lebens sich durch Harmonie zu lösen, und selbst hier in der Stadt, der himmellosen und bedrückten, ist es mir oft Beruhigung zu wissen, daß dort unten dieses Leben, in dem ich durch Liebe und Hingabe viel von mir gelassen habe, so heiter weiterblüht, wie vielleicht in mir selbst irgendein innerer Trieb unter aller Verwirrung und Geschäftigkeit. Fern von ihr spüre ich ihre ruhige Gelassenheit noch nachklingen in meinem Blut, und wenn hier die Stadt sich zusammenkrampft unter der Faust des Winters und im Nebel die Sterne erlöschen, mühe ich mich manchmal, zum Trost innen ihr Antlitz zu schauen, wie es jetzt unten im leisen Mittagslicht sich milde hineinlächelt in den Winter und mit Schnee auf den Firnen doch vom nahen Frühling träumt.

Salzburg

Ich weiß, schon dies ist schwer, mittels des bloß schildernden Wortes die sinnliche Anschauung eines Bildes, eines Menschen, eines Kunstwerks geben zu wollen und noch unendlich schwieriger der Versuch, das Profil eines so komplexen Gebildes wie das einer Stadt, gleichsam in die leere Luft zu zeichnen. Dennoch möchte ich es versuchen, denn der Name der Stadt Salzburg ist ja in den letzten Jahren europäisch geworden dank des Erfolges der allsommerlich veranstalteten Festspiele, mancher mag Neugierde nach dem Wesen dieser vielbesprochenen Stadt haben, und so versuche ich für diejenigen, denen Reise und Anwesenheit nicht möglich ist, mit dem Wort eine flüchtige Anschauung von der Eigenart dieser österreichischen Stadt zu geben, die Humboldt, der große Weltfahrer, unter die drei schönsten der ganzen Welt einreihte.

Jede Art der Schönheit auf Erden hat nun ihr besonderes, ihr einmaliges Gesetz, sie ist gleichsam eine harmonisch gelöste Gleichung aus mehreren Faktoren. So beruht auch die Schönheit einer Stadt niemals einzig bloß auf ihrer Architektur, sondern immer zugleich auf einem besonderen Verbundensein mit der Natur, auf der gelungenen Vermählung des Menschlich-Schöpferischen mit dem Gottgegebenen, – sie muß in die Natur von dem anonymen Werkkünstler eingefügt werden wie das Bild in den Rahmen. Zu diesem völligen Eingehen in Natur braucht nun eine Stadt Verbundenheit nicht bloß mit einem Element, sondern mit *allen* Elementen, mit Wasser, Erde und Luft. Wasser erhöht das Lebendige einer Stadt, und es gibt vielleicht keine vollkommen schöne Stadt ohne Gegenwart von Gewässern, sei es, daß sie als Strom Schiffe und Bewegung die harten Ufer entlang führen, sei es, daß sie als Meer das herrliche Bild der Unendlichkeit ihr spiegelnd entgegenhalten, Bewegung muß in jeder Landschaft sein, und auch die Erde, wenn sie sich zu Hügel und Bergen, zu Felsen und Schroffen ballt, gibt jeder Architektur erst Hintergrund und Übersicht – eine Stadt ganz im Flachland, ohne Wasser und Berge, kann nie völlig sich zur Schönheit entfalten. Und drittens braucht eine Stadt, um schön zu sein, Luft und Atem um sich, das heißt freien Zugang für den Blick, breite Plätze, schöne Prospekte, die ihre Formen voll und plastisch hervortreten lassen.

Diese Bindung mit den Elementen, mit Erde, Wasser und Luft ist in Salzburg geradezu vorbildlich erfüllt. Vom Süden her wirft sich das mächtigste Felsenmassiv Europas, werfen sich die Alpen mit einem drohenden Sturz heran. Aber gerade knapp vor Salzburg, ja innerhalb der Stadt selbst hält mit einem ungeheuren Ruck diese gebäumte Felsenwelle plötzlich inne. Gerade vor den letzten Häusern der Stadt sind die Alpen zu Ende. Der Untersberg, das Watzmannmassiv, der Göll, zweitausend Meter hohe Berge, umringen wie eine hochgetürmte Felsenwand den Horizont, aber sie drohen nicht schroff und feindselig hinab in die Tiefe, sondern klingen aus in ein paar milde kleine Hügel, deren zwei, der Mönchsberg und der Kapuzinerberg, selbst schon in der Stadt stehen, umsponnen von Grün, gezähmt und bewohnt, und hinter dieser letzten leise ausklingenden Welle beginnt das Flachland, wie ein ebener Teller liegt es dann bis weit gegen das Nordmeer hinauf. Diese Zwiefalt gibt einen besonderen Reiz. Zur rechten Hand muß sich der Blick aufheben zu schneebedeckten Gebirgen und Felsenschroffen, zur linken umfaßt er freie Horizonte bis ins Unendliche hinein – so steht diese Stadt haargenau in der Mitte zwischen zwei Lebenszonen, zwischen zwei Klimaformen, zwischen Bergland und Flachland. Sie kann ganz Nordstadt sein und ganz Südstadt. An schroffen Wintertagen leuchtet sie schneeblendend mit weißvermummten Bergen, kaltklarer eiskühler Luft, dann klirren Schlitten hinaus ins weiße Land und von den Bergen und Hügeln sausen die Skier; aber über Nacht wirft sich der Wind jählings um, ein föhniger Himmel blaut feucht und lau, und sofort wird Salzburg zur Südstadt, mit italienischen Farben, funkelnd mit weißen Häuserflächen und umbuscht von aufquellenden Gärten, eine üppige, eine warme und fast wollüstig weiche Landschaft – ein letzter Glanz vom Süden her rührt diese erzdeutsche Stadt in solchen Augenblicken an.

Aber auch dem zweiten Element der Schönheit, dem Wasser ist diese Stadt innig verbunden. Die Salzach, die meist rasch und schäumend unter ihren Brücken läuft, hat ein nordischer Dichter, J. Peter Jacobsen einmal zur Trägerin einer seiner bezauberndsten Novellen gemacht. (*To Verdener*, Zwei Welten). Es ist ein kleiner, aber ungebärdiger Alpenfluß, der zur Zeit der Schneeschmelze in plötzlichem Zorn aufbrausen kann, ungestüm die Brücken zerschlägt und zahllose Bäume als Beute mit sich schleppt; im Sommer geht er meist still und gelassen, selten aber duldet er mehr als ein Faltboot auf seinem unruhigen Rücken. Doch dieses Wasser ist nicht das einzige belebende Element; ringsum, bis weit ins Salzkammergut hinein und nach Berchtesgaden reihen sich Seen an Seen, flache und bergumrundete, grüne und blaue, große und kleine, nüchterne und romantische, es ist, als hätte die eitle Natur sich hier unzählige Spiegel ins Grün geworfen, um ihre Anmut in jedem anders zu betrachten. Und drittes Element der Schönheit, die Luft, der freie Raum. Salzburg ist verschwenderisch gebaut, mächtig die Türme, mächtig die Paläste, herausfordernd groß die Kirchen, aber auch die Plätze vor ihnen weiträumig, so daß ihre Höhe und Rundung voll zur Geltung kommen. Zwanzig, dreißig Kirchtürme steigen empor aus dem sonst enggewinkelten Häusergewühl, jeder anders in seiner Form, schmale und rund gekuppelte, viereckige und zwiebelig gewölbte, kleine und unscheinbare, die nur wie Mützen aus dem Häuserhaufen hervorlugen und breite, massive, die an die Peterskuppel und ihre marmorne Pracht bewußt erinnern wollen – und alle diese vielen Kirchen haben Glocken und alle diese Glocken läuten jede mit einem andern Ton, heller und dunkler, so daß zu manchen Stunden die Stadt wie überspannt ist von einem bronzenen Zelt. Aber hoch über all dem steht das wuchtige Wahrzeichen der Stadt, die Hohensalzburg, in wunderbarer und immer andersartiger Perspektive. Steigt man von den Höhen des Gaisbergs nieder zu Tal, oder kommt man vom bayrischen Flachland, blickt man nieder von den Höhen oder schaut empor aus der Tiefe, – von allen Seiten, von Nord und Süd und West und Ost, von nah und fern, immer sieht man zuerst das steinerne Schiff, die Hohensalzburg, über dem grünen Gewoge der Landschaft. Festgeankert seit den Tagen der Römer, eine zweitausendjährige Trireme aus hellen Quadern, fährt dieses Schiff durch die Zeit und steht doch ewig an gleicher Stelle, bald den Bug den scharfen, mit Mastturm und Wimpel dem Blicke blendend zugewandt, bald die Breitseite mit hundert Luken und Fenstern. Und um das leuchtende Schiff rauscht wie weißer Schaum inmitten einer grünen Flut die kleine uralte Stadt.

Dieses Bildnis der Stadt ist uralt, unverändert, Jahrhunderte kennen sie schon im gleichen Profil. Es hat sich wenig gewandelt in ihrem innern Kreis und heute sorgt schon bewußtes Interesse, daß dieses einzige historische Bildnis einer mittelalterlichen Stadt mitten im modernen Leben möglichst unverändert erhalten bleibe. Denn während sonst das Vergangene der Ungeduld der Gegenwart zum Opfer fällt, hier ist das Historische sich treu geblieben. Ein Glücksfall hat es mit sich gebracht, daß diese Stadt fast als einzige im ewig streitbaren deutschen Reiche, seit Hunderten von Jahren keinen Krieg kannte, keinen Eroberer und Zerstörer, daß also, was von Vorvätern und Urvätern geschaffen wurde, sich deshalb in seiner traditionellen Form erhalten konnte. Und es gab hier viel zu erhalten, viel Altertümliches aus den Anfangstagen des Christentums – Salzburg ist eines der ältesten Erzbischofstümer der Welt – und viel langsam gehäuften Kunstreichtum. Der alte Reichtum dieser Stadt kam, der Name sagt es, vom Salz. Denn Salz war früher bei den Binnenländern Europas, die nicht vom Meer diese heilige Gabe empfingen, so kostbar wie Gold, von überall, wo damals in Europa Salz gefunden wurde, gingen Straßen und Wege, die Salzwege in die Welt und brachten Schätze für dieses weiße scharfe Gold. Auf Flößen die Salzach entlang und zu Wagen wurde das kostbare, das zur Ernährung unentbehrliche Material verfrachtet und seit undenklichen Zeiten ging dieser Handel. Daß dieses ganz seltene Material ganz nahe bei Salzburg, in Hallein, in Hallstadt – Hall meint immer Salz – aus dem Berg gefördert werden konnte, wußten schon die Römer, und sie erkannten mit ihrem ausgezeichneten strategischen Blick sofort die wunderbare geografische Lage Salzburgs und machten es zu ihrem Kastell Juvavum. Noch heute findet man fast bei jedem Hausumbruch römische Steine oder Vasentrümmer. Dann kamen die Erzbischöfe als Herren, milde, prunkfrohe, geistig geistliche Herren, die Kriege nicht liebten und deren eigentliche Neigung die Kunst war. Prächtige Kirchen zu bauen und weiträumige Paläste, schöne Gärten, Springbrunnen und Wasserspiele war ihre Leidenschaft, jeder wollte seinen Vorgänger durch neue und andere Pracht in Schatten stellen, sie bestellten italienische Baumeister, italienische Musiker und ließen sich, reich wie sie waren, in prächtiger Fülle ihren Lebensraum ausstatten; und dank ihrer klugen Politik, die der Stadt jedweden Krieg ersparte, ist ihr Werk eigentlich unverändert erhalten geblieben. In Salzburg ist so viel wie nichts seit fünf Jahrhunderten und länger zerstört. Wer, besonders abends, über die Straßen und Plätze geht, kann sich vollkommen und restlos der Illusion hingeben, im fünfzehnten oder sechzehnten Jahrhundert zu sein, denn im innern Kreise der eigentlichen Altstadt steht kein einziges modernes Haus und man kann ruhig sagen, auch kein einziges, das nicht künstlerische Tradition zumindest in irgendeiner Einzelheit aufweist, da eine kunstvoll gehauene Marmortür, da ein kleiner barocker Hof, da eine zierliche Stiege, dort ein eigenartiges Dach – das alte erlesene Handwerk des Mittelalters zeigt an tausend Beispielen seine Vielfalt und Tüchtigkeit.

All das macht die Stadt Salzburg zu einer geheimnisvollen und kaum vergleichbaren Doppelwelt. Denn die uralte, antiquarische kleine, monatelang in Schlaf schön hinträumende Stadt, wird im Sommer die lebendigste, kulturellste Metropolis von Europa. Da schwemmen zu den Festspielen die internationalen Luxuszüge die reichsten, die bekanntesten, die berühmtesten, die neugierigsten Menschen Europas heran, und Salzburg wird für zwei Monate unter dem Szepter Richard Strauss', Bruno Walters und Max Reinhardts die unbestreitbare Hauptstadt der Musik, des Theaters und der Literatur. Man trifft in den Cafés, im Festspielhaus fast vollzählig alles, was in

Europa heute künstlerischen Namen hat, die Musiker, die Schauspieler, die Dichter, die Filmleute, die man sonst nur in den illustrierten Zeitungen sieht, die Luxusautos promenieren ihre erlesene Fracht, und fünfzig Schritte weiter liegt ein stiller Kirchhof, unberührt seit fünfhundert Jahren, schlafendes Mittelalter, und ohne daß man es weiß, gerät man aus der Landschaft in die Stadt und aus der Stadt in die Landschaft hinein. Alleen heben mitten an in Wiesen um ein uraltes Schloß, und plötzlich werden sie Straßen, und ihre Bäume erstarren zu steinernen Wänden. Und anderseits blühen mitten im Weichbild in Höfen breite Gärten auf, die niemand kennt, von oben nach unten, von den Bergen, von den Hügeln ins Tal schaffen Villen und kleine Schlösser den Übergang. Allerorten ist der harte Unterschied in Form und Zeit vermieden, die Landschaft dringt milde in die Stadt und die Stadt löst sich fächerhaft ins Freie; das Alte gliedert sich dem Neuen, das Großstädtische dem Antiquarischen, Norden und Süden, Gebirge und Tal söhnen sich in dieser Stadt freundlich aus. Ein Dichter, Franz Karl Ginzkey hat dafür die schöne Formel gefunden: »Salzburg ist Gebirgsstadt in einer merkwürdig unbedrängten, befreienden Art, was sonst das drohende Bedrückende an nahen Gebirgen ausmacht, das scheint hier alles ins Fernbeglänzte, ins hell und heiter Anmutende gerückt.«

Diese Kunst des harmonischen Übergangs ist das Wunderbare und gleichzeitig das eminent Musikalische der Stadt. Wie wenig andere Städte versteht Salzburg in Stein und Stimmung tönend zu lösen, was sich sonst in der Wirklichkeit grob widerspricht. Und dieses Geheimnis, diese Lösung von Dissonanzen in Harmonie hat sie von der Musik gelernt. Man muß nicht erst auf Mozarts Heimatshaus hindeuten, um zu bekräftigen, wie unerhört musikalisch sie anregt und wirkt, und es ist wahrhaftig kein Zufall, daß gerade der heiterste, der beweglichste, der anpassungsfähigste, der beschwingteste aller Musiker, daß Mozart hier geboren war. Die leichte Luft, die Anmut der Lustgärten, das verschnörkelte Barock der Bischofsbauten und gleichzeitig die ewige Großartigkeit der Landschaft, Mozart hat sie zur ewigen Harmonie erhoben. Auf welche Art – das ist sein unnachahmliches

Geheimnis, und es ist dasselbe der Stadt. Wie es innerhalb einer solchen Stadt zur schaffenden Erscheinung wird, das ist freilich so schwer zu erklären als die Geburt eines Kunstwerkes, und es bleibt gleichgültig zu fragen, wer eigentlich diese besondere künstlerische Tönung – die übrigens auch das dumpfste Ohr hier vernimmt – dieser Stadt zugedacht hat. Man könnte versuchen, einzelnes zu rühmen, könnte streiten, ob es die Erzbischöfe, die reichen, kunstfreudigen und kunstgelehrten, die hier nördlich der Alpen ein neues Rom schaffen wollten, waren, oder ob der Zauber der Landschaft, ob die italienischen Baumeister oder die besondere Konstellation der Zeit: das Letzte eines Zaubers bleibt immer unerklärbar. Wie manche Menschen überschwebt eben auch manche Städte auf Erden der Genius der Musik, sie sind gerundet wie ein steinernes Instrument, um besondere Schwingung in Blick und Gefühl zu geben. Salzburg, die Kirchenfürstenstadt, niemals eigentlich für Wehr und Krieg gebaut, wie die meisten deutschen Städte, die sich eng zusammendrücken mußten in einen Gürtel von Mauern, hat immer hellen Lebensraum gehabt für die Musik und Lebensmelodie ihrer Seele, immer konnte diese Stadt singen und sich voll ausschwingen, ein tönendes Instrument, das festliche und heitere Lebensstunden lobsingen wollte. Diese Plätze, man fühlt es, sie sind gebaut für Umgänge und Prozessionen, die Schlösser nicht als Kastelle, sondern als Lustparadiese für Heiterkeit und Spiel, und Kirchen mit wölbigen Räumen, um Gott mit Orgel und Gesang dröhnend zu loben – von allem Anfang war dieser seligen Stadt von ihren prunkfreudigen, kunstwilligen Herrn das Festhafte, das Spielfrohe wissend eingetan, das dann einer ihrer Bürger, ihr ewiger Sohn Mozart, aus Stein und Linien in Geist und Musik erhoben hat. In ihm hat sich die Form dieser Stadt im andern Element bis ins Ewige hinein gestaltet – unversehrt aber steht noch im Irdischen in ursprünglicher Form das alte Instrument, immer bereit, wieder zu erklingen, ein Rahmen für Festspiele und sommerliche Ferienfreudigkeit, wie er natürlicher und großartiger nicht gedacht werden könnte. Denn hier müssen nicht wie im künstlichen Theater Kulissen aus Pappe und Leinwand künstlich zusammengeschoben werden, um Stimmung und theatralischen Schein zu erwekken, sondern hier ist, wie etwa beim Jedermannspiel – oder in diesem Jahre beim Faust – die tagtägliche Gasse und der Hof, die Kirche und die Landschaft selbst schon unübertreffliche Kulisse und mitschaffende Stimmung. Es ist kein Wunder, daß die größten, die besten Künstler unserer Zeit, sich hier beschwingter fühlen als in ihren brettenen, nach Staub und Moder schmeckenden Kulissenräumen, es ist nicht erstaunlich, daß hier die größten Sänger ihre Stimmen lieber und voller erheben als sonst, daß in den Festspielen manchmal alles wahrhaft magisch zusammenklingt. Denn wenn hier Musik und Festspiele beginnen, so wird nichts Fremdes und Neues gewaltsam der Stimmung der Stadt aufgepfropft, sondern der in Stein eingegrabene Gedanke der Festlichkeit wird erst wahrhaft erfüllt, die gleichsam eingefrorene Musik dieser Mauern gerät ins Tönen und weiß wunderbar in ihren Zauber mitzureißen. An solchen seltenen Tagen, wo Himmel und Landschaft und die erlesensten Künstler der Zeit in den erhabensten Werken wie ›Fidelio‹ oder der ›Zauberflöte‹ oder in ›Orpheus und Eurydike‹ zusammenwirken, erlebt man manchmal in dieser zerstückten Welt, in diesen zerstückten Zeiten den reinen und vollen Aufschwung der Festlichkeit, jenen Zustand der Gnade, der sich immer nur ergibt, wenn Natur und Kunst, wenn Kunst und Natur sich wie Lippe und Lippe berühren; und an solchen Tagen ist die Sendung dieser jahrtausendalten kleinen österreichischen Stadt nicht nur für ihre Heimat, sondern für die *ganze große* Welt erfüllt, und sie ist wahrhaftig würdig, die Stadt Wolfgang Amadeus Mozarts zu heißen.

Das Geheimnis des künstlerischen Schaffens

Von allen Geheimnissen der Welt ist seit Anbeginn dasjenige der Schöpfung das geheimnisvollste gewesen; einhellig haben darum alle Nationen und Religionen den Vorgang des Schöpferischen mit der Idee des Göttlichen verbunden. Denn alles Seiende können wir erfassen und als Tatsache begreifen. Aber jedesmal haben wir das Gefühl eines Überirdischen, eines Göttlichen, wenn irgendwo zuerst ein Nichts war und plötzlich ein Etwas ist, das vorher nicht gewesen ist – wenn ein Kind geboren wird, wenn aus der nackten Erde über Nacht eine Blüte bricht. Aber am größten, am ehrfürchtigsten, und ich möchte fast sagen, am heiligsten ist unser Staunen, wenn dies neue und plötzlich Gewordene nicht ein Vergängliches ist, wenn es nicht hinwelkt wie diese Blüte, wenn es nicht hinstirbt wie ein Mensch, sondern wenn in unserer Zeit etwas entsteht, was diese Zeit und alle Zeiten überdauert, etwas, das ebenso ewig bleibt wie Himmel, Erde, Meer, Sonne, Mond und Sterne, diese Taten nicht des Menschen, sondern Gottes.

Dieses Wunder, daß etwas aus dem Nichts entsteht und doch die Zeiten überdauert, ist uns ab und zu in einer Sphäre mitzuerleben gegönnt: in der Kunst. Wir wissen, es erscheinen in jedem Jahre zehntausend, zwanzigtausend, fünfzigtausend Bücher. Es werden Hunderttausende Bilder gemalt und Millionen Takte komponiert. All das erweckt in uns keineswegs ein besonderes Erstaunen. Daß Bücher geschrieben werden von Schriftstellern oder Dichtern, erscheint uns ebenso selbstverständlich, wie daß diese Bücher vom Setzer gesetzt, vom Drucker gedruckt, vom Buchbinder gebunden, vom Buchhändler verkauft werden. Es ist ein bloßes Produktionsphänomen – wie, daß täglich Brot gebacken wird und Schuhe gemacht werden und Strümpfe. Das Wunder beginnt immer erst, wenn eines dieser Bücher, eines dieser Bilder dank der Gnade der Vollendung unsere Zeit und viele andere Zeiten überdauert. In diesem Fall und nur in diesem spüren wir, daß der Genius wieder einmal Gestalt angenommen hat in einem Menschen und sich das Mysterium der Schöpfung unserer Welt noch einmal in einem Werke wiederholt hat. Aufregender Gedanke: da ist ein Mensch, geformt wie alle andern, er schläft in einem Bett, er ißt an einem Tisch, er ist gekleidet wie ich und du und wir alle. Wir gehen an ihm auf der Straße vorbei, wir haben vielleicht in der Schule mit ihm zusammen auf der gleichen Bank gesessen, in nichts ist er äußerlich anders wie wir. Und plötzlich gelingt diesem einen Menschen etwas, was uns allen versagt ist. Er hat das Gesetz, in das wir Menschen gebannt sind, zerbrochen, er hat die Zeit besiegt, denn während wir anderen sterben und spurlos vergehen, bleibt etwas von ihm für immer bestehen. Und warum? Einzig, weil er jenen göttlichen Akt des Schöpferischen vollzogen hat, durch den aus dem Nichts ein Etwas, aus dem Vergänglichen ein Dauerhaftes wird. Weil sich in seiner Erscheinung das tiefste Geheimnis unserer Welt offenbart hat: das Geheimnis der Schöpfung.

Was hat ein solcher Mensch getan? Nehmen wir es rein äußerlich. Er hat, wenn er ein Musiker war, ein paar Töne aus der Skala in einer so besonderen Art zusammengefaßt, daß daraus eine Melodie entstand, die Hunderttausenden und Millionen Menschen auch in den entferntesten Erdteilen immer aufs neue die Seele erregt. Er hat, wenn er ein Maler war, aus den sieben Farben des Spektrums und aus dem Zweiklang von Licht und Schatten ein Bild geschaffen, das, haben wir es einmal erblickt, sich uns nach innen in die Seele projiziert. Er hat, wenn er ein Dichter war, aus den fünfzigtausend oder hunderttausend Worten, aus denen unsere Sprache besteht, ein paar hundert Worte in so besonderer Weise zusammengefügt, daß sie ein unsterbliches Gedicht bilden. Oder er hat als Dramatiker, als Erzähler Gestalten geschaffen, die uns so nah und gegenwärtig sind wie ein Bruder und ein Freund, Menschen, die – wie er – die göttliche Kraft in sich tragen, die Zeiten zu überdauern. Aber er hat mit diesem äußerlichen Akt das Gesetz der Natur umgestoßen: er hat eine Substanz geschaffen, welche der Vergängnis trotzt. Er hat aus einem Schall der

Luft etwas geformt, das dauerhafter ist als das Holz, das wir anrühren, dauerhafter als der Stein, der dieses Haus trägt. Durch ihn ist das Unvergängliche und – sagen wir getrost: das Göttliche im Irdischen Erscheinung geworden.

Aber auf welche Weise hat dieser einzelne Mensch dies Wunder vollbracht? Auf welche Weise hat er und gerade er unter Millionen aus demselben Material, das doch uns allen zur Verfügung steht, der Sprache, der Farbe, dem Klang, sein Kunstwerk geschaffen? Was ist die geheime Kraft, die ihn dazu befähigt hat? Auf welche Weise schafft der wahre Künstler? Wie kommt dies Wunder zustande in unserer entgötterten Welt?

Ich glaube, jeder von uns hat sich bewußt oder unbewußt diese Frage schon gestellt, wenn er vor einem der ewigen Bilder der großen Meister in einer Galerie stand, wenn er von einem Gedicht erschüttert war bis in das Innerste seiner Seele oder erregten Sinnes eine Symphonie Mozarts oder Beethovens erlebte. Jeder, glaube ich, hat mit ehrfürchtigem Staunen und gerade dank dieses Staunens sich gefragt: wie konnte ein einzelner Mensch dieses Übermenschliche schaffen? Und ich wage sogar zu sagen, daß wer an großen Kunstwerken vorübergeht und sich *nicht* diese Frage gestellt hat, wen *nicht* dies Geheimnis erregt hat, niemals ein wirkliches Verhältnis zur Kunst besaß und niemals besitzen wird. Es ist das beste Teil unseres menschlichen Herzens, daß es vom Gewaltigen und Geheimnisvollen ehrfürchtig erschüttert wird, und es ist das beste Teil des menschlichen Geistes, daß er überall, wo er ein Geheimnis fühlt, sich gedrängt spürt, es zu enträtseln. Wer zur Kunst ein wahres Verhältnis sucht, muß immer mit einem doppelten Gefühl den großen Kunstwerken entgegentreten. Er muß sie demütig als etwas empfinden, das über seinem eigenen Können, über seinem vergänglichen Leben steht als ein Unbegreifliches. Aber gleichzeitig muß er mit wachem Denken sich bemühen, zu erfassen, wie dies Göttliche innerhalb unserer irdischen Welt entstanden ist. Er muß versuchen, das Unbegreifliche zu begreifen.

Ist dies nun möglich? Können wir den Vorgang, der sich bei der

Entstehung eines wahren Kunstwerks auswirkt, belauschen? Können wir Zeugen sein jener Zeugung, Zeugen seiner Geburt? Darauf kann ich präzise antworten: nein. Die Konzeption eines Kunstwerks ist ein innerlicher Vorgang. Sie bleibt in jedem individuellen Fall so vom Dunkel umschattet wie die Entstehung unserer Welt – ein unbelauschbares, ein göttliches Phänomen, ein Mysterium. Das einzige, was wir vermögen, ist, daß wir nachträglich uns diesen Akt rekonstruieren, und auch dies ist uns nur bis zu einem gewissen Grade verstattet. Aber immerhin, wir können uns wenigstens einige Schritte näher herantasten an das unergründliche Labyrinth. Ich unterscheide deutlich: wir können nicht das Geheimnis des Schöpferischen selbst erklären, so wenig wie es uns gelingt, die Begriffe der Elektrizität, der Schwerkraft, des Magnetismus an sich darzustellen. Wir können nur einige Grundgesetze feststellen, in die gebannt sie in Erscheinung treten. Wir müssen also bei unserer Untersuchung äußerste Ehrfurcht wahren und uns immer bewußt sein, daß die eigentliche Tat in einem Raum geschieht, der uns nicht zugänglich ist, und daß wir mit dem äußersten Aufwand von Phantasie und Logik doch nur ein Schattenbild dieses Prozesses uns vergegenwärtigen können, aber immerhin ein Bild. Da es uns nicht erlaubt ist, mit dem Künstler den Augenblick seiner Schöpfung *mit*zuerleben, können wir einzig versuchen, ihn *nach*zuerleben.

Zur Rekonstruktion dieses mysteriösen Vorgangs will ich mich einer Methode bedienen, die auf den ersten Blick vielleicht nicht sehr sympathisch erscheinen mag: der Methode der Kriminologie, welche jahrhundertelange Erfahrung zu einer besonderen Technik herausgebildet hat. Ich weiß selbstverständlich um das Peinliche des Vergleiches. Bei der Kriminologie handelt es sich darum, eine schlimme Tat oder Untat, einen Mord, einen Diebstahl, aufzudecken, in unserem Fall dagegen um die edelsten, beglückendsten Taten, deren die Menschheit fähig ist. Aber die Aufgabe ist doch im Grunde dieselbe: ein Verborgenes aufzuklären, ein Geschehnis, bei dem wir selbst nicht gegenwärtig waren, durch ein genau durchdachtes und erprobtes System zu rekonstruieren.

Was ist nun der *Ideal*fall in der Kriminologie? Der Idealfall ist, wenn der Täter – sagen wir, der Mörder, der Dieb – sich selbst dem Gericht stellt, wenn er erklärt, aus welchen Gründen und in welcher Weise, zu welcher Zeit und an welcher Stelle er sein Verbrechen begangen hat. Durch ein solches spontanes Geständnis ist der Polizei und den Juristen eigentlich jede weitere Mühe abgenommen. Ebenso wäre bei unserer Untersuchung der Idealfall gegeben, wenn der Schöpfer selbst uns das Geheimnis seiner Schöpfung erklärte, wenn er uns den ganzen Vorgang der Entstehung schilderte, uns in seine Technik einweihte und die uns unbegreiflichen Vorgänge begreiflich machte. Wenn also der Dichter uns erzählte, wie er dichtet, der Musiker, wie er komponiert, und bei jedem einzelnen Werke schilderte, wie die Inspiration ihn überkam und wie die schöpferische Idee sich in Form verwandelte. Damit wäre alles weitere Suchen für uns überflüssig.

Nun stehen wir aber vor einem merkwürdigen Phänomen, nämlich daß die schöpferischen Menschen, die Dichter, die Musiker, die Maler genau so, als wären sie hartnäckige Verbrecher, so gut wie nie eine präzise Aussage über diesen innersten Augenblick der Schöpfung machen. Schon dem großen amerikanischen Dichter Edgar Allan Poe war es aufgefallen, daß wir aus den Hunderten Jahren künstlerischen Schaffens so wenig einleuchtende Berichte von den Dichtern, Malern und Musikern selbst besitzen, und er beginnt seinen Aufsatz, in dem er die Entstehung des Gedichtes ›*The Raven*‹ schildert, mit der Bemerkung: *I have often thought how interesting a magazine paper might be written by any author who would – that is to say, who could – detail, step by step, the processes by which any one of his compositions attained its ultimate point of completion. Why such a paper has never been given to the world, I am much at a loss to say.*

Ich bitte nun, es nicht als unbescheiden zu empfinden, wenn ich auf die Frage dieses großen Dichters, warum wir so wenige Darstellungen der Dichter über ihre produktiven Augenblicke besitzen, die Antwort gebe, die er nicht zu geben wußte. An sich ist die Tatsache, daß wir so wenig Dokumente über ihren schöpferischen Prozeß von den Dichtern haben, wirklich verwunderlich. Denn was ist die Gabe des Dichters, des Schriftstellers anderes, als zu erzählen, zu erklären? Jede Reise, jedes Abenteuer, jede innere Erschütterung überliefern sie uns in ihren Büchern mit wunderbarer Eindringlichkeit. So wäre es doch das Allernatürlichste, daß sie auch über das entscheidende innere Erlebnis uns genaue, verläßliche Nachricht geben, Nachricht, wie das Schöpferische sie überkommt, daß sie uns etwas über Lust und Qual jener Augenblicke berichten. Indiskretion, Selbstpreisgabe, ja sogar Preisgabe des innersten Inneren ist es ja, was den Dichter als Bekennenden, als Erklärenden uns so ungeheuer wichtig macht. Aber wenn die Künstler so selten über ihre inspirativen Minuten berichten, so ist der Grund ganz einfach – daß sie in diesen Minuten bei dem schöpferischen Prozeß gar nicht mit ihrem Bewußtsein dabei sind. Daß sie sich also während des eigentlichen Schaffens ebensowenig psychologisch belauschen können, wie sie sich selber während des Schreibens über die eigene Schulter zuschauen können. Um bei dem Beispiel aus der Kriminologie zu bleiben, ähnelt der Künstler am meisten jenem Verbrecher, sagen wir einem Mörder, der in einem Affektzustand handelt und völlig ehrlich ist, wenn er dann dem Richter, dem Staatsanwalt sagt: »Ich weiß nicht, warum ich es getan habe, ich weiß nicht mehr, wie ich es getan habe. Es ist über mich gekommen, ich war nicht recht bei Sinnen.«

Ich weiß, dieses *Nicht-Dabeisein* des Künstlers im Augenblick der Produktion scheint im ersten Moment vielleicht unlogisch. Aber überlegen wir. In Wirklichkeit ist dem Künstler Produktion doch nur möglich im Zustand eines gewissen *Von-sich-selbst-Fortseins*, einer Ekstase – heißt dieses griechische Wort Ekstase übersetzt doch nichts anderes als »außerhalb seiner selbst sein«.

Aber wo ist er dann, der Künstler, in den produktiven Minuten, wenn er außerhalb seiner selbst ist? Höchst einfach: er ist in seinem Werke, in seinen Melodien, in seinen Gestalten, in seinen Visionen. Er lebt – und darum kann er nicht Zeuge sein – während er schafft, nicht in *unserer* Welt, sondern in *seiner* Welt. Der Dichter, der in einem inspirierten Moment aus der Erinnerung eine Landschaft darstellt, Wiese, Himmel, Baum, Feld an einem Frühlingstag, ist in diesem Augenblick nicht in seinem Zimmer, nicht in seinen vier Wänden, sondern er sieht das Grün, er atmet die Luft, er hört den Wind, der über die Gräser streicht. Shakespeare ist in dem Augenblick, da er seinen Othello sprechen läßt, aus dem Manne Shakespeare, aus seinem eigenen Leib, aus seiner eigenen Seele in die von Eifersucht gärende Seele Othellos übergegangen. Weil der Künstler in diesem Moment äußerster Konzentration mit allen seinen Sinnen *in dem anderen*, in dem Werke ist, muß er gegen alle anderen Eindrücke der Außenwelt gleichsam abgeriegelt sein. Um diesen Zeitpunkt der Konzentration ganz zu verdeutlichen, will ich nur an das klassische Beispiel erinnern, das wir in der Schule gelernt haben. Bei der Eroberung von Syrakus sind die Wälle schon längst überrannt, die Soldaten plündern die Stadt, einer dringt ein in das Haus des Archimedes und findet ihn dort im Garten, wo er mit seinem Stabe im Sand geometrische Figuren zieht. Wie der Soldat mit gezücktem Schwert auf ihn losgeht, sagt er in seiner Versunkenheit, ohne sich umzuwenden: »Störe mir meine Kreise nicht.« Er sieht in diesem begnadeten Zustand der Konzentration nur, daß ein fremder Fuß in die im Sand gezeichneten Figuren treten will. Er weiß nicht, daß es der Fuß eines Soldaten ist, er weiß nicht, daß die Feinde in der Stadt sind, er hat das Anprallen der Sturmböcke nicht gehört, nicht das Schreien der Flüchtenden und Gemordeten, nicht den Jubelruf der Fanfaren. Er war in dieser schöpferischen Sekunde nicht in Syrakus, sondern in seinen Werken. Oder ein Beispiel aus der neueren Zeit für diesen Zustand der Konzentration während schöpferischer Arbeit. Ein Freund besucht Balzac, und er begrüßt ihn ganz aufgeregt mit Tränen in den Augen: »Denken Sie sich, die Herzogin von Langais ist gestorben.« Der Besuch ist erstaunt. Er kennt keine Herzogin von Langais, und es gibt auch gar keine in Paris; sie ist eine von Balzac erfundene Gestalt, und er hatte gerade ihren Tod in seinem Buche geschildert und war noch nicht aufgewacht aus seinem visionären Traum, hatte noch nicht zurückgefunden in die reale Welt und erkannte erst an dem Erstaunen seines Besuchers seinen Irrtum.

Vielleicht genügen schon diese beiden Beispiele, um zu vergegenwärtigen, ein wie außerordentlicher Zustand innerer und totaler Konzentration jeden wahren schöpferischen Akt begleiten muß. Der wirkliche Künstler ist während des Schaffens so innerhalb seiner Schöpfung wie der Fromme in seinem Gebet, der Träumende in seinem Traum. Zwangsweise also, weil nur nach innen schauend, nimmt er von der Außenwelt und von sich selber nichts deutlich wahr. Darum wissen die Künstler, die Dichter, die Maler, die Musiker, während sie schaffen, nicht selbst zu beobachten, wie sie schaffen, und noch weniger werden sie es uns nachher erklären können. Sie sind schlechte, unbrauchbare Zeugen für den eigenen Schöpfungsprozeß, und wir wären als Kriminologen unvorsichtig, uns auf ihr Zeugnis blindlings zu verlassen.

Was tut aber die Polizei in solchem Falle, wenn die wichtigsten Zeugen versagen oder sich als unzuverlässig erweisen? Sie sammelt von anderen alle möglichen Berichte – und das tun wir gleichfalls, indem wir die Zeitgenossen befragen –, aber schließlich wird sie sich zur völligen Aufdeckung der Tat immer an den Tatort selbst begeben und versuchen, dort aus zurückgelassenen Spuren die Tat zu rekonstruieren. Versuchen wir das gleiche!

Aber der Tatort des Künstlers, wo ist er? Für den schöpferischen Prozeß gibt es doch keinen Tatort, wird man einwenden. Schaffen ist ein unsichtbarer Akt, der sich hinter der Gehirnwand abspielt, und das ursprüngliche Wort Inspiration – *inspiratio* – drückt schon deutlich aus, daß es sich nur um einen »Anhauch«, also um einen völlig immateriellen Vorgang handelt, der mit irdischen Augen, mit dem irdischen Ohr oder mit dem Tastsinn nicht belauscht werden kann. Das ist an sich richtig. Das eigentlich Schöpferische, das Visionäre, der inspirative Akt vollzieht sich bei dem Künstler unsichtbar. Aber wir leben in einer irdischen Welt und sind Menschen, die nur dank unserer Sinne begreifen können. Uns ist eine Blüte nicht schon Blüte, wenn sie als Same in der Erde verkapselt liegt, sondern erst, wenn sie in Form und Farbe sich entfaltet, ein Schmetterling erst Schmetterling, wenn er aus Raupe und Puppe sich zum farbig beflügelten Wunder entwickelt. Uns ist eine Melodie erst Melodie, nicht wenn sie einem schöpferischen Menschen innen zum erstenmal aufklingt, sondern wenn sie uns hörbar wird, ein Bild erst Bild, sobald es sichtbar und vollendet ist, ein Gedanke erst Gedanke, sobald er ausgesprochen, eine Plastik erst Plastik, sobald sie zu Ende geformt ist. Um aus der Seele des Künstlers in unser Leben zu treten, muß also die Inspiration jedesmal eine irdische, eine optisch oder akustisch wahrnehmbare Form annehmen. Sie muß durch ein Medium materieller Art hindurchgehen. Selbst das sublimste Gedicht muß, um uns zu erreichen, erst fixiert werden mit einem materiellen Stoff, mit Tinte oder Bleistift auf einen anderen materiellen Stoff, auf Papier geschrieben werden, ein Bild auf Leinwand mit Farbe gemalt, eine Plastik in Stein oder Holz gestaltet werden. Der künstlerische Prozeß – und damit sind wir einen Schritt weiter – ist also nicht reine Inspiration, nicht bloß der Vorgang hinter der Gehirnwand und auf der Netzhaut des Augapfels, sondern ein Akt der *Übertragung* aus der geistigen in die sinnliche Welt, aus der Vision in die Realität. Und da, wie ich eben zeigte, dieser Akt großenteils im sinnlichen Material vor sich geht, so hinterläßt er substantielle Spuren, die den Zwischenzustand zwischen ungewisser Vision und endgültiger Vollendung ausfüllen. Ich meine damit die Vorarbeiten, die Skizzen der Musiker, die Entwürfe der Maler, die verschiedenen Fassungen der Dichter, die Handschriften, die Vorstudien, das ganze erhaltene Material aus der Werkstatt. Gerade weil diese hinterlassenen Vorarbeiten stumme Zeugen sind, sind sie die objektivsten, die einzigen, an die wir uns halten können. So wie die Objekte, die der Mörder in seiner Hast am Tatort hinterläßt, so wie die Fingerabdrücke, die von ihm zurückbleiben, das verläßlichste Beweismaterial in der Kriminologie bilden, so bieten die Vorstudien und Entwürfe, die der Künstler vom Produktionsprozeß hinterläßt, die einzigen Möglichkeiten, den inneren Vorgang zu rekonstruieren. Sie sind der Ariadnefaden, an dem wir uns zurücktasten können in das sonst unergründliche Labyrinth. Wenn wir dem Geheimnis der Schöpfung uns überhaupt manchmal nähern können, so vermögen wir es nur dank dieser zurückgelassenen Spuren.

Ich sagte, daß wir uns dem Geheimnis *manchmal* annähern können. Denn nicht von *allen* großen Künstlern besitzen wir solche selbstverräterische Dokumente. Verhängnisvollerweise sogar gerade von den größten nicht. Wir haben kein Blatt Homers, keine Zeile der Bibel in ihrer ursprünglichen Form, keine Platos oder des Sophokles oder Buddhas, keinen Pinselstrich des Zeuxis oder Apelles. Dies wäre nun schließlich noch verständlich durch die Ferne der Zeit. Aber sonderbarerweise haben wir auch von Chaucer, von Shakespeare, von Dante und Molière, von Cervantes und Konfuzius kein einziges Blatt aus einem schöpferischen Werke, und vielleicht waltet hierin eine Absicht der Natur, die uns sagen will: »Gerade von diesen größten Werken, die ich durch menschlichen Geist erschaffen ließ, sollt ihr kein irdisches Zeugnis haben. Sie sollen euch für alle Zeiten ein unverständliches und irrationales Wunder bleiben.« Aber wir haben immerhin von anderen Genien der Menschheit, von Beethoven und Shelley, von Rousseau und Voltaire, von Bach und Michelangelo, von Walt Whitman und Edgar Allan Poe noch die Häuser, in denen sie lebten, die Gegenstände, die sie benutzten. Wir haben ihre Handschriften und Urschriften, und indem wir alle diese Künstler in ihrer Arbeit betrachten, können wir uns unterfangen, doch einen vielleicht verwegenen Blick in ihre Werkstatt zu tun und von dem Geheimnis des Schöpferischen zumindest eine Ahnung zu gewinnen.

Versuchen wir es. Gehen wir in ein Museum, in eine Bibliothek, an jene einzigen Orte, wo die Objekte zur Hand sind, in denen der Produktionsprozeß einen optischen Niederschlag erfahren hat. Lassen wir uns die Blätter, die Skizzen Mozarts, Beethovens, Schuberts, Bachs, die Vorstudien der großen Maler, die ersten Manuskripte der Dichter vorlegen und versuchen wir, uns von diesen Zeugen etwas darüber erzählen zu lassen, was in dem Künstler geschieht in seinen geheimnisvollen Stunden, die zugleich seine seligsten und seine qualvollsten sind.

Lassen wir uns also in jenem Museum oder jener Sammlung zunächst ein paar eigenhändige Manuskriptblätter Mozarts geben, um rein optisch zu sehen, wie der Komponist komponiert, lassen wir uns ein ganzes Manuskript von seiner Hand geben, eine Sonate, und bitten wir zugleich um die Skizzenblätter dazu, um es vor Augen zu haben, wie sich das fertige Werk allmählich herausgeformt hat. Aber zu unserer Überraschung erfahren wir, es gibt gar keine Skizzen, es gibt von ihm nur fertige, in einem einzigen Zuge hingeworfene Manuskripte in einer leichten, mühelosen, fliegenden Schrift. Und unser erster Eindruck von diesen Blättern ist: dies sind abgeschriebene Manuskripte. Diesem Mann hat jemand diktiert, und er hat nur in aller Hast dieses Diktat aufgezeichnet. Er war bloß der Abschreiber, der Nachschreiber. Das gleiche erfahren wir bei Manuskripten Haydns oder Schuberts. Auch bei ihnen finden wir keine Vorarbeiten und überhaupt keine Anzeichen angestrengter Arbeit. Und tatsächlich wissen wir aus zeitgenössischen Berichten, daß Mozart, während er Billard spielte, gleichzeitig seine musikalischen Themen im Kopf formen konnte, oder Schubert bei Freunden plaudernd ein Gedicht aufschlagen, ins Nebenzimmer gehen, rasch die Komposition auf ein Notenblatt notieren, und ein Lied ist entstanden, ein unsterbliches – ich möchte sagen: so rasch, wie sich jemand geschneuzt hat. Dieselbe Leichtigkeit findet man in Manuskripten zum Beispiel von Walter Scott, auf vierhundert, fünfhundert Seiten keine Korrektur, keine Änderung, absolut der gleiche Eindruck, nicht des Schreibens und Schaffens, sondern des Abschreibens nach einem unsichtbaren Diktat. Und ebenso haben wir von manchen Malern, von Frans Hals, von van Gogh keine Skizzen, keine Entwürfe. Sie blicken ihren Gegenstand mit magischem Auge an, und schon saust der Pinsel mit flinken, raschen Hieben. Sie müssen nicht ordnen, nicht sammeln, nicht disponieren. Schaffen ist für sie Strömen, Schwung, Leichtigkeit.

Ein Blick also auf solche Manuskriptblätter hat genügt, und wir haben einen ersten Einblick in unser Geheimnis gewonnen. Der Künstler – dies lesen wir von solchen Blättern ab – gerät, wenn inspirativ erfüllt, in einen höheren Grad der Beschwingtheit. Eine traumwandlerische Sicherheit überkommt ihn und trägt ihn über alle Schwierigkeiten hinweg, ohne daß sein Intellekt ihn führen und lenken müßte. Das Schöpferische strömt in ihn ein und durch ihn durch, so wie die Luft durch die Flöte fährt und sich dort in Musik verwandelt. Der Künstler ist – erste Form, erster Eindruck – das hypnotisierte Medium eines höheren Willens. Er hat selbst nichts zu tun als getreu wiederzugeben, was dieser höhere Wille von ihm fordert, eine innere Vision unverändert nach außen zu stellen. Der schöpferische Zustand ist also, abgelesen von diesen Blättern, ein rein passiver Zustand, abgesondert von aller menschlichen, persönlichen Mühe.

Aber seien wir nicht zu voreilig mit unserer Formulierung. Der künstlerische Prozeß ist in Wahrheit viel komplizierter, das Geheimnis des Schaffens viel geheimnisvoller. Blättern wir also lieber noch einmal in demselben Museum nach oder in demselben Handzeichnungskabinett. Nehmen wir jetzt nach den Blättern Mozarts noch einige Blätter Beethovens zur Hand.

Sofort hat sich unser Eindruck vollkommen verändert. Das Bild, das sich uns von Beethovens Arbeitsweise bietet, ist so verschieden von dem früheren wie ein norwegischer Fjord von italienischem Meer. Alles scheint falsch, was wir eben bei Mozart festgestellt haben, daß der produktive Zustand ein passiver sei, bei dem der persönliche Wille unbeteiligt ist. Wir entdecken, während wir vordem nur den Genius leicht und beflügelt am Werke sahen, mit einmal den qualvoll ringenden, mühsam gestaltenden Menschen im Künstler.

Da sind zuerst ein paar Blätter aus einem Skizzenbuche, ein paar Takte in rasender Eile mit Bleistift hingeschrieben, nein hingeschlagen in wilder Ungeduld. Daneben findet man Takte, die gar nicht in diesen Zusammenhang gehören. Nichts ist fertig, nichts geordnet. Es ist wie ein Geröll von Felsblöcken, die ein Titan geschleudert hat. Nun wissen wir aus mündlichen Zeugnissen, wie Beethoven komponierte. Er rannte auf den Feldern herum, ohne auf irgend jemanden zu achten, laut brummend und summend und singend und mit den Händen taktierend. Ab und zu riß er aus seinen riesigen Rockschößen ein solches Skizzenbuch, in das er mit Bleistift seinen Einfall notierte. Zu Hause an seinem Schreibtisch nimmt er dann einzelne dieser Themen auf. Wir sehen jetzt eine andere Art Skizzenblätter, größere, meist mit Tinte geschriebene, in denen er architektonisch die Themen entwickelt. Aber keineswegs findet er jetzt sofort die richtige Form. In einem so wilden Riß der Feder, daß sie spritzt und kleckst, streicht er ganze Zeilen, ganze Seiten durch und beginnt noch einmal. Aber nein, es ist noch immer nicht das Rechte. Wieder ändert er, verbessert er. So ingrimmig streicht und fetzt er auf dem Blatte herum, daß manchmal das Papier durchreißt – und man *sieht* den zornigen Menschen förmlich bei seiner Arbeit, wie er stampft und stöhnt und flucht, weil der musikalische Gedanke noch immer, noch immer nicht sich in jener idealen Form ausdrückt, die ihm innerlich vorschwebt. Dann erst, nach zahllosen solchen Skizzen, deren jede ein Schlachtfeld ist, wird das erste Manuskript geschrieben und dann das zweite. Und nochmals und nochmals in jeder Abschrift und sogar in den *proofs* verändert. Während wir bei Mozart den schöpferischen Akt als eine lustvolle, mühelose Handlung empfinden, erleben wir ihn bei Beethoven als eine Qual, die an die Krämpfe und Nöte einer gebärenden Frau erinnert. Mozart spielt gleichsam mit der Kunst wie der Wind mit den Blättern, Beethoven ringt mit ihr wie Herkules mit der tausendköpfigen Hydra.

Um der Deutlichkeit willen gebe ich noch einmal in einer anderen Sphäre, in jener des Gedichts, ein Beispiel, um zu zeigen, wie kontrastvoll ein Kunstwerk entstehen kann. Wie ich eben Mozart und Beethoven als Gegensatz wählte, nehme ich jetzt zwei der berühmtesten Gedichte der Weltliteratur, die Marseillaise und den ›*Raven*‹ von Edgar Allan Poe. Vergleichen wir bei beiden den Prozeß der Entstehung. Rouget de Lisle, der die Marseillaise schrieb, ist eigentlich kein Dichter und kein Komponist. Er ist ein technischer Offizier, der sich während der Französischen Revolution in Straßburg bei der Armee befindet. Am 25. April mittags kommt die Nachricht, die französische Republik habe den Königen Europas den Krieg erklärt. Die ganze Stadt gerät in einen Taumel. Am Abend gibt der Bürgermeister für die Offiziere der Armee ein Souper. Während des Soupers wendet er sich zu Rouget de Lisle, der, wie er weiß, ganz nette Verse geschrieben hat, und sagt, es wäre doch eigentlich freundlich von ihm, wenn er ein Kriegslied für die ausrückenden Truppen dichten und komponieren wollte. Warum nicht? Bis nach Mitternacht sitzen die Offiziere heiter beisammen, dann geht Rouget de Lisle nach Hause. Er hat den Rausch der Begeisterung mitgemacht, er hat vielleicht auch reichlich Wein getrunken, in seinem Kopf summen und surren noch die Toaste und Reden, Worte wie *Allons, enfants de la patrie*, und *Le jour de gloire est arrivé*. Er setzt sich nieder und schreibt, er, der sonst nie ein wirklicher Dichter war, beinahe in einem Zuge die Paar Strophen. Dann nimmt er seine Geige vom Pult, versucht dazu eine Melodie. In zwei Stunden ist alles getan. Am nächsten Morgen um sechs Uhr sucht er schon seinen Freund, den Bürgermeister auf und überbringt ihm das fertige Lied, die fertige Komposition. Ohne sein Wissen, ohne seinen Willen, mühelos, absichtlos hat er eines der unsterblichsten Gedichte der Welt, eine der unsterblichen Melodien aus reiner Inspiration geschaffen. Er hat nicht mit seinem wachen Verstande geschaffen, sondern in einer Art Trance. Nicht er hat eigentlich gedichtet, sondern der Genius der Stunde.

Und nun lese man als Gegenbeispiel einmal die paar Seiten nach, in denen Edgar Allan Poe erzählt, wie er sein berühmtestes Gedicht, ›*The Raven*‹, geschaffen hat. Man lese nach, wie er sich rühmt, mit mathematischer Logik und Berechnung jeden Effekt, jeden Reim, jedes Wort kalkuliert zu haben. Wie er betont, auf völlig kaltem Wege, ohne jede Inspiration dies Gedicht – ich möchte sagen, fabriziert zu haben. Ein Meisterwerk ist also hier durch eine äußerste Anspannung des Willens entstanden, wie im Fall der Marseillaise durch völlige Abwesenheit jedes Wollens und Planens.

So haben wir nun schon einen kleinen Spalt der Türe aufgetan, die in die Werkstatt des Künstlers führt. Wir haben an diesen beiden Fällen, Mozart und Marseillaise, gesehen, daß ein Kunstwerk ein Akt reiner Inspiration sein kann, wo der Dichter, der Musiker, dem lateinischen *vates*, dem Seher, dem Wahrsager ähnlich, vom Göttlichen her Botschaft empfängt und sie weitergibt an die Menschen, ohne selbst etwas von eigener Mühe hinzuzufügen; und wir haben an den anderen Beispielen Beethoven, Edgar Allan Poe – und ich könnte

Balzac, Flaubert und zahllose andere hinzufügen – erkannt, daß der Künstler ebenso durch logische Mühe, durch eine vollkommen bewußte Denkarbeit, durch ein vollendetes Handwerkertum gleichfalls das Vollendete erzeugen kann.

Aber wundern wir uns nicht zu sehr über diesen Gegensatz und erinnern wir uns, daß man in der Physik mit den höchsten Kältegraden dieselben Wirkungen erzielen kann wie mit den höchsten Hitzegraden. Es ist an sich für das vollendete Kunstwerk völlig gleichgültig, auf welchem Wege es entstanden ist, ob kalt oder warm, ob in dem Feuer der Hingerissenheit oder in der eisigen Kälte der Reflexion, ob durch reine Inspiration oder durch irdische Arbeit. Aber ich habe mit Absicht hier zunächst die extremen Fälle hingestellt. In Wirklichkeit sind im künstlerischen Schaffen ebenso wie in der Natur die Elemente gemischt. Es gibt wenig rein gute Menschen und wenig rein böse, wenig hundertprozentige Optimisten und wenig hundertprozentige Pessimisten. Was ich zu zeigen versuchte, sind nur die beiden äußersten Pole des künstlerischen Schaffens, und was sich im künstlerischen Schaffen vollzieht, ist im wesentlichen ein Spannungszustand zwischen diesen beiden Polen. Schöpferische Entladung entsteht fast immer nur durch Spannung zwischen zwei gegensätzlichen Elementen, und so wie sich in der Natur das Männliche und das Weibliche zur Zeugung verbinden muß, so sind im künstlerischen Zeugungsakt immer beide Elemente gemischt, Unbewußtheit und Bewußtheit, Inspiration und Technik, Trunkenheit und Nüchternheit. Produzieren heißt für den Künstler *realisieren*, von innen nach außen stellen, eine innere Vision, ein Traumbild, das er im Geiste vollendet vor sich gesehen, im widerstrebenden Material der Sprache, der Farbe, des Klangs in unsere Welt tragen. Erst träumt der Künstler seine Vision, sie schwebt ihm vor und er geht ihr nach, er reißt sie gewissermaßen aus dem Unsichtbaren ins Irdische nieder. Nach dem inneren Traum muß die innere Wachheit kommen, und in gewissem Sinn gilt für den Künstler die alte Technik der persischen Krieger, die am Abend beim Wein und in der Trunkenheit den Schlachtplan berieten und ihn am Morgen danach mit nüchternem Kopf revidierten.

Wenn wir also zu einer Formel kommen wollen, so darf das eigentliche Geschehnis im künstlerischen Prozeß nicht heißen »Inspiration *oder* Arbeit«, sondern »Inspiration *plus* Arbeit«. Schaffen ist ein beständiges Ringen zwischen Unbewußtheit und Bewußtheit. Ohne diese beiden Elemente kann sich der künstlerische Akt nicht vollziehen. Diese beiden Grundelemente sind unentbehrlich – in dieses Gesetz des Gegensatzes, des schöpferischen Ausgleichs zwischen bewußt und unbewußt ist der Künstler gebannt. Innerhalb dieses Gesetzes ist er frei. Am besten könnte man diese Gebanntheit und gleichzeitige Freiheit des Künstlers vielleicht mit einer Schachpartie vergleichen. Auch beim Schach stehen zwei Gruppen, schwarz und weiß, einander gegenüber zu einer Auseinandersetzung. Wie dort das Spiel auf vierundsechzig Felder, so ist die künstlerische Produktion an die fünfzig- oder hunderttausend Worte der Sprache, an das Spektrum der Farben oder an die Töne der Musik gebunden. Aber ebenso wie sich auf den vierundsechzig Feldern zwischen schwarz und weiß unendliche Variationen ergeben und nie ein Spiel dem andern von Anfang bis Ende ähnlich bleibt, so wird der künstlerische Produktionsprozeß bei jedem Künstler immer ein ganz besonderer sein. Vielleicht war der Titel meines Vortrags nicht ganz richtig, wenn ich ihn nannte: »*The Secret of Artistic Creation*«; ich hätte ihn vielleicht nennen können »*The thousand secrets of artistic creation*«, denn jeder Künstler hat innerhalb der Grenzen, die ich vordem zeigte, sein besonderes Geheimnis der künstlerischen Schöpfung, jedes einzelne Kunstwerk seine besondere Geschichte, und wir haben keinen anderen Weg, um uns das Geheimnis der künstlerischen Schöpfung klarzumachen, als viele und die verschiedensten Künstler zu betrachten. Erst aus der Summe all dieser Varianten ergibt sich eine Ahnung des schöpferischen Gesetzes, das in allen gemeinsam waltet.

Allerdings – wollte ich alle die denkbaren Variationen innerhalb des schöpferischen Prozesses an den verschiedenen Künstlern in allen ihren Absonderlichkeiten auch nur im flüchtigen Umriß zu zeigen versuchen, wir müßten hier Stunden und Stunden verbringen. Denn welche Kontraste in Raum und Zeit, in Technik und Methode, welche tausend Verschiedenheiten! Da ist Lope de Vega, der in drei Tagen ein Drama schreibt, und neben ihm Goethe, der mit achtzehn Jahren seinen ›Faust‹ beginnt und mit zweiundachtzig Jahren ihn endet! Da ist ein Künstler wie Johann Sebastian Bach oder Haydn, der treu und fleißig wie ein Beamter jeden Tag regelmäßig komponiert, und neben ihnen Wagner, in dem manchmal die Inspiration völlig verlischt, der während fünf Jahren keine einzige Note schreibt – bei dem einen strömt die Produktion regelmäßig wie ein majestätischer Fluß, bei dem anderen ist es jedes Mal wie der einmalige Ausbruch eines Vulkans. Jeder schafft unter anderen Bedingungen: da ist der eine, der morgens die höchste Helligkeit des Gehirns fühlt, und der andere, der nachts erst beginnt, der eine, der sich stimulieren muß durch äußere Reize wie Alkohol oder Luxus der Umgebung, um in einen richtigen Rausch des Schaffens zu geraten, und die anderen, die ihre Helligkeit wiederum durch Brom abdumpfen müssen oder durch Opium oder Nikotin jenen Dämmerzustand erzeugen, der die Träume heranzieht. Da ist der eine, der die äußerste Stille braucht, um die Gedanken zu sammeln, und der andere, der nur in Taverne und Kaffeehaus, umdröhnt von lachenden, schwatzenden Menschen sich innerlich zu sammeln vermag – jeder schöpferische Mensch hat also seine Eigentümlichkeiten, seinen besonderen Prozeß, welcher ihm und ihm allein gehörig ist, und so wenig wie eine Liebesstunde mit der andern hat eine Schaffensstunde mit der andern ihr Geheimnis gemein. Nur wer diese unendliche Vielfalt belauscht, kann eine Ahnung bekommen von der unendlichen Vielfalt der Kunst und des Lebens, nur wer einen Künstler in seiner Arbeit sieht, weiß um die Einmaligkeit seiner Persönlichkeit. Denn jeden Menschen erkennen wir wahrhaft nur in seiner Arbeit. Es genügt nicht, daß wir mit ihm bei Tisch gesessen und geplaudert haben, daß wir zusammen spazierengefahren sind oder gemeinsam eine Reise machten. Das wirkliche Wesen gibt jeder Mensch nur in dem, was er schafft. Nur dort ist sein wahres Maß – nur dort, wo sein letztes Geheimnis ist, kennen wir einen Menschen, kennen wir ein Kunstwerk. Goethe, einer der weisesten Menschen aller Zeiten, hat dafür die Formel gefunden: »Man kennt die Kunstwerke nicht, wenn man sie nur fertig sieht, man muß sie auch in ihrem Werden gekannt haben.« Nur wer in das Geheimnis des *Schaffens* bei einem Künstler eindringt, versteht seine *Schöpfung*.

Nun mag man vielleicht einwenden: Stört ein solches nachträgliches Reproduzieren des künstlerischen Prozesses nicht den reinen Genuß? Ist es nicht verwegen und indiskret, den Schleier zu heben, der die schaffende Mühe des Künstlers verbirgt? Ist es nicht besser, naiv vor ein Bild zu treten und es anzuschauen wie eine Landschaft Gottes? Eine Symphonie an sich vorbeiströmen zu lassen, ohne zu denken, zu fragen, unter welchen Bedingungen und dank welcher inneren Arbeit solche Meisterwerke entstanden sind? Ist es nicht besser, die Werkstatt des Künstlers verschlossen zu lassen und ohne Frage, ohne Neugier, nur mit reiner Dankbarkeit unseren Blick einzig auf das vollendete Werk zu richten? Ich gebe zu, es ist etwas Verführerisches in dieser Ansicht, aber andererseits glaube ich an keinen rein passiven Genuß. Ich glaube nicht, daß jemand, der eine Bildergalerie zum erstenmal in seinem Leben betritt, jemand, der zum erstenmal eine Symphonie Beethovens hört, die Meisterwerke sogleich zu würdigen weiß. Ein Kunstwerk gibt sich nicht jedem auf den ersten Blick, es will wie eine Frau erst umworben sein, ehe es geliebt wird. Um richtig zu fühlen, müssen wir nachfühlen, was der Künstler gefühlt hat. Um seine Intentionen richtig zu verstehen, müssen wir begreifen, gegen welche Widerstände er sie verwirklicht hat. Wir müssen in unserer Seele die seine nachbilden – jeder wahre Genuß ist kein reines Empfangen, sondern ein inneres Mitwirken an dem Werke.

Es war der Sinn meiner Ausführungen, zu zeigen, daß, wenn wir uns mit allen Kräften bemühen, es auch dem unproduktiven Menschen bis zu einem gewissen Grad möglich ist, sich in den schöpferischen Zustand des Künstlers zurückzuversetzen und mit ihm alle die Spannungen und Peripetien mitzuerleben, die zwischen dem Anbeginn und der Vollendung seines Werkes schwingen. Nur dürfen wir es uns nicht leicht machen, wo er sich mühte und den Kampf Jakobs mit dem Engel rang, jenen ewigen Kampf des Künstlers, der zu dem

Engel der Vollendung sagt: Ich lasse dich nicht, du segnest mich denn! Geben wir uns also niemals zu leicht dem ersten Eindruck hin, seien wir nicht zu rasch zufrieden, denn der Künstler war es gleichfalls nicht mit seinem ersten Entwurf, seiner ersten Vision. Wenn wir einen der berühmten Rembrandtschen Stiche zur Hand nehmen, meinen wir, schon den vollkommenen Eindruck zu haben. Aber wie kann unsere Bewunderung sich noch steigern, wie unser Wissen um diesen Zauberer von Schatten und Licht und um die Magie des Künstlers, wenn wir neben das fertige Blatt Probeabzüge oder Reproduktionen aller früheren Platten legen. Wir sehen, hier hat Rembrandt ein Licht weggeätzt, das zu scharf blendete, dort einen Schatten vertieft, hier weicht eine Gestalt, die auf der früheren Platte sich zu sehr in den Vordergrund schob, wieder zurück. Von Probeblatt zur Probeblatt gleicht sich die Architektur des Raumes harmonischer aus, und obwohl uns, den Naiven, schon die erste Probeplatte die vollendete schien, sehen wir jetzt mit seinem Auge und lernen, daß noch ein höherer Grad der Vollendung möglich war. Statt wie von einem Turm mit einem Blick eine Landschaft zu umfassen, steigen wir Stufe um Stufe empor, bei jeder neuen Erkenntnis, von Blatt zu Blatt wird unser eigenes Auge wissender. Wir empfangen dadurch, daß wir den schöpferischen Akt in allen seinen Phasen noch einmal miterleben, eine Lektion und gleichzeitig eine Vision des künstlerischen Prozesses, wie sie kein Buch, kein Vortrag, keine Wissenschaft uns gewähren kann. Ebenso wie das Geheimnis der bildenden Kunst, kann sich das der dichterischen, der kompositorischen uns erschließen, wenn wir die Urform vom ersten Anfang bis zur Vollendung begleiten. Hier sehen wir in der Handschrift, wie das Wort stockt, wie der Dichter nicht den endgültigen Ausdruck findet. Er versucht und verwirft wieder. Schon ist er dem reinen Begriff näher gekommen, aber es war noch nicht das Rechte. Wieder setzt er an und wieder verwirft er, und endlich ist der Damm gebrochen. Endlich strömt das Wort, die Melodie wieder hin in reinem Fluß, und in uns strömt etwas mit – er, der Dichter, der Komponist hat das Richtige gefunden, und *wir* haben es mit ihm gefunden. In diesen Minuten des

Nacherlebens haben wir alle seine Qualen, seine Ungeduld, seine Mühe und die Ekstase des Endgültigen mitempfunden. Wir haben *mit*geschaffen und durch dieses Mitfühlen die Geburt des Kunstwerks miterlebt.

Um möglichst vielen diesen letzten und höchsten Genuß, den mitschaffenden, den nachschaffenden zu gewähren, wäre es meiner Meinung nach wohltätig, wenn die Museen nicht wie heute bloß die vollendeten Bilder zeigten, sondern auch alle Vorstufen dazu, die Skizzen, die Entwürfe, die Vorbilder vor dem wirklichen Bild, damit die Menschen nicht nur immer lässig das vollendete Werk als ein vom Himmel geschenktes betrachten, sondern mit Ehrfurcht immer gewärtig bleiben, daß diese Wunder von ihren Brüdern geschaffen wurden – geschaffen von unseresgleichen, geschaffen mit irdischer Mühe, irdischer Qual, irdischer Lust, und der stumpfen Materie mit den äußersten Kräften der Seele abgerungen. Nein – es vermindert die Schönheit der Sterne nicht und nicht die Majestät des Himmels, wenn wir versuchen, mit unserem Geiste die Gesetze zu erforschen, die in diesem unerreichbaren Raume walten, wenn wir versuchen, ihre Ferne auszumessen und die Geschwindigkeit des Lichtstrahls zu berechnen, mit dem ihr silberner Glanz unser Auge erreicht. Im Gegenteil, niemals vermindert Erkenntnis die wahrhafte Begeisterung, sie erhöht und festigt sie nur. Und so waren wir, hoffe ich, nicht unehrerbietig, wenn wir hier versuchten, uns dem Geheimnis der künstlerischen Schöpfung zu nähern, diesem unbeschreiblichen Augenblick, wo die irdische Begrenzung des Vergänglichen in uns Menschen endet und das Ewige beginnt.

A Great Lesson from a Great Man

Eigentlich sollte jeder Mensch einmal in seinem Leben eine gelegentliche freie Stunde benützen, um nachzudenken, welcher Umstand oder welche Begegnung für seine spezielle Lebensgestaltung entscheidend geworden ist. Warum haben wir diesen oder jenen Beruf erwählt, warum uns für eine bestimmte Stadt, ein bestimmtes Haus entschieden? Welcher Impuls war eigentlich der wesentliche, der unserer Entwicklung die endgültige Richtung gab? Oft – und ich glaube: fast immer – sind es kleine Anlässe gewesen, so geringfügige meist, daß wir sie später vergessen haben. Für einen war es Begegnung mit einem Menschen oder Begegnung mit einem Buch oder ein Wort in einem Gespräch, für andere eine Neigung, eine Begabung, die er bei einem ganz unerwarteten Anlass in sich entdeckte; immer aber und bei jedem muß das, was uns formte, was uns entwikkelte, einen ersten Anfang gehabt haben, eine erste richtunggebende Minute. Jeder sollte darum, wenigstens für sich selbst, die Erinnerung an diesen ersten Impuls aus dem Schutt vergangener Jahre ausgraben, um sich oder seinen Kindern, seinen Freunden erklären zu können, was seine spezielle Lebensform geformt und gestaltet hat.

So versuche auch ich in dem *libro della memoria*, im Buch meiner Erinnerung, dieses Blatt zu finden, schon aus Dankbarkeit für einen sehr großen Mann und dann auch, um anderen zu zeigen, wie, ohne es zu wissen und ohne es zu wollen, ein Mensch einem anderen Menschen helfen kann. Ich war damals etwa fünfundzwanzig Jahre alt, hatte während des Universitätsstudiums Gedichte und andere literarische Arbeiten sowohl geschrieben als veröffentlicht, aber ohne ein entscheidendes Selbstvertrauen. Manche lobten meine Arbeiten, manche gefielen mir selbst. Aber ich fühlte im Innersten, daß es noch nicht das Richtige war. Daß mir und darum auch meiner Arbeit gerade das Entscheidende fehlte, das ihr die richtige Intensität gab; mir war nur noch nicht deutlich, wo die innere Schuld lag, daß ich alles, was ich schrieb, nur als eine Art Vorübung zu dem Eigentlichen empfand. Ich ging damals nach Paris, sah dort Dichter und Kameraden, lernte und arbeitete weiter; eines Abends saßen wir bei Verhaeren, dem großen belgischen Dichter beisammen und diskutierten über Kunst. Ein älterer Maler klagte über den ständigen Niedergang der Plastik seit der Renaissance, ich, jung, leidenschaftlich und kampflustig, wie immer die Jugend, widersprach heftig. Lebe nicht und lebe nicht gerade in dieser Stadt ein Bildhauer wie Rodin und könne man ihn nicht getrost den Größten der Vergangenheit, einem Michelangelo, einem Donatello zur Seite stellen? Würde sein »*Penseur*«, sein »*Balzac*« nicht dauern solange wie der Marmor, aus dem er sie unvergänglich erschaffen? Ich sprach so heftig, dass ich das leise Lächeln Verhaerens nicht bemerkte, der mir schließlich, als mein Ausbruch des Enthusiasmus zu Ende war, gütig auf die Schulter klopfte: »Ich bin morgen vormittags bei Rodin im Atelier. Wenn du willst, nehme ich dich mit zu ihm. Wenn man einen Mann so sehr bewundert, hat man ein Recht, ihn kennenzulernen.«

Ich erschrak beinahe vor Freude. Rodin sehen zu dürfen, Rodin in seinem Atelier, das hatte ich junger Mensch mit meinem drückenden Gefühl, noch nichts Rechtes geleistet zu haben, mir nie zu wünschen gewagt. Am nächsten Morgen gingen wir in die Rue de Varennes in Rodins Atelier oder vielmehr in eines der elf Ateliers, die er hatte, weil er in jedem an einem andern Werk arbeitete und, da er niemandem verriet, welches er an den verschiedenen Tagen benützte, größere Sicherheit hatte, nicht von müßigen Besuchern gestört zu werden. Verhaeren entschuldigte sich, mich mitgebracht zu haben, und stellte mich vor als einen jungen Enthusiasten, der sich gleichfalls um die Kunst bemühte. Ich war so verwirrt, daß ich nichts reden konnte, ich sah nur manchmal verstohlen, während die beiden Freunde sich unterhielten, auf die Hände Rodins, diese schweren harten lehmigen Bauernhände, aus denen so viel Schönheit sich gestaltet hatte. Die ganze Zeit über hatte ich das Gefühl, ein lästiger und überflüssiger Eindringling zu sein; aber vielleicht war es gerade diese Art ehrfürchtiger Bescheidenheit, die Rodin gefiel, denn als wir uns empfahlen, wandte er sich unvermutet mir zu. »Sie wollten gewiß ein paar meiner Arbeiten sehen. Leider habe ich fast gar nichts hier. Aber kommen Sie doch Sonntag zu mir nach Meudon zum Essen. Dort kann ich Ihnen nach Tisch einiges zeigen.«

Das war die erste Lehre, die ich empfing: dass die großen Männer fast immer die gütigsten und aus einem wissenden Instinkt gerade denen aufgetan sind, die nicht aufdringlich sich zudrängen. Die zweite Lehre empfing ich dann in Meudon in Rodins Landhaus, das nicht größer, nicht schmuckhafter war als das irgend eines beliebigen französischen Kleinbürgers: ich sah, daß der an seine Aufgabe verschworene Mann immer bedürfnislos und einfach bleibt. Man saß an einem kleinen Tisch, aß bürgerlich, trank einen leichten hellen Landwein, und eben diese Einfachheit machte mir Mut, ohne Bedrückung zu sprechen, ich vergaß vollkommen, daß dieser ergraute einfache Mann mir gegenüber der vielleicht berühmteste Künstler der Zeit war, ich spürte nur seine weichen warmen Augen unter den buschigen Brauen ermutigend auf mich blicken, wie ich ihm den Altar Michael Pachers in St. Wolfgang beschrieb, den er nie gesehen und sich sosehr zu sehen wünschte. Als ich erzählte, daß Michael Pacher zehn Jahre, von 1471 bis 1481 in diesem abgeschiedenen Salzburgischen Dorf an diesem einen Werk gearbeitet habe, wurde er ernst. »Zehn Jahre an einem Werk«, sagte er nachdenklich und mit einem fast frommen Ausdruck, »so müßte man arbeiten und so allein leben. Dann wird es das Rechte.«

Nach dem Essen führte er mich hinüber in das große Atelier. Es war ein primitiver verglaster Bau, in dem neben den großen Werken hunderte kleiner Studien standen, plastische Studien: ein Arm, eine Hand, manchmal nur ein Finger, ein Knöchelchen und daneben wieder unterbrochene, nie vollendete Werke. Auf den Tischen lagen Stöße von Zeichnungen und Skizzen: sein ganzes weites Leben rastlosen Suchens und Mühens war hier wie in einem Museum vereint, Begonnenes und Vollendetes, Torso und Trümmer, es war eine Welt. Er zeigte, er erklärte mir manches. Und dann plötzlich begann jenes sonderbare Erlebnis, das dann entscheidend für mich wurde für Jahrzehnte und Jahrzehnte. Es begann völlig unerwartet. Rodin, der, sobald er das Atelier betrat, den Leinenkittel angelegt hatte, um an Gips und Lehm nicht den Rock zu beschmutzen, und damit aus einem ältlichen Bürger in einen Arbeiter verwandelt schien, blieb vor einem Sockel stehen, der noch ganz mit nassen Fetzen umhüllt war. »Das ist meine letzte Arbeit«, sagte er, während er die nassen Tücher vorsichtig abnahm und einen meisterhaft in Ton modellierten Frauentorso entblößte. »Ich glaube, es ist schon ganz fertig.« Er trat zwei Schritte zurück, der schwere, breite, alte Mann mit dem grauen verwaschenen Bart, um sein Werk übersichtlich anzusehen. »Ja, ich glaube, es ist fertig«, wiederholte er. Aber nach einem Augenblick angespannten Anschauns murmelte er: »Nur da an der Schulterlinie, das ist noch zu hart. Excusez«, und nahm die Spachtel. Ganz leicht streifte das Holz über den weichen Lehm und gab der Haut einen zarteren Glanz. Seine schweren Hände waren wie aufgewacht, das Auge begann zu brennen. »Und da noch und da.« Wieder korrigierte er. Wieder änderte er, trat vor und zurück, drehte den Sockel, murrte, und aus der Kehle brachen merkwürdige schluckende Laute, bald leuchtete das Auge, bald kniffen sich ärgerlich die Brauen zusammen. Er knetete kleine Lehmstücke, setzte sie an, strich davon ab. Ohne daß er es wußte, daß er es wollte, hatte er zu arbeiten begonnen.

Und das dauerte eine halbe Stunde, eine Stunde, anderthalb Stunden. Er sprach kein Wort zu mir. Er hatte – und dies drang in mich erschütternd ein – total meine Gegenwart vergessen. Er spürte nicht, daß hinter ihm ein Fremder stand, den er zu Gast gebeten, er wußte nicht, ob es Tag war oder Nacht, wußte nicht von Zeit und Ort. Er sah nur sein Werk, und unsichtbar dahinter eine höhere, wahrere Form, die er erreichen wollte. Sein schwerer Leib bewegte sich leicht, eine Wachheit war über sein Wesen gekommen, die zugleich einer Trunkenheit glich; nichts wußte, nichts merkte er mehr, allein mit seinem Werk wie Gott am ersten Tage der Schöpfung. Nichts vordem hatte mich jungen Menschen so erschüttert als daß man so tief, so vollkommen vergessen konnte an Zeit und Raum und Welt. In dieser einen Stunde verstand ich für immer das letzte Geheimnis aller Kunst und überhaupt aller irdischen Leistung: Konzentration. Sich ganz zusammenfassen vor seiner Aufgabe, welche Aufgabe immer es sei, groß oder klein. Seinen Willen, unseren allzuoft zersplitterten, an hundert Kleinigkeiten verzettelten Willen einstellen zu können dank einer Entschlossenheit der Seele auf das eine, was man wahrhaft will: nur aus solcher Entschlossenheit kann man wahrhaft wirken. In dieser einen Stunde, wo ich – anscheinend unhöflicherweise übersehen – völlig vergessen hinter dem großen Meister stand, angehaltenen Atems und so stumm und reglos wie die marmornen Steine in diesem Raum, verstand ich, was mir bislang gefehlt hatte: die Inbrunst, die alles vergißt über dem einen Willen zur Vollendung. Nur wer fähig ist, sich ganz an seine Aufgabe zu verlieren, ob sie groß sei oder klein, kann sie richtig erfüllen. Es gibt – das erkannte ich in dieser Stunde – keine andere Magie.

Endlich trat er zurück. Anderthalb Stunden waren vorbei. Noch einmal fixierte er die Arbeit. Es war ein anderer Blick, nicht mehr der suchende, gequälte, unnachgiebige von vordem, der angespannte Blick des Jägers, sondern der zufriedene und zugleich erschöpfte des Siegers nach bitterem Kampf. Aufatmend warf er den Spachtel weg, nahm die groben nassen Tücher und hüllte die Plastik neuerdings ein, nun aber mit der vorsichtigen Zärtlichkeit, mit der man einen Spitzenschleier um die Schultern einer geliebten Frau legt. Dann wandte er sich und ging; er war wieder der schwere alte Mann, der er vordem gewesen. Im letzten Augenblick, knapp vor der Tür, bemerkte er mich, der trotz aller Erregung lautlos, reglos die ganzen anderthalb Stunden hinter ihm gestanden. Er starrte mich an. Wer war das? Wie war der junge fremde Mensch hier eingedrungen? Dann erinnerte er sich erst und erschrak sichtlich über seine Unhöflichkeit. »Pardon, Monsieur, ich hatte Sie ganz vergessen. Aber Sie wissen ...« Er wollte weitersprechen. Aber ich war zu erregt, ich nahm seine Hand und drückte sie dankbar. Vielleicht ahnte er, dass durch sein An-mich-Vergessen er mir die größte Lehre gegeben, die ich empfangen konnte, denn er lächelte mir freundlich zu und legte mir den schweren alten Arm um die Schulter, als er mich hinausführte aus dem Raum, in dem ich mehr gelernt in einer Stunde als auf vielen Jahren der Schule. Denn seit jener Stunde wußte ich, wie jede menschliche Arbeit getan werden muß, um gut und gütig zu werden: mit dem völligen Vergessen seiner Selbst, aller Ziele und Zwecke und nur hingewandt zum letzten unerreichbaren Ziel: der Vollkommenheit.

Das Buch als Eingang zur Welt

Alle Bewegung auf Erden beruht im wesentlichen auf zwei Erfindungen des menschlichen Geistes: die Bewegung im Raume auf der Erfindung des rollenden, seine Achse heiß umschwingenden Rades, die geistige Bewegung auf der Entdeckung der Schrift. Jener namenlose Mensch, der irgendwo und irgendwann als erster das harte Holz rund zur Felge bog, hat die ganze Menschheit die Ferne zwischen Ländern und Völkern überwinden gelehrt. Verbindung war durch den Wagen mit einmal möglich, wandernde Fracht, kenntnisschaffende Reise, aufgehoben der begrenzende Wille der Natur, der bestimmten Früchten, Erzen, Steinen und Produkten eine enge klimatische Heimat zuwies. Jedes Land lebte nicht mehr allein, sondern in Beziehung zur ganzen Welt; Orient und Okzident, Süd und Nord, Ost und West waren durch das neuersonnene Vehikel einander nahegebracht. Und genau wie das Rad in allen seinen technisch gesteigerten Formen – unter der Lokomotive rollend, das Automobil vorwärtsschnellend, im Propeller umschwingend – die Schwerkraft des Raumes, so überwindet die Schrift, gleichfalls längst fortgeschritten von der beschriebenen Rolle, vom Einblatt zum Buch, die tragische Erlebnis- und Erfahrungsbegrenztheit der irdischen Einzelseele: durch das Buch ist keiner mehr ganz mit sich allein in sein eigenes Blickfeld eingemauert, sondern kann teilhaft werden alles gegenwärtigen und gewesenen Geschehens, des ganzen Denkens und Fühlens der ganzen Menschheit. Alle oder fast alle geistige Bewegung unserer geistigen Welt ist heute auf das Buch gegründet, und jene einverständliche, über das Materielle erhobene Lebensgestaltung, die wir Kultur nennen, wäre undenkbar ohne seine Gegenwart. Diese seelenausweitende, diese weltaufbauende Gewalt des Buches in unserem privaten und persönlichen Leben, sie wird uns eigentlich höchst selten bewußt und fast immer nur in ausgesparten Augenblicken. Denn das Buch ist längst zu selbstverständlich innerhalb unseres Tagwerkes, als daß wir das jedesmal Neu-Wunderbare seines Wesens neu und neu dankbar bemerkten. So wie wir uns gar nicht besinnen, daß wir bei jedem Atemzug Sauerstoff in uns ziehen und unser Blut durch diese unsichtbare Nahrung geheimnisvolle chemische Erfrischung erfährt, so merken wir kaum, daß wir unablässig durch das lesende Auge seelischen Stoff empfangen und damit unseren geistigen Organismus auffrischen oder ermüden. Lesen ist für uns Söhne und Enkel von Jahrhunderten der Schrift eine beinahe schon körperliche Funktion, ein Automatismus geworden, und das Buch, weil es uns seit der ersten Schulklasse nah der Hand bleibt, längst ein dermaßen selbstverständlich Mit-uns-Seiendes, Um-uns-Seiendes, daß wir zu einem Buche meist so lässig gleichgültig greifen wie zu unserem Rock, zu unserem Handschuh, zu einer Zigarette, zu irgendeinem dieser serienhaft produzierten Massenfabrikate. Immer hebt ja das leicht Erreichbare eines Wertes die Ehrfurcht vor ihm auf, und nur in den wahrhaft produktiven, in den nachdenklichen und von innen her betrachtenden Augenblicken unseres Daseins verwandelt sich das Gewohnte und Gewöhnliche wieder ins Wunderbare zurück. Einzig in solchen besinnenden Stunden werden wir dann der magischen und seelenbewegenden Kraft ehrfürchtig gewahr, die vom Buche in unser Leben übergeht und es uns so wichtig macht, daß wir heute im zwanzigsten Jahrhundert unsere innere Existenz nicht mehr denken können ohne das Wunder seiner Gegenwart.

Solche Augenblicke sind selten, aber eben, weil sie selten sind, bleibt dann der einzelne lange und oft über Jahre hinaus erinnerlich. So weiß ich noch genau den Tag, den Ort und die Stunde, wo mir in entscheidender Weise aufging, in wie tiefer und schöpferischer Art unsere innere private Welt mit jener anderen sichtbaren und zugleich unsichtbaren der Bücher verflochten ist. Ich glaube, diesen geistigen Erkenntnismoment ohne Unbescheidenheit erzählen zu dürfen, denn obschon persönlich, reicht diese Erlebnis- und Erkenntnisminute weit über meine zufällige Person hinaus. Ich war damals etwa sechsundzwanzig Jahre alt, hatte selbst schon Bücher geschrieben, wußte also schon einigermaßen um die geheimnisvolle Verwandlung, die irgendein dumpf Vorgestelltes, ein Traum, eine Phantasie erfährt, und die vielen Phasen, die sie durchschreiten muß, bis sie sich dank der merkwürdigen Verdichtungen und Sublimierungen endlich in ein solches kartoniertes Rechteck verwandelt, das wir Buch nennen, in ein solches Wesen, das verkäuflich, preisgestempelt und scheinbar willenlos wie eine Ware im Schauladen hinter Glas liegt, und gleichzeitig doch wach, beseelt jedes einzelne Exemplar, obwohl käuflich, doch sich gehörig, und zugleich dem anderen, der es neugierig anblättern will, und noch stärker dem, der es liest, und schließlich ganz und eigentlich jenem letzten, der es nicht nur liest, sondern auch genießt. Ich hatte also schon selbst etwas erfahren von diesem unbeschreibbaren Prozeß der Transfusion, wo gewissermaßen Tropfen der eigenen Substanz übergeführt werden in fremde Adern, Schicksal in Schicksal, Gefühl in Gefühl, Geist in Geist: aber doch, die volle Magie, die Weite und Vehemenz der Wesenswirkung des Gedruckten, sie war mir noch nicht bewußt geworden, ich hatte nur vage um sie herumgesonnen und sie nicht ganz und entscheidend zu Ende gedacht. Dies geschah mir nun an jenem Tag, in jener Stunde, die ich erzählen will.

Ich reiste damals auf einem Schiff, es war ein italienisches, im Mittelmeer, von Genua nach Neapel, von Neapel nach Tunis und von dort nach Algier. Es sollte tagelang dauern, und das Schiff war fast leer. So kam es, daß ich oftmals mit einem jungen Italiener von der Mannschaft sprach, der, eine Art Unterkellner des eigentlichen Stewards, die Kabinen fegte, das Verdeck schrubbte und allerhand ähnliche Dienstleistungen zu leisten verpflichtet war, die innerhalb der menschlichen Rangordnung als untergeordnete gelten. Es war eine rechte Lust, ihn anzusehen, diesen prächtigen, braunen, schwarzäugigen Burschen, dem die Zähne blank aus den Lippen leuchteten, wenn er lachte. Und er lachte gern, er liebte sein singendes flinkes Italienisch und vergaß nie, diese Musik mit lebendigen Gestikulationen zu begleiten. Mit einem mimischen Genie fing er die Gesten jedes Menschen auf und gab sie karikaturistisch wieder, den Kapitän, wie er zahnlos redete, den alten Engländer, wie er steif, mit vorgeschobener linker Schulter, über das Verdeck ging, den Koch, wie er würdevoll nach dem Dinner vor den Passagieren stolzierte und den Leuten kennerisch auf die von ihm gefüllten Bäuche sah. Heiter war es, mit dem braunen Wildling zu plaudern, denn dieser Bursch mit der blanken Stirn und den tätowierten Armen, der, wie er mir erzählte, auf den Liparischen Inseln – seiner Heimat – jahrelang Schafe gehütet hatte, besaß die gutmütige Zutraulichkeit eines jungen Tieres. Er spürte gleich, daß ich ihn gern hatte und mit niemand anderem auf dem Schiff lieber sprach als mit ihm. So erzählte er mir alles, was er von sich wußte, frank und frei, und wir waren nach zwei Tagen auf irgendeine Weise schon etwas wie Freunde oder Kameraden.

Da plötzlich baute sich über Nacht zwischen mir und ihm eine unsichtbare Wand. Wir waren in Neapel gelandet, das Schiff hatte Kohle, Passagiere, Gemüse und Post, seine übliche Hafennahrung, eingenommen und machte sich neuerdings auf den Weg. Schon duckte sich wieder der stolze Posilip zu einem kleinen Hügelchen, und die Wolken über dem Vesuv kringelten sich klein wie blasser Zigarettenrauch, da schob er plötzlich scharf an mich heran, das Lachen breit über den Zähnen, zeigte mir stolz einen zerknitterten Brief, den er soeben empfangen, und bat mich, ihm den Brief vorzulesen.

Ich verstand zuerst nicht gleich. Ich meinte, Giovanni habe einen Brief in einer fremden Sprache erhalten, französisch oder deutsch, wahrscheinlich von einem Mädchen – ich verstand, daß dieser Bursch den Mädchen gefallen mußte –, und nun wollte er wahrscheinlich, daß ich ihm die Botschaft ins Italienische übersetze. Aber nein, der Brief war italienisch. Was wollte er also? Daß ich ihn lesen sollte? Nein, wiederholte er wieder und beinahe heftig, vorlesen sollte ich ihm den Brief, vorlesen. Und plötzlich war mir alles klar: dieser bildhübsche, kluge, mit natürlichem Takt und einer wirklichen Grazie begabte Bursche gehörte zu jenen statistisch festgestellten sieben oder acht Prozent seiner Nation, die nicht lesen konnten. Er war ein Analphabet. Und ich konnte mich im Augenblick nicht erinnern, jemals mit einem dieses aussterbenden Geschlechts in Europa gesprochen zu haben. Dieser Giovanni war der erste des Lesens nicht kundige Europäer, dem ich begegnete, und ich sah ihn wahrscheinlich verwundert an, nicht mehr als Freund, nicht mehr als Kamerad, sondern als Kuriosum. Aber dann las ich ihm natürlich seinen Brief vor, einen Brief, den irgendeine Näherin Maria oder Carolina geschrieben hatte und in dem eben das stand, was in allen Ländern, allen Sprachen junge Mädchen jungen Burschen schreiben. Er blickte mir scharf auf den Mund, während ich las, und ich merkte die Anspannung, jedes Wort zu behalten. Über seinen Augenbrauen buckelte sich die Haut, so quälte ihm die Anstrengung des Zuhörens, des Genau-behalten-Wollens das Gesicht zusammen. Ich las den Brief zweimal vor, langsam, deutlich, er horchte jedes Wort in sich hinein, wurde immer mehr zufrieden, bekam strahlende Augen, der Mund blühte breit auf wie eine rote Rose im Sommer. Dann kam von der Reling her ein Schiffsoffizier, und er paschte rasch weg.

Das war alles, der ganze Anlaß. Aber das eigentliche Erlebnis, nun erst begann es in mir. Ich legte mich hin in einen Liegestuhl, sah hinauf in die weiche Nacht. Die merkwürdige Entdeckung ließ mir keine Ruhe. Ich hatte zum erstenmal einen Analphabeten gesehen, einen europäischen Menschen dazu, den ich klug wußte und mit dem ich wie mit einem Kameraden gesprochen hatte, und nun beschäftigte, ja quälte mich das Phänomen, wie sich die Welt in einem solchen der Schrift verrammelten Gehirn spiegeln möge. Ich versuchte mir die Situation auszudenken, wie das sein mußte, nicht lesen zu können; ich versuchte, mich in diesen Menschen hineinzudenken. Er nimmt eine Zeitung und versteht sie nicht. Er nimmt ein Buch, und es liegt ihm in der Hand, etwas leichter als Holz oder Eisen, viereckig, kantig, ein farbiges zweckloses Ding, und er legt es wieder weg, er weiß nicht, was damit anfangen. Er bleibt vor einer Buchhandlung stehen, und diese schönen, gelben, grünen, roten, weißen, rechteckigen Dinge mit ihren goldgepreßten Rücken sind für ihn gemalte Früchte oder verschlossene Parfümflaschen, hinter deren Glas man den Duft nicht spüren kann. Man nennt vor ihm die heiligen Namen Goethe, Dante, Shelley, und sie sagen ihm nichts, bleiben tote Silben, leerer, sinnloser Schall. Er ahnt nichts, der Arme, von den großen Entzückungen, die plötzlich aus einer einzigen Buchzeile brechen können wie der silberne Mond aus dem toten Gewölk, er kennt nicht die tiefen Erschütterungen, mit denen ein geschildertes Schicksal plötzlich in einem selbst zu leben beginnt. Er lebt völlig in sich vermauert, weil er das Buch nicht kennt, ein dumpfes troglodytisches Dasein, und – so fragte ich mich – wie erträgt man dieses Leben, abgespalten von der Beziehung zum Ganzen, ohne zu ersticken, ohne zu verarmen? Wie erträgt man es, nichts anderes zu kennen als das, was bloß das Auge, das Ohr zufällig faßt, wie kann man atmen ohne die Weltluft, die aus den Büchern strömt? Immer intensiver versuchte ich, mir die Situation des Nicht-lesen-Könnenden, des von der geistigen Welt Ausgesperrten vorzustellen, ich bemühte mich, seine Lebensform mir so künstlich aufzubauen, wie etwa ein Gelehrter aus den Resten eines Pfahlbaues sich die Existenz eines Brachyzephalen oder eines Steinzeitmenschen zu rekonstruieren sucht. Doch ich konnte mich nicht zurückschrauben in das Gehirn eines Menschen, in eine Denkweise eines Europäers, der nie ein Buch gelesen, ich konnte es so wenig, wie ein Tauber sich eine Vorstellung von Musik aus Beschreibungen erzaubern kann.

Aber da ich ihn innerlich nicht verstand, den Analphabeten, versuchte ich nun, zur Denkhilfe mir mein eigenes Leben ohne Bücher vorzustellen. Ich versuchte also zuerst einmal, aus meinem Lebenskreis all das für eine Stunde wegzudenken, was ich von schriftlicher Übermittlung, vor allem von Büchern empfangen hatte. Aber schon dies gelang mir nicht. Denn das, was ich als mein Ich empfand, es löste sich gleichsam vollkommen auf, wenn ich versuchte, ihm zu nehmen, was ich an Wissen, an Erfahrung, an Gefühlskraft über mein Eigenerleben hinaus an Weltgefühl und Selbstgefühl von Büchern und Bildung empfangen hatte. An welches Ding, an welchen Gegenstand ich zu denken versuchte, überall banden sich Erinnerungen und Erfahrungen, die ich Büchern verdankte, und jedes einzelne Wort löste unzählige Assoziationen aus an ein Gelesenes oder Gelerntes. Wenn ich mich zum Beispiel erinnerte, daß ich jetzt nach Algier und

Tunis fuhr, so schossen schon blitzartig, ohne daß ich es wollte, hundert Assoziationen sich kristallisch an das Wort »Algier« an – Karthago, der Baalsdienst, ›*Salammbô*‹, jene Szenen aus dem Livius, da Punier und Römer, Scipio und Hannibal einander bei Zama begegnen, und gleichzeitig dieselbe Szene in dem dramatischen Fragment von Grillparzer; ein Gemälde von Delacroix fuhr farbig dazwischen und eine Landschaftsschilderung Flauberts. Daß Cervantes bei dem Sturm auf Algier unter Kaiser Karl V. verwundet worden war, und tausend andere Einzelheiten, sie waren mir mit dem Aussprechen oder dem Bloßdenken der Worte Algier und Tunis magisch lebendig; zwei Jahrtausende Kämpfe und Geschichte im Mittelalter und unzählige andere Bindungen drängten sich aus dem Gedächtnis, all das seit meinen Kindertagen Gelesene und Gelernte bereicherte dieses eine hingeträumte Wort. Und ich verstand, daß die Gabe oder die Gnade, weiträumig zu denken und in vielen Verbindungen, daß diese herrliche und einzig richtige Art, gleichsam von vielen Flächen her die Welt anzuschauen, nur dem zuteil wird, der über seine eigene Erfahrung hinaus die in den Büchern aufbewahrte aus vielen Ländern, Menschen und Zeiten einmal in sich aufgenommen hat, und war erschüttert, wie eng jeder die Welt empfinden muß, der sich dem Buch versagt. Aber auch, daß ich all dies durchdachte, daß ich so vehement fühlen konnte, was diesem armen Giovanni fehlte an gesteigerter Weltlust, diese Gabe, erschüttert werden zu können von einem fremden, zufälligen Schicksal, dankte ich dies nicht der Beschäftigung mit dem Dichterischen? Denn wenn wir lesen, was tun wir anders, als fremde Menschen von innen heraus mitzuleben, mit ihren Augen zu schauen, mit ihrem Hirn zu denken? Und nun erinnerte ich mich immer lebhafter und erkenntlicher aus diesem einen belebten und dankbaren Augenblick an die unzähligen Beglückungen, die ich von Büchern empfangen; ein Beispiel nach dem anderen reihte sich innen, wie oben im Himmel Stern an Stern, ich besann mich auf einzelne, die mein Leben aus der Enge der Unwissenheit erweitert, mir die Werte gestuft hatten und dem Knaben schon Erregungen und Erfahrungen gegeben, die mächtiger waren als sein damals noch schmaler und unreifer Leib. Darum, jetzt verstand ich's, hatte sich auch so übermächtig dem Kinde die Seele gespannt, wenn es Plutarch las oder die Seeabenteuer des Midshipman oder die Jagden Lederstrumpfs, denn eine wildere und heißere Welt brach damals in die bürgerlichen Wohnungswände und riß gleichzeitig aus ihnen heraus: zum erstenmal aus Büchern hatte ich die Weite, die unausmeßbare, unserer Welt geahnt und die Lust, mich an sie zu verlieren. Einen Großteil all unserer Spannungen, jenes Über-uns-hinaus-Begehrens, diesen besten Teil unseres Wesens, all diesen heiligen Durst, ihn danken wir dem Salz der Bücher, das uns zwingt, immer wieder neues Erlebnis in uns einzutrinken. Ich erinnerte mich an wichtige Entscheidungen, die mir von Büchern kamen, an Begegnungen mit längst abgestorbenen Dichtern, die mir wichtiger waren als manche mit Freunden und Frauen, an Liebesnächte mit Büchern, wo man wie in jenen anderen den Schlaf selig im Genuß versäumte; und je mehr ich nachdachte, um so mehr erkannte ich, daß unsere geistige Welt aus Millionen Monaden einzelner Eindrücke besteht, deren geringste Zahl nur aus Geschautem und Erfahrenem stammt – alles andere aber, die wesentliche verflochtene Masse, sie danken wir Büchern, dem Gelesenen, dem Übermittelten, dem Erlernten.

Es war wunderbar, all dem nachzusinnen. Langvergessene Beglükkungen, die ich durch Bücher erfahren, fielen mir wieder ein, eine erinnerte mich an die andere, und so wie in dem nachtsamtenen Himmel über mir, wenn ich versuchte, die Sterne zu zählen, immer neue und unbemerkte auftauchten und mir das Zählen verwirrten, so wurde ich auch bei dieser Tiefschau in die innere Sphäre gewahr, daß auch dieser unser anderer Sternenhimmel überleuchtet ist von unerrechenbar vielen einzelnen Lichtflammen und daß wir durch das Genießenkönnen des Geistigen noch ein zweites Weltall haben, das um uns leuchtend kreist, gleichfalls von geheimer Musik erfüllt. Nie war ich den Büchern so nah gewesen wie in dieser Stunde, da ich keines in Händen hielt und nur an sie dachte, aber mit der gesammelten Erkenntlichkeit einer aufgetanen Seele. An dem kleinen Erlebnis mit dem Analphabeten, diesem armen Eunuchen des Geistes, der, ebenso gestaltet wie wir, infolge dieses einen Defektes nicht vermochte, liebend und schöpferisch in die höhere Welt einzudringen, empfand ich die ganze Magie des Buches, in dem jedem Wissenden das Universum täglich offen aufgeschlagen ist.

Wer aber einmal so den Wert des Geschriebenen, Gedruckten, der geistigen Sprachübermittlung in seiner ganzen unausmeßbaren Weite erlebt, ob an einem einzelnen Buch, ob an ihrem Gesamtdasein, der lächelt dann mitleidig über die Kleinmütigkeit, die heute so viele und selbst Kluge ergreift. Die Zeit des Buches sei zu Ende, die Technik habe jetzt das Wort, so klagen sie, das Grammophon, der Kinematograph, das Radio als raffiniertere und bequemere Übermittlungsleiter des Wortes und des Gedankens begännen schon das Buch zu verdrängen, und bald würde seine kulturhistorische Mission der Vergangenheit angehören. Aber wie eng ist das gesehen, wie kurz gedacht! Denn wo wäre jemals der Technik ein Wunderbares gelungen, das jenes tausendjahralte des Buches überträfe, ja auch nur erreichte! Kein Explosivmittel hat die Chemie entdeckt, das so weitrechend und welterschütternd wirkte, keine Stahlplatte, keinen Eisenzement hat sie gehämmert, der an Beständigkeit diese kleinen Bündel bedruckten Papiers überdauerte. Noch hat keine elektrische Lichtquelle solche Erleuchtung geschaffen, wie sie von manchem dünnen Bändchen ausgeht, noch immer ist kein künstlicher Kraftstrom jenem vergleichbar, der die Seele bei der Berührung mit dem gedruckten Wort erfüllt. Alterslos und unzerstörbar, unveränderlich in den Zeiten, komprimierteste Kraft in winzigster und wandelhaftester Form, hat das Buch nichts von der Technik zu fürchten, denn sie selbst, wie anders erlernt und verbessert sie sich denn aus Büchern? Überall, nicht nur in unserem eigenen Leben, ist das Buch Alpha und Omega alles Wissens und jeder Wissenschaft Anfang. Und je inniger man mit Büchern lebt, desto tiefer erlebt man die Gesamtheit des Lebens, denn wunderbar vervielfacht, nicht nur mit dem eigenen Auge, sondern mit dem Seelenblick Unzähliger sieht und durchdringt dank ihrer herrlichen Hilfe der Liebende die Welt.

Buchmendel

Wieder einmal in Wien und heimkehrend von einem Besuch in den äußern Bezirken, geriet ich unvermutet in einen Regenguß, der mit nasser Peitsche die Menschen hurtig in Haustore und Unterstände jagte, und auch ich selbst suchte schleunig nach einem schützenden Obdach. Glücklicherweise wartet nun in Wien an jeder Ecke ein Kaffeehaus, – so flüchtete ich in das grade gegenüberliegende, mit schon tropfendem Hut und arg durchnäßten Schultern. Es erwies sich von innen als Vorstadtcafé hergebrachter, fast schematischer Art, ohne die neumodischen Attrappen der Deutschland nachgeahmten innerstädtischen Musikdielen, altwienerisch bürgerlich und vollgefüllt mit kleinen Leuten, die mehr Zeitungen konsumierten als Gebäck. Jetzt um die Abendstunde war zwar die ohnehin schon stickige Luft mit blauen Rauchkringeln dick marmoriert, dennoch wirkte dies Kaffeehaus sauber mit seinen sichtlich neuen Samtsofas und seiner aluminiumhellen Zahlkassa: in der Eile hatte ich mir gar nicht die Mühe genommen, seinen Namen außen abzulesen, wozu auch? – Und nun saß ich warm und blickte ungeduldig durch die blauüberflossenen Scheiben, wann es dem lästigen Regen belieben würde, sich ein paar Kilometer weiter zu verziehen.

Unbeschäftigt saß ich also da und begann schon jener trägen Passivität zu verfallen, die narkotisch jedem wirklichen Wiener Kaffeehaus unsichtbar entströmt. Aus diesem leeren Gefühl blickte ich mir einzeln die Leute an, denen das künstliche Licht dieses Rauchraums ein ungesundes Grau um die Augen schattete, schaute dem Fräulein an der Kasse zu, wie sie mechanisch Zucker und Löffel für jede Kaffeetasse dem Kellner austeilte, las halbwach und unbewußt die höchst gleichgültigen Plakate an den Wänden, und diese Art Verdumpfung tat beinahe wohl. Aber plötzlich ward ich auf merkwürdige Weise aus meiner Halbschläferei gespannt, eine innere Bewegung begann unbestimmt unruhig in mir, so wie ein kleiner Zahnschmerz beginnt, von dem man noch nicht weiß, ob er von links, von rechts, vom untern oder obern Kiefer seinen Ausgang nimmt; nur ein dumpfes Spannen fühlte ich, eine geistige Unruhe. Denn plötzlich – ich hätte es nicht sagen können, wodurch – wurde mir bewußt, hier mußte ich schon einmal vor Jahren gewesen und durch irgendeine Erinnerung diesen Wänden, diesen Stühlen, diesen Tischen, diesem fremden, rauchigen Raum verbunden sein.

Aber je mehr ich den Willen vortrieb, diese Erinnerung zu fassen, desto boshafter und glitschiger wich sie zurück – wie eine Qualle ungewiß leuchtend auf dem untersten Grunde des Bewußtseins und doch nicht zu greifen, nicht zu packen. Vergeblich klammerte ich den Blick an jeden Gegenstand der Einrichtung; gewiß, manches kannt ich nicht, wie die Kasse zum Beispiel mit ihrem klirrenden Zahlungsautomaten und nicht diesen braunen Wandbelag aus falschem Palisanderholz, alles das mußte erst später aufmontiert worden sein. Aber doch, aber doch, hier war ich einmal gewesen vor zwanzig Jahren und länger, hier haftete, im Unsichtbaren versteckt wie der Nagel im Holz, etwas von meinem eigenen, längst überwachsenen Ich. Gewaltsam streckte und stieß ich alle meine Sinne vor in den Raum und gleichzeitig in mich hinein – und doch, verdammt! ich konnte sie nicht erreichen, diese verschollene, in mir selbst ertrunkene Erinnerung.

Ich ärgerte mich, wie man sich immer ärgert, wenn irgendein Versagen einem die Unzulänglichkeit und Unvollkommenheit der geistigen Kräfte gewahr werden läßt. Aber ich gab die Hoffnung nicht auf, diese Erinnerung doch noch zu erreichen. Nur einen winzigen Haken, das wußte ich, mußte ich in die Hand kriegen, denn mein Gedächtnis ist sonderbar geartet, gut und schlecht zugleich, einerseits trotzig und eigenwillig, aber dann wieder unbeschreiblich getreu. Es schluckt das Wichtigste, sowohl an Geschehnissen als auch an Gesichtern, an Gelesenem wie an Erlebtem oft völlig hinab in seine Dunkelheiten und gibt nichts aus dieser Unterwelt ohne Zwang, bloß auf den Anruf des Willens heraus. Aber nur den flüchtigsten Halt muß ich fassen, eine Ansichtskarte, ein paar Schriftzüge auf einem Briefkuvert, ein verräuchertes Zeitungsblatt, und sofort zuckt das Vergessene, wie an der Angel der Fisch, aus der dunkel strömenden Fläche völlig leibhaft und sinnlich wieder hervor. Jede Einzelheit weiß ich dann eines Menschen, seinen Mund und im Mund wieder die Zahnlücke links bei seinem Lachen, und den brüchigen Tonfall dieses Lachens und wie dabei der Schnurrbart ins Zucken kommt und wie ein anderes, neues Antlitz heraustaucht aus diesem Lachen – alles das sehe ich dann sofort in völliger Vision und weiß auf Jahre zurück jedes Wort, das dieser Mensch mir jemals erzählte. Immer aber bedarf ich, um Vergangenes sinnlich zu sehen und zu fühlen, eines sinnlichen Anreizes, eines winzigen Helfers aus der Wirklichkeit. So schloß ich die Augen, um angestrengter nachdenken zu können, um jenen geheimnisvollen Angelhaken zu formen und zu fassen. Aber nichts! Abermals nichts! Verschüttet und vergessen! Und ich erbitterte mich derart über den schlechten, eigenwilligen Gedächtnisapparat zwischen meinen Schläfen, daß ich hätte mit den Fäusten mir die Stirne schlagen können, so wie man einen verdorbenen Automaten anrüttelt, der widerrechtlich das Geforderte zurückbehält. Nein, ich konnte nicht länger ruhig sitzenbleiben, so erregte mich dieses innere Versagen, und ich stand vor lauter Ärger auf, mir Luft zu machen. Aber sonderbar – kaum daß ich die ersten Schritte durch das Lokal getan, da begann es schon, flirrend und funkelnd, dieses erste phosphoreszierende Dämmern in mir. Rechts von der Zahlkasse, erinnerte ich mich, mußte es hinübergehen in einen fensterlosen und nur von künstlichem Licht erhellten Raum. Und tatsächlich: es stimmte. Da war es, anders tapeziert als damals, aber doch genau in den Proportionen, dies in seinen Konturen verschwimmende rechteckige Hinterzimmer, das Spielzimmer. Instinktiv sah ich mich um nach den einzelnen Gegenständen, mit schon freudig vibrierenden Nerven (gleich würde ich alles wissen, fühlte ich). Zwei Billarde lungerten als grüne lautlose Schlammteiche darin, in den Ecken hockten Spieltische, an deren einem zwei Hofräte oder Professoren Schach spielten. Und in der Ecke, knapp beim eisernen Ofen, dort, wo man zur Telephonzelle ging, stand ein kleiner viereckiger Tisch. Und da blitzte es mich plötzlich durch und durch. Ich wußte sofort, sofort, mit einem einzigen, heißen, beglückt erschütterten Ruck: mein Gott, das war ja Mendels Platz, Jakob Mendels, Buchmendels, und ich war nach zwanzig Jahren wieder in sein Hauptquartier, in das Café Gluck in der obern Alserstraße geraten. Jakob Mendel, wie hatte ich ihn vergessen können, so unbegreiflich lange, diesen sonderbarsten Menschen und sagenhaften Mann, dieses abseitige Weltwunder, berühmt an der Universität und in einem engen, ehrfürchtigen Kreis – wie ihn aus der Erinnerung verlieren, ihn, den Magier und Makler der Bücher, der hier täglich unentwegt saß von morgens bis abends, ein Wahrzeichen des Wissens, Ruhm und Ehre des Café Gluck!

Und nur diese eine Sekunde lang mußte ich den Blick nach innen wenden hinter die Lider, und aufstieg schon aus dem bildnerisch erhellten Blut seine unverkennbare, plastische Gestalt. Ich sah ihn sofort leibhaftig, wie er dort immer saß an dem viereckigen Tischchen mit der grauschmutzigen Marmorplatte, der allzeit mit Büchern und Schriften überhäuften. Wie er dort unentwegt und unerschütterlich saß, den bebrillten Blick hypnotisch starr auf ein Buch geheftet, wie er dort saß und im Lesen summend und brummend seinen Körper und die schlecht polierte, fleckige Glatze vor- und zurückschaukelte, eine Gewohnheit, mitgebracht aus dem Cheder, der jüdischen Kleinkinderschule des Ostens. Hier an diesem Tisch und nur an ihm las er seine Kataloge und Bücher, so wie man ihn das Lesen in der Talmudschule gelehrt, leise singend und sich schwingend, eine schwarze, schaukelnde Wiege. Denn wie ein Kind in Schlaf fällt und der Welt entsinkt durch dieses rhythmisch hypnotische Auf und Nieder, so geht nach der Meinung jener Frommen auch der Geist leichter ein in die Gnade der Versenkung dank dieses Sichwiegens und Sichschwingens des müßigen Leibes. Und tatsächlich, dieser Jakob Mendel sah und hörte nichts von allem um sich her. Neben ihm lärmten und krakeelten die Billardspieler, liefen die Marköre, rasselte das Telephon; man scheuerte den Boden, man heizte den Ofen, er merkte nichts davon. Einmal war eine glühende Kohle aus dem Ofen gefallen, schon brenzelte und qualmte zwei Schritt von ihm das Parkett, da erst, am infernalischen Gestank bemerkte ein Gast die Gefahr und stürzte zu, hastig das Qualmen zu löschen: er selbst aber, Jakob Mendel, nur zwei Zoll weit und schon angebeizt vom Rauch, er hatte nichts wahrgenommen. Denn er las, wie andere beten, wie Spieler spielen und Trunkene betäubt ins Leere starren, er las mit einer so rührenden Versunkenheit, daß alles Lesen von anderen Menschen mir seither immer profan erschien. In diesem kleinen galizischen Büchertrödler Jakob Mendel hatte ich zum erstenmal als junger Mensch das große Geheimnis der restlosen Konzentration gesehen, das den Künstler macht wie den Gelehrten, den wahrhaft Weisen wie den vollkommen Irrwitzigen, dieses tragische Glück und Unglück vollkommener Besessenheit.

Hingeführt zu ihm hatte mich ein älterer Kollege von der Universität. Ich forschte damals dem selbst heute noch wenig erkannten paracelsischen Arzt und Magnetiseur Mesmer nach, allerdings mit wenig Glück; denn die einschlägigen Werke erwiesen sich als unzulänglich, und der Bibliothekar, den ich argloser Neuling um Auskunft gebeten, murrte mich unfreundlich an, Literaturnachweise seien meine Sache, nicht die seine. Damals nannte mir nun jener Kollege zum erstenmal seinen Namen. »Ich geh mit dir zu Mendel«, versprach er mir, »der weiß alles und verschafft alles, der holt dir das entlegenste Buch aus dem vergessensten deutschen Antiquariat heran. Der tüchtigste Mann in Wien und überdies noch ein Original, ein vorweltlicher Bücher-Saurier aussterbender Rasse.«

So gingen wir zu zweit ins Café Gluck, und siehe, da saß er, Buchmendel, bebrillt, bartumschludert, schwarz angetan, und wiegte sich lesend wie ein dunkler Busch im Wind. Wir traten heran, er merkte es nicht. Er saß nur und las und wiegte den Oberkörper pagodenhaft hin und zurück über den Tisch, und hinter ihm pendelte am Haken sein brüchiger, schwarzer Paletot, gleichfalls breit angestopft mit Zeitschriften und Zettelwerk. Um uns anzukündigen, hustete mein Freund kräftig. Aber Mendel, die dicke Brille hart ans Buch gedrückt, merkte noch nichts. Endlich klopfte mein Freund auf die Tischplatte, genau so laut und kräftig, wie man an eine Türe pocht – da starrte Mendel endlich auf, schob die ungefügte stahlgeränderte Brille mechanisch rasch die Stirn empor, und unter den weggesträubten, aschgrauen Brauen stachen uns zwei merkwürdige Augen entgegen, kleine, schwarze, wache Augen, flink, spitz und flippend wie eine Schlangenzunge. Mein Freund präsentierte mich, und ich erläuterte mein Anliegen, wobei ich zuerst – die List hatte mein Freund ausdrücklich anempfohlen – mich scheinzornig über den Bibliothekar beklagte, der mir keine Auskunft hatte geben wollen. Mendel lehnte sich zurück und spuckte sorgfältig aus. Dann lachte er nur kurz mit stark östlichem Jargon: »Nicht gewollt hat er? Nein – nicht gekonnt hat er! Ein Parch is er, ein geschlagener Esel mit graue Haar. Ich kenn ihn, Gott sei's geklagt, zu gutem schon zwanzig Jahr, aber gelernt hat er seitdem noch immer nix. Gehalt einstecken, dos is das einzige, was die können! Ziegelsteine sollte sie lieber schupfen, diese Herrn Doktors, statt bei die Bücher sitzen.«

Mit dieser kräftigen Herzentladung war das Eis gebrochen, und eine gutmütige Handbewegung lud mich zum erstenmal an den viereckigen, mit Notizen überschmierten Marmortisch, diesen mir noch unbekannten Altar bibliophiler Offenbarungen. Ich erklärte rasch meine Wünsche: die zeitgenössischen Werke über Magnetismus sowie alle späteren Bücher und Polemiken für und gegen Mesmer; sobald ich fertig war, kniff Mendel eine Sekunde das linke Auge zusammen, genau wie ein Schütze vor dem Schuß. Aber wahrhaftig, nur eine Sekunde dauerte diese Geste konzentrierter Aufmerksamkeit, dann zählte er sofort, wie aus einem unsichtbaren Katalog lesend, zwei oder drei Dutzend Bücher fließend auf, jedes mit Verlagsort, Jahreszahl und ungefährem Preis. Ich war verblüfft. Obwohl vorbereitet, dies hatte ich nicht erwartet. Aber meine Verdutztheit schien ihm wohlzutun; denn sofort spielte er auf der Klaviatur seines Gedächtnisses die wunderbarsten bibliothekarischen Paraphrasen meines Themas weiter. Ob ich auch über die Somnambulisten etwas wissen wolle und über die ersten Versuche mit Hypnose und über Gaßner, die Teufelsbeschwörungen und die *Christian Science* und die

Blavatsky? Wieder prasselten die Namen, die Titel, die Beschreibungen; jetzt erst begriff ich, an ein wie einzigartiges Wunder von Gedächtnis ich bei Jakob Mendel geraten war, tatsächlich an ein Lexikon, an einen Universalkatalog auf zwei Beinen. Ganz benommen starrte ich dieses bibliographische Phänomen an, eingespult in die unansehnliche, sogar etwas schmierige Hülle eines galizischen kleinen Buchtrödlers, der, nachdem er mir etwa achtzig Namen heruntergerasselt, scheinbar achtlos, aber innerlich wohlgefällig über seinen ausgespielten Trumpf, sich die Brille mit einem vormals vielleicht weiß gewesenen Taschentuch putzte. Um mein Staunen ein wenig zu bemänteln, fragte ich zaghaft, welche von diesen Büchern er mir allenfalls besorgen könne. »Nu, man wird ja sehen, was sich machen läßt«, brummte er. »Kommen Sie nur morgen wieder her, der Mendel wird Ihnen inzwischen schon eppes auftreiben, und was sich nicht findet, werd sich anderswo finden. Wenn einer Sechel hat, hat er auch Glück.« Ich dankte höflich und stolperte aus lauter Höflichkeit sofort in eine dicke Dummheit hinein, indem ich vorschlug, ihm meine gewünschten Buchtitel auf einen Zettel zu notieren. Im gleichen Augenblick spürte ich schon einen warnenden Ellbogenstoß meines Freundes. Aber zu spät! Schon hatte mir Mendel einen Blick zugeworfen – welch ein Blick! – einen gleichzeitig triumphierenden und beleidigten, einen höhnischen und überlegenen, einen geradezu königlichen Blick, den shakespearischen Blick Macbeths, wenn Macduff dem unbesiegbaren Helden zumutet, sich kampflos zu ergeben. Dann lachte er abermals kurz, der große Adamsapfel an seiner Kehle kollerte merkwürdig hin und her, anscheinend hatte er ein grobes Wort mühsam verschluckt. Und er wäre im Recht gewesen mit jeder erdenklichen Grobheit, der gute, brave Buchmendel; denn nur ein Fremder, ein Ahnungsloser (ein »*Amhorez*«, wie er sagte) konnte eine derart beleidigende Zumutung stellen, ihm, Jakob Mendel, ihm, Jakob Mendel, einen Buchtitel aufzunotieren wie einem Buchhandlungslehrling oder Bibliotheksdiener, als ob dieses unvergleichliche, dieses diamantene Buchgehirn solch grober Hilfsmittel jemals bedurft hätte. Erst später begriff ich, wie sehr ich sein abseitiges Genie mit diesem höflichen Angebot gekränkt haben mußte; denn dieser kleine, zerdrückte, ganz in seinen Bart eingewickelte und überdies bucklige galizische Jude Jakob Mendel war ein Titan des Gedächtnisses. Hinter dieser kalkigen, schmutzigen, von grauem Moos überwucherten Stirn stand in der unsichtbaren Geisterschaft jeder Name und Titel wie mit Stahlguß eingestanzt, der je auf einem Titelblatt eines Buches gedruckt war. Er wußte von jedem Werk, dem gestern erschienenen wie von einem zweihundert Jahre alten, auf den ersten Hieb genau den Erscheinungsort, den Verfasser, den Preis, neu und antiquarisch, und erinnerte sich bei jedem Buch mit fehlloser Vision zugleich an Einband und Illustrationen und Faksimilebeigaben, er sah jedes Werk, ob er es selbst in den Händen gehabt oder nur von fern in einer Auslage oder Bibliothek einmal erspäht hatte, mit der gleichen optischen Deutlichkeit wie der schaffende Künstler sein inneres und der andern Welt noch unsichtbare Gebilde. Er erinnerte sich, wenn etwa ein Buch im Katalog eines Regensburger Antiquariats um sechs Mark angeboten war, sofort, daß ebendasselbe in einem andern Exemplar vor zwei Jahren in einer Wiener Auktion um vier Kronen zu haben gewesen war, und zugleich auch des Erstehers: nein, Jakob Mendel vergaß nie einen Titel, eine Zahl, er kannte jede Pflanze, jedes Infusorium, jeden Stern in dem ewig schwingenden und ständig umgerüttelten Kosmos des Bücherweltalls. Er wußte in jedem Fach mehr als die Fachleute, er beherrschte die Bibliotheken besser als die Bibliothekare, er kannte die Lager der meisten Firmen auswendig besser als ihre Besitzer, trotz ihren Zetteln und Kartotheken, indes ihm nichts zu Gebote stand als Magie des Erinnerns, als dies unvergleichliche, dies nur an hundert einzelnen Beispielen wahrhaft zu explizierende Gedächtnis. Freilich, dieses Gedächtnis hatte nur so dämonisch unfehlbar sich schulen und gestalten können durch das ewige Geheimnis jeder Vollendung: durch Konzentration. Außerhalb der Bücher wußte dieser merkwürdige Mensch nichts von der Welt; denn alle Phänomene des Daseins begannen für ihn erst wirklich zu werden, wenn sie in Lettern sich umgossen, wenn sie in einem Buche sich gesammelt und gleichsam sterilisiert hatten. Aber auch diese Bücher selbst las er nicht auf ihren Sinn, auf ihren geistigen und erzählerischen Gehalt: nur ihr Name, ihr Preis, ihre Erscheinungsform, ihr erstes Titelblatt zog seine Leidenschaft an. Unproduktiv und unschöpferisch im letzten, bloß ein hunderttausendstelliges Verzeichnis von Titeln und Namen, in die weiche Gehirnrinde eines Säugetieres eingestempelt statt wie sonst in einen Buchkatalog geschrieben, war dies spezifisch antiquarische Gedächtnis Jakob Mendels jedoch in seiner einmaligen Vollendung als Phänomen nicht geringer als jenes Napoleons für Physiognomien, Mezzofantis für Sprachen, eines Lasker für Schachanfänge, eines Busoni für Musik. Eingesetzt in ein Seminar, an eine öffentliche Stelle, hätte dies Gehirn Tausende, Hunderttausende von Studenten und Gelehrte belehrt und erstaunt, fruchtbar für die Wissenschaften, ein unvergleichlicher Gewinn für jene öffentlichen Schatzkammern, die wir Bibliotheken nennen. Aber diese obere Welt war ihm, dem kleinen, ungebildeten galizischen Buchtrödler, der nicht viel mehr als seine Talmudschule bewältigt, für ewig verschlossen; so vermochten diese phantastischen Fähigkeiten sich nur als Geheimwissenschaft auszuwirken an jenem Marmortische des Café Gluck. Doch wenn einmal der große Psychologe kommt (dies Werk fehlt noch immer unserer geistigen Welt), der so beharrlich und geduldig, wie Buffon die Abarten der Tiere ordnete und klassierte, seinerseits alle Spielarten, Spezies und Urformen der magischen Macht, die wir Gedächtnis nennen, vereinzelt schildert und in ihren Varianten darlegt, dann müßte er Jakob Mendels gedenken, dieses Genies der Preise und Titel, dieses namenlosen Meisters der antiquarischen Wissenschaft.

Dem Berufe nach und für die Unwissenden galt Jakob Mendel freilich nur als kleiner Buchschacherer. Allsonntags erschienen in der ›Neuen Freien Presse‹ und im ›Neuen Wiener Tagblatt‹ dieselben stereotypen Anzeigen: »Kaufe alte Bücher, zahle beste Preise, komme sofort, Mendel, Obere Alserstraße«, und dann eine Telephonnummer, die in Wirklichkeit jene des Café Gluck war. Er stöberte Lager durch, schleppte mit einem alten kaiserbärtigen Dienstmann allwöchentlich neue Beute in sein Hauptquartier und von dort wieder weg, denn für einen ordnungsmäßigen Buchhandel fehlte ihm die Konzession. So blieb es beim kleinen Schacher, bei einer wenig einträglichen Tätigkeit. Studenten verkauften ihm ihre Lehrbücher, durch seine Hände wanderten sie vom älteren Jahrgang zum jeweils jüngeren, außerdem vermittelte und besorgte er jedes gesuchte Werk mit geringem Zuschlag. Bei ihm war guter Rat billig. Aber das Geld hatte keinen Raum innerhalb seiner Welt; denn nie hatte man ihn anders gesehen als im gleichen abgeschabten Rock, früh, nachmittags und abends seine Milch verzehrend und zwei Brote, mittags eine Kleinigkeit essend, die man ihm vom Gasthaus herüberholte. Er rauchte nicht, er spielte nicht, ja man darf sagen, er lebte nicht, nur die beiden Augen lebten hinter der Brille und fütterten jenes rätselhafte Wesen Gehirn unablässig mit Worten, Titeln und Namen. Und die weiche, fruchtbare Masse sog diese Fülle gierig in sich ein wie eine Wiese die tausend und aber tausend Tropfen eines Regens. Die Menschen interessierten ihn nicht, und von allen menschlichen Leidenschaften kannte er vielleicht nur die eine, freilich allermenschlichste, der Eitelkeit. Wenn jemand zu ihm um eine Auskunft kam, an hundert andern Stellen schon müde gesucht, und er konnte auf den ersten Hieb ihm Bescheid geben, dies allein wirkte auf ihn als Genugtuung, als Lust, und vielleicht noch dies, daß in Wien und auswärts ein paar Dutzend Menschen lebten, die seine Kenntnisse ehrten und brauchten. In jedem dieser ungefügen Millionenkonglomerate, die wir Großstadt nennen, sind immer an wenigen Punkten einige kleine Facetten eingesprengt, die ein und dasselbe Weltall auf kleinwinziger Fläche spiegeln, unsichtbar für die meisten, kostbar bloß dem Kenner, dem Bruder in der Leidenschaft. Und diese Kenner der Bücher kannten alle Jakob Mendel. So wie man, wenn man über ein Musikblatt Rat holen wollte, zu Eusebius Mandyczewski in die Gesellschaft der Musikfreunde ging, der dort mit grauem Käppchen freundlich inmitten seiner Akten und Noten saß und mit dem ersten aufschauenden Blick die schwierigsten Probleme lächelnd löste, so wie heute noch jeder, der über Altwiener Theater und Kultur Aufschluß braucht, unfehlbar sich an den allwissenden Vater Glossy wendet, so pilgerten mit der gleichen vertrauenden Selbstverständlichkeit die paar strenggläubigen Wiener Bibliophilen, sobald es eine besonders harte Nuß zu knacken gab, ins Café Gluck zu Jakob Mendel. Bei einer solchen Konsultation Mendel zuzusehen, bereitete mir jungem neugierigen Menschen eine Wollust besonderer Art. Während er sonst, wenn man ihm ein minderes Buch vorlegte, den Deckel verächtlich zuklappte und nur murmelte: »Zwei Kronen«, rückte er vor irgendeiner Rarität oder einem Unikum respektvoll zurück, legte ein Papierblatt unter, und man sah, daß er sich auf einmal seiner schmutzigen, tintigen, schwarznägeligen Finger schämte. Dann begann er zärtlich, vorsichtig, mit einer ungeheuren Hochachtung das Rarum anzublättern, Seite für Seite. Niemand konnte ihn in einer solchen Sekunde stören, so wenig wie einen wirklich Gläubigen im Gebet, und tatsächlich hatte dies Anschauen, Berühren, Beriechen und Abwägen, hatte jede dieser Einzelhandlungen etwas von dem Zeremoniell, von der kultisch geregelten Aufeinanderfolge eines religiösen Aktes. Der krumme Rücken schob sich hin und her, dabei murrte und knurrte er, kratzte sich im Haar, stieß merkwürdige vokalische Urlaute aus, ein gedehntes, fast erschrockenes »Ah« und »Oh« hingerissener Bewunderung und dann wieder ein rapid erschrecktes »Oi« oder »Oiweh«, wenn sich eine Seite als fehlend oder ein Blatt als vom Holzwurm zerfressen erwies. Schließlich wog er die Schwarte respektvoll auf der Hand, beschnüffelte und beroch das ungefügige Quadrat mit halbgeschlossenen Augen nicht minder ergriffen als ein sentimentalisches Mädchen eine Tuberose. Während dieser etwas umständlichen Prozedur mußte selbstredend der Besitzer seine Geduld zusammenhalten. Nach beendetem Examen aber gab Mendel bereitwillig, ja geradezu begeistert, jede Auskunft, an die sich unfehlbar weitspurige Anekdoten und dramatische Preisberichte von ähnlichen Exemplaren anschlossen. Er schien heller, jünger, lebendiger zu werden in solchen Sekunden, und nur eines konnte ihn maßlos erbittern: wenn etwa ein Neuling ihm für diese Schätzung Geld anbieten wollte. Dann wich er gekränkt zurück wie etwa ein Galeriehofrat, dem ein durchreisender Amerikaner für seine Erklärung ein

Trinkgeld in die Hand drücken will; denn ein kostbares Buch in der Hand haben zu dürfen, bedeutete für Mendel, was für einen andern die Begegnung mit einer Frau. Diese Augenblicke waren seine platonischen Liebesnächte. Nur das Buch, niemals Geld hatte über ihn Macht. Vergebens versuchten darum große Sammler, darunter auch der Gründer der Universität in Princeton, ihn für ihre Bibliothek als Berater und Einkäufer zu gewinnen, – Jakob Mendel lehnte ab; er war nicht anders zu denken als im Café Gluck. Vor dreiunddreißig Jahren, mit noch weichem, schwarzflaumigem Bart und geringelten Stirnlocken, war er, ein kleines schiefes Jüngel, aus dem Osten nach Wien gekommen, um Rabbinat zu studieren; aber bald hatte er den harten Eingott Jehovah verlassen, um sich der funkelnden und tausendfältigen Vielgötterei der Bücher zu ergeben. Damals hatte er zuerst ins Café Gluck gefunden, und allmählich wurde es seine Werkstatt, sein Hauptquartier, sein Postamt, seine Welt. Wie ein Astronom einsam auf seiner Sternwarte durch den winzigen Rundspalt des Teleskops allnächtlich die Myriaden Sterne betrachtet, ihre geheimnisvollen Gänge, ihr wandelndes Durcheinander, ihr Verlöschen und Sichwiederentzünden, so blickte Jakob Mendel durch seine Brille von diesem viereckigen Tisch in das andere Universum der Bücher, das gleichfalls ewig kreisende und sich umgebärende, in diese Welt über unserer Welt.

Selbstverständlich war er hoch angesehen im Café Gluck, dessen Ruhm sich für uns mehr an sein unsichtbares Katheder knüpfte als an die Patenschaft des hohen Musikers, des Schöpfers der ›*Alceste*‹ und der ›*Iphigénie*‹: Christoph Willibald Gluck. Er gehörte dort ebenso zum Inventar wie die alte Kirschholzkasse, wie die beiden arg geflickten Billarde, der kupferne Kaffeekessel, und sein Tisch wurde gehütet wie ein Heiligtum. Denn seine zahlreichen Kundschaften und Auskunftschafter wurden von dem Personal jedesmal freundlich zu irgendeiner Bestellung gedrängt, so daß der größere Gewinnteil seiner Wissenschaft eigentlich dem Oberkellner Deubler in die breite, hüftwärts getragene Ledertasche floß. Dafür genoß Buchmendel vielfache Privilegien. Das Telephon stand ihm frei, man hob ihm seine

Briefe auf und besorgte alle Bestellungen; die alte, brave Toilettenfrau bürstete ihm den Mantel, nähte Knöpfe an und trug ihm jede Woche ein kleines Bündel zur Wäsche. Ihm allein durfte aus dem nachbarlichen Gasthaus eine Mittagsmahlzeit geholt werden, und jeden Morgen kam der Herr Standhartner, der Besitzer, in persona an seinen Tisch und begrüßte ihn (freilich meist, ohne daß Jakob Mendel, in seine Bücher vertieft, diesen Gruß bemerkte). Punkt halb acht Uhr morgens trat er ein, und erst wenn man die Lichter auslöschte, verließ er das Lokal. Zu den anderen Gästen sprach er nie, er las keine Zeitung, bemerkte keine Veränderung, und als der Herr Standhartner ihn einmal höflich fragte, ob er bei dem elektrischen Licht nicht besser lese als früher bei dem fahlen, zuckenden Schein der Auerlampen, starrte er verwundert zu den Glühbirnen auf: diese Veränderung war trotz des Lärms und Gehämmers einer mehrtägigen Installation vollkommen an ihm vorbeigegangen. Nur durch die zwei runden Löcher der Brille, durch diese beiden blitzenden und saugenden Linsen filterten sich die Milliarden schwarzer Infusorien der Lettern in sein Gehirn, alles andere Geschehen strömte als leerer Lärm an ihm vorbei. Eigentlich hatte er mehr als dreißig Jahre, also den ganzen wachen Teil seines Lebens, einzig hier an diesem viereckigen Tisch lesend, vergleichend, kalkulierend verbracht, in einem unablässig fortgesetzten, nur vom Schlaf unterbrochenen Dauertraum.

Deshalb überkam mich eine Art Schrecken, als ich den orakelspendenden Marmortisch Jakob Mendels leer wie eine Grabplatte in diesem Raum dämmern sah. Jetzt erst, älter geworden, verstand ich, wieviel mit jedem solchen Menschen verschwindet, erstlich weil alles Einmalige von Tag zu Tag kostbarer wird in unserer rettungslos einförmiger werdenden Welt. Und dann: der junge, unerfahrene Mensch in mir hatte aus einer tiefen Ahnung diesen Jakob Mendel sehr lieb gehabt. In ihm war ich zum erstenmal dem großen Geheimnis nahegekommen, daß alles Besondere und Übermächtige in unserem Dasein nur geleistet wird durch innere Zusammenfassung, durch eine erhabene und dem Wahnsinn heilig verwandte Monomanie. Daß ein reines Leben im Geist, die völlige Abstraktion in einer einzigen Idee, auch heute noch sich ereignen könne, eine Versenkung nicht geringer als die eines indischen Jogi oder eines mittelalterlichen Mönchs in seiner Zelle, und zwar sich ereignen in einem elektrisch beleuchteten Café neben einer Telephonzelle – dieses Beispiel hatte ich junger Mensch viel mehr als von unsern mitlebenden Dichtern von diesem vollkommen anonymen kleinen Buchtrödler empfangen. Und doch, ich hatte ihn vergessen können – allerdings in den Jahren des Krieges und in einer der seinen ähnlichen Hingabe an das eigene Werk. Jetzt aber, vor diesem leeren Tische, fühlte ich eine Art Scham vor ihm und eine erneuerte Neugier zugleich.

Denn wo war er hin, was war ihm geschehen? Ich rief den Kellner und fragte. Nein, einen Herrn Mendel, bedaure, den kenne er nicht, ein Herr dieses Namens verkehre nicht im Café. Aber vielleicht wisse der Oberkellner Bescheid. Dieser schob seinen Spitzbauch schwerfällig heran, zögerte, dachte nach: Nein, auch ihm sei ein Herr Mendel nicht bekannt. Aber ob ich vielleicht den Herrn Mandl meine, den Herrn Mandl vom Kurzwarengeschäft in der Florianigasse? Ein bitterer Geschmack kam mir auf die Lippen, Geschmack von Vergänglichkeit: wozu lebt man, wenn der Wind hinter unserm Schuh schon die letzte Spur von uns wegträgt? Dreißig Jahre, vierzig vielleicht, hatte ein Mensch in diesen paar Quadratmetern Raum geatmet, gelesen, gedacht, gesprochen, und bloß drei Jahre, vier Jahre mußten hingehen, ein neuer Pharao kommen, und man wußte nichts mehr von Joseph, man wußte im Café Gluck nichts mehr von Jakob Mendel, dem Buchmendel! Beinahe zornig fragte ich den Oberkellner, ob ich nicht Herrn Standhartner sprechen könne, oder ob nicht sonst wer im Hause sei vom alten Personal? Oh, der Herr Standhartner, o mein Gott, der habe längst das Café verkauft, der sei gestorben, und der alte Oberkellner, der lebe jetzt auf seinem Gütel bei Krems. Nein, niemand sei mehr da ... oder doch! Ja doch – die Frau Sporschil sei noch da, die Toilettenfrau (vulgo Schokoladefrau). Aber die könne sich gewiß nicht mehr an die einzelnen Gäste erinnern. Ich dachte gleich: einen Jakob Mendel vergißt man nicht, und ließ sie mir kommen.

Sie kam, die Frau Sporschil, weißhaarig, zerrauft, mit den wenig wassersüchtigen Schritten aus ihren hintergründigen Gemächern und rieb sich noch hastig die roten Hände mit einem Tuch: offenbar hatte sie gerade ihr trübes Gelaß gefegt oder Fenster geputzt. An ihrer unsicheren Art merkte ich sofort: ihr war's unbehaglich, so plötzlich nach vorn unter die großen Glühbirnen in den noblen Teil des Cafés gerufen zu werden – das Volk in Wien wittert ja überall sofort Detektiv und Polizei, wenn eines sie ausfragen will. So sah sie mich zunächst mißtrauisch an, mit einem Blick von unten herauf, einem sehr vorsichtig geduckten Blick. Was konnte ich Gutes von ihr wollen? Aber kaum daß ich nach Jakob Mendel fragte, starrte sie mich mit vollen, geradezu strömenden Augen an, die Schultern fuhren ihr ruckhaft auf. »Mein Gott, der arme Herr Mendel, daß an den noch jemand denkt! Ja, der arme Herr Mendel« – fast weinte sie, so war sie gerührt, wie alte Leute es immer werden, wenn man sie an ihre Jugend, an irgendeine gute vergessene Gemeinsamkeit erinnert. Ich fragte, ob er noch lebe. »O mein Gott, der arme Herr Mendel, fünf oder sechs Jahre, nein, sieben Jahre muß der schon tot sein. So a lieber, guter Mensch, und wenn ich denk, wie lang ich ihn kennt hab, mehr als fünfundzwanzig Jahr, er war doch schon da, wie ich eintreten bin. Und eine Schand war's, wie man ihn hat sterben lassen.« Sie wurde immer aufgeregter, fragte, ob ich ein Verwandter sei. Es hätte sich ja nie jemand um ihn gekümmert, nie jemand nach ihm erkundigt – und ob ich denn nicht wisse, was mit ihm passiert sei?

Nein, ich wüßte nichts, versicherte ich; sie solle mir erzählen, alles erzählen. Die gute Person sah scheu und geniert und wischte immer wieder an ihren nassen Händen. Ich begriff: ihr war es peinlich, als Toilettenfrau mit ihrer schmutzigen Schürze und ihren zerstrubbelten weißen Haaren hier mitten im Kaffeehausraum zu stehen, außerdem blickte sie immer ängstlich nach rechts und links, ob nicht einer der Kellner zuhöre. So schlug ich vor, wir sollten hinein in das Spielzimmer, an Mendels alten Platz: dort solle sie mir alles berichten. Gerührt nickte sie mir zu, dankbar, daß ich sie verstand, und ging voraus, die alte, schon ein wenig schwankende Frau, und ich hinter ihr.

Die beiden Kellner staunten uns nach, sie spürten da einen Zusammenhang, und auch einige Gäste verwunderten sich über uns ungleiches Paar. Und drüben an seinem Tisch erzählte sie mir (manche Einzelheit ergänzte mir später anderer Bericht) von Jakob Mendels, von Buchmendels Untergang.

Ja also, er sei, so erzählte sie, auch nachher noch, als der Krieg schon begonnen, immer noch gekommen, Tag um Tag um halb acht Uhr früh, und genau so sei er gesessen und habe er den ganzen Tag studiert wie immer, ja, sie hätten alle das Gefühl gehabt und oft darüber geredet, ihm sei's gar nicht zum Bewußtsein gekommen, daß Krieg sei. Ich wisse doch, in eine Zeitung habe er nie geschaut und nie mit wem andern gesprochen; aber auch wenn die Ausrufer ihren Mordslärm mit den Extrablättern machten und alle andern zusammenliefen, nie sei er da aufgestanden oder hätte zugehört. Er habe auch gar nicht gemerkt, daß der Franz fehle, der Kellner (der bei Gorlice gefallen sei), und nicht gewußt, daß sie den Sohn vom Herrn Standhartner bei Przemysl gefangen hatten, und nie kein Wort habe er gesagt, wie das Brot immer miserabler geworden ist und man ihm statt der Milch das elende Feigenkaffeegschlader hat geben müssen. Nur einmal habe er sich gewundert, daß jetzt so wenig Studenten kämen, das war alles. – »Mein Gott, der arme Mensch, den hat doch nichts gefreut und gekümmert als seine Bücher.«

Aber dann eines Tages, da sei das Unglück geschehen. Um elf Uhr vormittags, am hellichten Tag, sei ein Gendarm gekommen mit einem Geheimpolizisten, der hätte die Rosette gezeigt im Knopfloch und gefragt, ob hier ein Jakob Mendel verkehre. Dann wären sie gleich an den Tisch gegangen zum Mendel, und der hätte ahnungslos noch geglaubt, sie wollten ihm Bücher verkaufen oder was fragen. Aber gleich hätten sie ihn aufgefordert, mitzukommen, und ihn weggeführt. Eine rechte Schande sei es für das Kaffeehaus gewesen, alle Leute hätten sich herumgestellt um den armen Herrn Mendel, wie er dagestanden ist zwischen den beiden, die Brille unterm Haar, und hin- und hergeschaut hat von einem zum andern und nicht recht gewußt, was sie eigentlich von ihm wollten. Sie aber habe stante pede dem Gendarmen gesagt, das müsse ein Irrtum sein, ein Mann wie Herr Mendel könne keiner Fliege was tun; aber da habe der Geheimpolizist sie gleich angeschrien, sie solle sich nicht in Amtshandlungen einmischen. Und dann hätten sie ihn weggeführt, und er sei lange nicht mehr gekommen, zwei Jahre lang. Noch heute wisse sie nicht recht, was die damals von ihm gewollt hätten. »Aber ich leist ein Jurament«, sagte sie erregt, die alte Frau, »der Herr Mendel kann nichts Unrechtes getan haben. Die haben sich geirrt, da leg ich meine Hand ins Feuer. Es war ein Verbrechen an dem armen, unschuldigen Menschen, ein Verbrechen!«

Und sie hatte recht, die gute, rührende Frau Sporschil. Unser Freund Jakob Mendel hatte wahrhaftig nichts Unrechtes begangen, sondern nur (erst später erfuhr ich alle Einzelheiten) eine rasende, eine rührende, eine selbst in jenen irrwitzigen Zeiten ganz unwahrscheinliche Dummheit, erklärbar nur aus der vollkommenen Versunkenheit, aus der Mondfernheit seiner einmaligen Erscheinung. Folgendes hatte sich ereignet: Auf dem militärischen Zensuramt, das verpflichtet war, jede Korrespondenz mit dem Ausland zu überwachen, war eines Tages eine Postkarte abgefangen worden, geschrieben und unterschrieben von einem gewissen Jakob Mendel, ordnungsgemäß nach dem Ausland frankiert, aber – unglaublicher Fall – in das feindliche Ausland gerichtet, eine Postkarte an Jean Labourdaire, Buchhändler, Paris, Quai de Grenelle, adressiert, in der ein gewisser Jakob Mendel sich beschwerte, die letzten acht Nummern des monatlichen ›*Bulletin bibliographique de la France*‹ trotz vorausbezahlten Jahresabonnements nicht erhalten zu haben. Der eingestellte untere Zensurbeamte, ein Gymnasialprofessor, in Privatneigung Romanist, dem man einen blauen Landsturmrock umgestülpt hatte, staunte, als ihm dieses Schriftstück in die Hände kam. Ein dummer Spaß, dachte er. Unter den zweitausend Briefen, die er allwöchentlich auf dubiose Mitteilungen und spionageverdächtige Wendungen durchstöberte und durchleuchtete, war ihm ein so absurdes Faktum noch nie unter die Finger gekommen, daß jemand aus Österreich einen Brief nach Frankreich ganz sorglos adressierte, also ganz gemütlich eine Karte in das kriegführende Ausland so einfach in den Postkasten warf, als ob diese Grenzen seit 1914 nicht umnäht wären mit Stacheldraht und an jedem von Gott geschaffenen Tage Frankreich, Deutschland, Österreich und Rußland ihre männliche Einwohnerzahl gegenseitig um ein paar tausend Menschen kürzten. Zunächst legte er deshalb die Postkarte als Kuriosum in seine Schreibtischlade, ohne von dieser Absurdität weitere Meldung zu erstatten. Aber nach einigen Wochen kam abermals eine Karte desselben Jakob Mendel an einen Bookseller John Aldridge, London, Holborn Square, ob er ihm nicht die letzten Nummern des ›*Antiquarian*‹ besorgen könnte, und abermals war sie unterfertigt von ebendemselben merkwürdigen Individuum Jakob Mendel, das mit rührender Naivität seine volle Adresse beischrieb. Nun wurde es dem in die Uniform eingenähten Gymnasialprofessor doch ein wenig eng unter dem Rock. Steckte am Ende irgendein rätselhafter chiffrierter Sinn hinter diesem vertölpelten Spaß? Jedenfalls, er stand auf, klappte die Hacken zusammen und legte dem Major die beiden Karten auf den Tisch. Der zog beide Schultern hoch: sonderbarer Fall! Zunächst avisierte er die Polizei, sie solle ausforschen, ob es diesen Jakob Mendel tatsächlich gäbe, und eine Stunde später war Jakob Mendel bereits dingfest gemacht und wurde, noch ganz taumelig von der Überraschung, vor den Major geführt. Der legte ihm die mysteriösen Postkarten vor, ob er sich als Absender bekenne. Erregt durch den strengen Ton und vor allem, weil man ihn bei der Lektüre eines wichtigen Katalogs aufgestöbert hatte, polterte Mendel beinahe grob, natürlich habe er diese Karten geschrieben. Man habe wohl noch das Recht, ein Abonnement für sein gezahltes Geld zu reklamieren. Der Major drehte sich im Sessel schief hinüber zu dem Leutnant am Nebentisch. Die beiden blinzelten sich einverständlich an: ein gebrannter Narr! Dann überlegte der Major, ob er den Einfaltspinsel nur scharf anbrummen und wegjagen sollte oder den Fall ernst aufziehen. In solchen unschlüssigen Verlegenheiten entschließt man sich bei jedem Amt fast immer, zunächst ein Protokoll aufzunehmen. Ein Protokoll ist immer gut. Nützt es nichts, so schadet es nichts, und nur ein sinnloser Papierbogen mehr unter Millionen ist vollgeschrieben.

In diesem Falle aber schadete es leider einem armen, ahnungslosen Menschen, denn schon bei der dritten Frage kam etwas sehr Verhängnisvolles zutage. Man forderte zuerst seinen Namen: Jakob, recte Jainkeff Mendel. Beruf: Hausierer (er besaß nämlich keine Buchhändlerlizenz, nur einen Hausierschein). Die dritte Frage wurde zur Katastrophe: der Geburtsort. Jakob Mendel nannte einen kleinen Ort bei Petrikau. Der Major zog die Brauen hoch. Petrikau, lag das nicht in Russisch-Polen, nahe der Grenze? Verdächtig! Sehr verdächtig! So inquirierte er nun strenger, wann er die österreichische Staatsbürgerschaft erworben habe. Mendels Brille starrte ihn dunkel und verwundert an: er verstand nicht recht. Zum Teufel, ob und wo er seine Papiere habe, seine Dokumente? Er habe keine andern als den Hausierschein. Der Major schob die Stirnfalten immer höher. Also wie es mit seiner Staatsbürgerschaft stehe, solle er endlich einmal erklären. Was sein Vater gewesen sei, ob Österreicher oder Russe? Seelenruhig erwiderte Jakob Mendel: natürlich Russe. Und er selbst? Ach, er hätte, um nicht beim Militär dienen zu müssen, sich schon vor dreiunddreißig Jahren über die russische Grenze geschmuggelt, seither lebe er in Wien. Der Major wurde immer unruhiger. Wann er hier das österreichische Staatsbürgerrecht erworben habe? Wozu? fragte Mendel. Er habe sich um solche Sachen nie gekümmert. So sei er also noch russischer Staatsbürger? Und Mendel, den diese öde Fragerei innerlich längst langweilte, antwortete gleichgültig: »Eigentlich ja.«

Der Major warf sich so brüsk erschrocken zurück, daß der Sessel knackte. Das gab es also! In Wien, in der Hauptstadt Österreichs, ging mitten im Kriege, Ende 1915, nach Tarnow und der großen Offensive, ein Russe unbehelligt spazieren, schrieb Briefe nach Frankreich und England, und die Polizei kümmerte sich um nichts. Und da wundern sich die Dummköpfe in den Zeitungen, daß Conrad von Hötzendorf nicht gleich nach Warschau vorwärtsgekommen ist, da staunen sie im Generalstab, wenn jede Truppenbewegung durch Spione nach Rußland weitergemeldet wird. Auch der Leutnant war aufgestanden und stellte sich an den Tisch: das Gespräch schaltete sich scharf um zum Verhör. Warum er sich nicht sofort gemeldet habe als Ausländer? Mendel, noch immer arglos, antwortete in seinem singenden jüdischen Jargon: »Wozu hätte ich mich melden sollen auf einmal?« In dieser umgedrehten Frage erblickte der Major eine Herausforderung und fragte drohend, ob er nicht die Ankündigungen gelesen habe? Nein! Ob er etwa auch keine Zeitungen lese? Nein!

Die beiden starrten den vor Unsicherheit schon leicht schwitzenden Jakob Mendel an, als sei der Mond mitten in ihr Bürozimmer gefallen. Dann rasselte das Telephon, knackten die Schreibmaschinen, liefen die Ordonnanzen, und Jakob Mendel wurde dem Garnisonsgefängnis überantwortet, um mit dem nächsten Schub in ein Konzentrationslager abgeführt zu werden. Als man ihm bedeutete, den beiden Soldaten zu folgen, starrte er ungewiß. Er verstand nicht, was man von ihm wollte, aber eigentlich hatte er keinerlei Sorge. Was konnte der Mann mit dem goldenen Kragen und der groben Stimme schließlich Böses mit ihm vorhaben? In seiner obern Welt der Bücher gab es keinen Krieg, kein Nichtverstehen, sondern nur das ewige Wissen und Nochmehrwissenwollen von Zahlen und Worten, von Titeln und Namen. So trollte er gutmütig zwischen den beiden Soldaten die Treppe hinunter. Erst als man ihm auf der Polizei alle Bücher aus den Manteltaschen nahm und die Brieftasche abforderte, in der er hundert wichtige Zettel und Kundenadressen stecken hatte, da erst begann er wütend um sich zu schlagen. Man mußte ihn bändigen. Aber dabei klirrte leider seine Brille zu Boden, und dies sein magisches Teleskop in die geistige Welt brach in tausend Stücke. Zwei Tage später expedierte man ihn im dünnen Sommerrock in ein Konzentrationslager russischer Zivilgefangener bei Komorn.

Was Jakob Mendel in diesen zwei Jahren Konzentrationslager an seelischer Schrecknis erfahren, ohne Bücher, seine geliebten Bücher, ohne Geld, inmitten der gleichgültigen, groben, meist analphabetischen Gefährten dieses riesigen Menschenkotters, was er dort leidend erlebte, von seiner obern und einzigen Bücherwelt abgetrennt wie ein Adler mit zerschnittenen Schwingen von seinem ätherischen Element – hierüber fehlt jede Zeugenschaft. Aber allmählich weiß schon die von ihrer Tollheit ernüchterte Welt, daß von allen Grausamkeiten und verbrecherischen Übergriffen dieses Krieges keine sinnloser, überflüssiger und darum moralisch unentschuldbarer gewesen als das Zusammenfangen und Einhürden hinter Stacheldraht von ahnungslosen, längst dem Dienstalter entwachsenen Zivilpersonen, die viele Jahre in dem fremden Lande als in einer Heimat gewohnt und aus Treugläubigkeit an das selbst bei Tungusen und Araukanern geheiligte Gastrecht versäumt hatten, rechtzeitig zu fliehen – ein Verbrechen an der Zivilisation, gleich sinnlos begangen in Frankreich, Deutschland und England, auf jeder Scholle unseres irrwitzig gewordenen Europa. Und vielleicht wäre Jakob Mendel wie hundert andere Unschuldige in dieser Hürde dem Wahnsinn verfallen oder an Ruhr, an Entkräftung, an seelischer Zerrüttung erbärmlich zugrunde gegangen, hätte nicht knapp rechtzeitig ein Zufall, ein echt österreichischer, ihn noch einmal in seine Welt zurückgeholt. Es waren nämlich mehrmals nach seinem Verschwinden an seine Adresse Briefe von vornehmen Kunden gekommen; der Graf Schönberg, der ehemalige Statthalter von Steiermark, fanatischer Sammler heraldischer Werke, der frühere Dekan der theologischen Fakultät, Siegenfeld, der an einem Kommentar des Augustinus arbeitete, der achtzigjährige pensionierte Flottenadmiral, Edler von Pisek, der noch immer an seinen Erinnerungen herumbesserte, – sie alle, seine treuen Klienten, hatten wiederholt an Jakob Mendel ins Café Gluck geschrieben, und von diesen Briefen wurden dem Verschollenen einige nachgeschickt in das Konzentrationslager. Dort fielen sie dem zufällig gutgesinnten Hauptmann in die Hände, und der erstaunte, was für vornehme Bekanntschaften dieser kleine halbblinde, schmutzige Jude habe, der, seit man ihm seine Brille zerschlagen (er hatte kein Geld, sich eine neue zu verschaffen), wie ein Maulwurf, grau, augenlos und stumm in einer Ecke hockte. Wer solche Freunde besaß, mußte immerhin etwas Besonderes sein. So erlaubte er Mendel, diese Briefe zu beantworten und seine Gönner um Fürsprache zu bitten. Die blieb nicht aus. Mit der leidenschaftlichen Solidarität aller Sammler kurbelten die Exzellenz sowie der Dekan ihre Verbindungen kräftig an, und ihre vereinte Bürgschaft erreichte, daß Buchmendel im Jahre 1917 nach mehr als zweijähriger Konfinierung wieder nach Wien zurückdurfte, freilich unter der Bedingung, sich täglich bei der Polizei zu melden. Aber doch, er durfte wieder in die freie Welt, in seinen alten, kleinen, engen Mansardenraum, er konnte wieder an seinen geliebten Bücherauslagen vorbei und vor allem zurück in sein Café Gluck.

Diese Rückkehr Mendels aus einer höllischen Unterwelt in das Café Gluck konnte mir die brave Frau Sporschil aus eigener Erfahrung schildern. »Eines Tages – Jessas, Marand Joseph, ich glaub, ich trau meine Augen nicht – da schiebt sich die Tür auf, Sie wissen ja, in der gewissen schiefen Art, nur grad einen Spalt weit, wie er immer hereingekommen ist, und schon stolpert er ins Café, der arme Herr Mendel. Einen zerschundenen Militärmantel voller Stopfen hat er anghabt und irgendwas am Kopf, was vielleicht einmal ein Hut war, ein weggeworfener. Keinen Kragen hat er anghabt, und wie der Tod hat er ausgschaut, grau im Gesicht und grau das Haar und so mager, daß es einen derbarmt hat. Aber er kommt herein, grad, als ob nix gwesen wär, er fragt nix, er sagt nix, geht hin zu dem Tisch da und zieht den Mantel aus, aber nicht wie früher so fix und leicht, sondern schwer schnaufen müssen hat er dabei. Und kein Buch hat er mitghabt wie sonst – er setzt sich nur hin und sagt nix, und tut nur hinstarren vor sich mit ganz leere, ausgelaufene Augen. Erst nach und nach, wie wir ihm dann den ganzen Pack bracht haben von die Schriften, die was für ihn kommen waren aus Deutschland, da hat er wieder angfangen zu lesen. Aber er war nicht derselbige mehr.«

Nein, er war nicht derselbe, nicht das Miraculum mundi mehr, die magische Registratur aller Bücher; alle, die ihn damals sahen, haben mir wehmütig das gleiche berichtet. Irgend etwas schien rettungslos zerstört in seinem sonst stillen, nur wie schlafend lesenden Blick; etwas war zertrümmert: der grauenhafte Blutkomet mußte in seinem rasenden Lauf schmetternd hineingeschlagen haben auch in den abseitigen, friedlichen, in diesen alkyonischen Stern seiner Bücherwelt. Seine Augen, jahrzehntelang gewöhnt an die zarten, lautlosen, insektenfüßigen Lettern der Schrift, sie mußten Furchtbares gesehen haben in jener stacheldrahtumspannten Menschenhürde, denn die Lider schatteten schwer über den einst so flinken und ironisch funkelnden Pupillen, schläfrig und rotrandig dämmerten die vordem so lebhaften Blicke unter der reparierten, mit dünnem Bindfaden mühsam zusammengebundenen Brille. Und furchtbarer noch: in dem phantastischen Kunstbau seines Gedächtnisses mußte irgendein Pfeiler eingestürzt und das ganze Gefüge in Unordnung geraten sein; denn so zart ist ja unser Gehirn, dies aus subtilster Substanz gestaltete Schaltwerk, dies feinmechanische Präzisionsinstrument unseres Wissens zusammengestimmt, daß ein gestautes Äderchen, ein erschütterter Nerv, eine ermüdete Zelle, daß ein solches verschobenes Molekül schon zureicht, um die herrlich umfassendste, die sphärische Harmonie eines Geistes zum Verstummen zu bringen. Und in Mendels Gedächtnis, dieser einzigen Klaviatur des Wissens, stockten bei seiner Rückkunft die Tasten. Wenn ab und zu jemand um Auskunft kam, starrte er ihn erschöpft an und verstand nicht mehr genau, er verhörte sich und vergaß, was man ihm sagte – Mendel war nicht mehr Mendel, wie die Welt nicht mehr die Welt war. Nicht mehr wiegte ihn völlige Versunkenheit beim Lesen auf und nieder, sondern meist saß er starr, die Brille nur mechanisch gegen das Buch gewandt, ohne daß man wußte, ob er las oder nur vor sich hindämmerte. Mehrmals fiel ihm, so erzählte die Sporschil, der Kopf schwer nieder in das Buch, und er schlief ein am hellichten Tag, manchmal starrte er wieder stundenlang in das fremde stinkende Licht der Azetylenlampe, die man ihm in jener Zeit der Kohlennot auf den Tisch gestellt. Nein, Mendel war nicht mehr Mendel, nicht mehr ein Wunder der Welt, sondern ein müd atmender, nutzloser Pack Bart und Kleider, sinnlos auf dem einst pythischen Sessel hingelastet, nicht mehr der Ruhm des Café Gluck, sondern eine Schande, ein Schmierfleck, übelriechend, widrig anzusehen, ein unbequemer, unnötiger Schmarotzer.

So empfand ihn auch der neue Besitzer, namens Florian Gurtner aus Retz, der, an Mehl- und Butterschiebungen im Hungerjahr 1919 reich geworden, dem biedern Standhartner für achtzigtausend rasch zerblätterte Papierkronen das Café Gluck abgeschwatzt hatte. Er griff mit seinen festen Bauernhänden scharf zu, krempelte das altehrwürdige Kaffeehaus hastig auf nobel um, kaufte für schlechte Zettel rechtzeitig neue Fauteuils, installierte ein Marmorportal und verhandelte bereits wegen des Nachbarlokals, um eine Musikdiele anzubauen. Bei dieser hastigen Verschönerung störte ihn natürlich sehr dieser galizische Schmarotzer, der tagsüber von früh bis nachts allein einen Tisch besetzt hielt und dabei im ganzen nur zwei Schalen Kaffee trank und fünf Brote verzehrte. Zwar hatte Standhartner ihm seinen alten Gast besonders ans Herz gelegt und zu erklären versucht, was für ein bedeutender und wichtiger Mann dieser Jakob Mendel sei, er hatte ihn sozusagen bei der Übergabe mit dem Inventar als ein auf dem Unternehmen lastendes Servitut mitübergeben. Aber Florian Gurtner hatte sich mit den neuen Möbeln und der blanken Aluminiumzahlkasse auch das massive Gewissen der Verdienerzeit zugelegt und wartete nur auf einen Vorwand, um diesen letzten lästigen Rest vorstädtischer Schäbigkeit aus seinem vornehm gewordenen Lokal hinauszukehren. Ein guter Anlaß schien sich bald einzustellen; denn es ging Jakob Mendel schlecht. Seine letzten gesparten Banknoten waren zerpulvert in der Papiermühle der Inflation, seine Kunden hatten sich verlaufen. Und wieder als kleiner Buchtrödler Treppen zu steigen, Bücher hausierend zusammenzuraffen, dazu fehlte dem Müdgewordenen die Kraft. Es ging ihm elend, man merkte das an hundert kleinen Zeichen. Selten ließ er sich mehr vom Gasthaus etwas herüberholen, und auch das kleinste Entgelt für Kaffee und Brote blieb er immer länger schuldig, einmal sogar drei Wochen lang. Schon damals wollte ihn der Oberkellner auf die Straße setzen. Da erbarmte sich die brave Frau Sporschil, die Toilettenfrau, und bürgte für ihn.

Aber im nächsten Monat ereignete sich dann das Unglück. Bereits mehrmals hatte der neue Oberkellner bemerkt, daß es bei der Abrechnung nie recht mit dem Gebäck stimmen wollte. Immer mehr Brote erwiesen sich als fehlend, als angesagt und bezahlt waren. Sein Verdacht lenkte sich selbstverständlich gleich auf Mendel; denn mehrmals war schon der alte wacklige Dienstmann gekommen, um sich zu beschweren, Mendel sei ihm seit einem halben Jahre die Bezahlung schuldig, und er könne keinen Heller herauskriegen. So paßte der Oberkellner jetzt besonders auf, und schon zwei Tage später gelang es ihm, hinter dem Ofenschirm versteckt, Jakob Mendel zu ertappen, wie er heimlich von seinem Tische aufstand, in das andere vordere Zimmer hinüberging, rasch aus einem Brotkorb zwei Semmeln nahm und sie gierig in sich hineinstopfte. Bei der Abrechnung behauptete er, keine gegessen zu haben. Nun war das Verschwinden geklärt. Der Kellner meldete sofort den Vorfall Herrn Gurtner, und dieser, froh des langgesuchten Vorwands, brüllte Mendel vor allen Leuten an, beschuldigte ihn des Diebstahls und tat sogar noch dick, daß er nicht sofort die Polizei rufe. Aber er befahl ihm, sofort für immer sich zum Teufel zu scheren. Jakob Mendel zitterte nur, sagte nichts, stolperte auf von seinem Sitz und ging.

»Ein Jammer war's«, schilderte die Frau Sporschil diesen seinen Abschied. »Nie werd ich's vergessen, wie er aufgestanden ist, die Brille hinaufgschoben in die Stirn, weiß wie ein Handtuch. Nicht Zeit hat er sich gnommen, den Mantel anzuziehen, obwohl's Januar war, Sie wissen ja, damals im kalten Jahr. Und sein Buch hat er liegen lassen auf dem Tisch in seinem Schreck, ich hab's erst später bemerkt und wollt's ihm noch nachtragen. Aber da war er schon hingestolpert zur Tür. Und weiter auf die Straßen hätt ich mich nicht traut; denn an die Tür hat sich der Herr Gurtner hingstellt und ihm nachgschrien, daß die Leut stehenblieben und zusammengelaufen sind. Ja, eine Schand war's, gschämt hab ich mich bis in die unterste Seel! Sowas hätt nicht passieren können bei dem alten Herrn Standhartner, daß man einen ausjagt nur wegen paar Semmeln, bei dem hätt er umsonst essen können noch sein Leben lang. Aber die Leute von heut, die haben ja kein Herz. Einen wegzutreiben, der über dreißig Jahre wo gsessen ist Tag für Tag – wirklich, eine Schand war's und ich möcht's nicht zu verantworten haben vor dem lieben Gott – ich nicht.«

Ganz aufgeregt war sie geworden, die gute Frau, und mit der leidenschaftlichen Geschwätzigkeit des Alters wiederholte sie immer wieder das von der Schand und vom Herrn Standhartner, der zu sowas nicht imstande gewesen wäre. So mußte ich sie schließlich fragen, was denn aus unserm Mendel geworden sei und ob sie ihn wiedergesehen. Da rappelte sie sich zusammen und wurde noch erregter. »Jeden Tag, wenn ich vorübergangen bin an seinem Tisch, jedesmal, das können S' mir glauben, hat's mir einen Stoß geben. Immer hab ich denken müssen, wo mag er jetzt sein, der arme Herr Mendel, und wenn ich gwußt hätt, wo er wohnt, ich wär hin, ihm was Warmes bringen; denn wo hätt er denn das Geld hernehmen sollen zum Heizen und zum Essen? Und Verwandte hat er auf der Welt, soviel ich weiß, niemanden gehabt. Aber schließlich, wie ich immer und immer nix gehört hab, da hab ich mir schon denkt, es muß vorbei mit ihm sein, und ich würde ihn nimmer sehen. Und schon hab ich überlegt, ob ich nicht sollt eine Messe für ihn lesen lassen; denn ein guter Mensch war er, und man hat sich doch gekannt, mehr als fünfundzwanzig Jahr.

Aber einmal in der Früh, um halb acht Uhr im Februar, ich putz grad das Messing an die Fensterstangen, auf einmal (ich mein, mich trifft der Schlag), auf einmal tut sich die Tür auf, und herein kommt der Mendel. Sie wissen ja, immer ist er so schief und verwirrt hereingeschoben, aber diesmal war's noch irgendwie anders. Ich merk gleich, den reißt's hin und her, ganz glanzige Augen hat er gehabt und, mein Gott, wie er ausgsehn hat, nur Bein und Bart! Sofort kommt's mir entrisch vor, wie ich ihn so seh: ich denk mir gleich, der weiß von nichts, der geht am hellichten Tag umeinand als ein Schlafeter, der hat aller vergessen, das von die Semmeln und das vom Herrn Gurtner und wie schandbar sie ihn hinausgschmissen haben, der weiß nichts von sich selber. Gott sei Dank! der Herr Gurtner war noch nicht da, und der Oberkellner hat grad seinen Kaffee trunken. Da spring ich rasch hin, damit ich ihm klarmach, er sollte nicht dableiben, sich nicht noch einmal hinauswerfen lassen von dem rohen Kerl« (und dabei sah sie sich scheu um und korrigierte rasch) – »ich mein, vom Herrn Gurtner. Also ›Herr Mendel‹ ruf ich ihn an. Er starrt auf. Und da, in dem Augenblick, mein Gott, schrecklich war das, in dem Augenblick muß er sich an alles erinnert habn; denn er fahrt sofort zusammen und fangt an zu zittern, aber nicht bloß mit die Finger zittert er, nein, als ein Ganzer hat er gescheppert, daß man's bis an die Schultern kennt hat, und schon stolpert er wieder rasch auf die Tür zu. Dort ist er dann zusammengfallen. Wir haben gleich um die Rettungsgesellschaft telephoniert, und die hat ihn weggeführt, fiebrig, wie er war. Am Abend ist er gestorben, Lungenentzündung, hochgradige, hat der Doktor gesagt, und auch, daß er schon damals nicht mehr recht gewußt hat von sich, wie er noch einmal zu uns kommen ist. Es hat ihn halt nur so hergetrieben, als einen Schlafeten. Mein Gott, wenn man sechsunddreißig Jahr einmal so gesessen ist jeden Tag, dann ist eben so ein Tisch einem sein Zuhaus.«

Wir sprachen noch lange von ihm, die beiden letzten, die diesen sonderbaren Menschen gekannt, ich, dem er als jungem Mann trotz seiner mikrobenhaft winzigen Existenz die erste Ahnung eines vollkommen umschlossenen Lebens im Geiste gegeben – sie, die arme, abgeschundene Toilettenfrau, die nie ein Buch gelesen, die diesem Kameraden ihrer untern, armen Welt nur verbunden war, weil sie ihm durch fünfundzwanzig Jahre den Mantel gebürstet und die Knöpfe angenäht hatte. Und doch, wir verstanden einander wunderbar gut an seinem alten, verlassenen Tisch in der Gemeinschaft des vereint heraufbeschworenen Schattens; denn Erinnerung verbindet immer, und zwiefach jede Erinnerung in Liebe. Plötzlich mitten im Schwatzen, besann sie sich: »Jessas, wie ich vergessig bin – das Buch hab ich ja noch, das was er damals am Tisch liegen lassen hat. Wo hätt ich's ihm denn hintragen sollen? Und nachher, wie sich niemand gemeldt hat, nachher hab ich gmeint, ich dürft's mir behalten als Andenken. Nicht wahr, da ist doch nix Unrechts dabei?« Hastig brachte sie's heran aus ihrem rückwärtigen Verschlag. Und ich hatte Mühe, ein kleines Lächeln zu unterdrücken; denn gerade dem Erschütternden mengt das immer spielfreudige und manchmal ironische Schicksal das Komische gerne boshaft zu. Es war der zweite Band von Hayns *›Bibliotheca Germanorum erotica et curiosa‹*, das jedem Buchsammler wohlbekannte Kompendium galanter Literatur. Gerade dies skabröse

Verzeichnis – *habent sua fata libelli* – war als letztes Vermächtnis des hingegangenen Magiers zurückgefallen in diese abgemürbten, rot aufgesprungenen, unwissenden Hände, die wohl nie ein anderes als das Gebetbuch gehalten. Ich hatte Mühe, meine Lippen festzuklemmen gegen das unwillkürlich von innen aufdrängende Lächeln, und dies kleine Zögern verwirrte die brave Frau. Ob's am Ende was Kostbares wär, oder ob ich meinte, daß sie's behalten dürft?

Ich schüttelte ihr herzlich die Hand. »Behalten Sie's nur ruhig, unser alter Freund Mendel hätte nur Freude, daß wenigstens einer von den vielen Tausenden, die ihm ein Buch danken, sich noch seiner erinnert.« Und dann ging ich und schämte mich vor dieser braven alten Frau, die in einfältiger und doch menschlichster Art diesem Toten treu geblieben. Denn sie, die Unbelehrte, sie hatte wenigstens ein Buch bewahrt, um seiner besser zu gedenken, ich aber, ich hatte jahrelang Buchmendel vergessen, gerade ich, der ich doch wissen sollte, daß man Bücher nur schafft, um über den eigenen Atem hinaus sich Menschen zu verbinden und sich so zu verteidigen gegen den unerbittlichen Widerpart alles Lebens: Vergänglichkeit und Vergessensein.

Die Mondscheingasse

Das Schiff hatte, durch Sturm verzögert, erst spät abends in der kleinen französischen Hafenstadt landen können, der Nachtzug nach Deutschland war versäumt. So blieb ein unerwarteter Tag an fremdem Ort, ein Abend ohne andere Lockung als die einer melancholischen Damenmusik in einem vorstädtischen Vergnügungslokal oder eines eintönigen Gespräches mit den ganz zufälligen Reisegenossen. Unerträglich schien mir die Luft in dem kleinen Speiseraum des Hotels, fettig von Öl, dumpf von Rauch, und ich fühlte doppelt ihre trübe Unreinlichkeit, weil noch der reine Atem des Meeres mir salzig-kühl auf den Lippen lag. So ging ich hinaus, aufs Geratewohl die helle breite Straße entlang zu einem Platz, wo eine Bürgergardenkapelle spielte, und wieder weiter inmitten der lässig fortflutenden Woge der Spaziergänger. Anfangs tat es mir gut, dieses willenlose Geschaukeltsein in der Strömung gleichgültiger und provinziell geputzter Menschen, aber bald ertrug ich es doch nicht mehr, dieses Anwogen von fremden Leuten und ihr abgerissenes Gelächter, diese Augen, die mich angriffen, erstaunt, fremd oder grinsend, diese Berührungen, die mich unmerklich weiterschoben, dies aus tausend kleinen Quellen brechende Licht und unaufhörliche Scharren von Schritten. Die Seefahrt war bewegt gewesen, und noch gärte in meinem Blut ein taumeliges und sanft trunkenes Gefühl: noch immer spürte ich Gleiten und Wiegen unter meinen Füßen, die Erde schien wie atmend sich zu bewegen und die Straße bis hinauf in den Himmel zu schwingen. Schwindelig ward mir mit einem Male von diesem lauten Gewirr, und um mich zu retten, bog ich, ohne nach ihrem Namen zu blicken, in eine Seitenstraße ein und von da wieder in eine kleinere, in der dies sinnlose Lärmen allmählich verebbte, und ging nun ziellos weiter ins Gewirr dieser wie Adern sich verästelnden Gassen, die immer dunkler wurden, je mehr ich mich vom Hauptplatz entfernte. Die großen elektrischen Bogenlampen, diese Monde der breiten Boulevards, flammten hier nicht mehr, und über die spärliche Beleuchtung hin begann man endlich wieder die Sterne zu sehen und einen schwarzen verhangenen Himmel.

Ich mußte nahe dem Hafen sein, im Matrosenviertel, das fühlte ich an dem faulen Fischgeruch, an diesem süßlichen Duft von Tang und Fäulnis, wie ihn auch die von der Brandung ans Land gerissenen Algen haben, an dem eigentümlichen Dunst verdorbener Gerüche und ungelüfteter Stuben, der sich dumpfig in diese Winkel legt, bis einmal der große Sturm kommt und ihnen Atem bringt. Das ungewisse Dunkel tat mir wohl und die unerwartete Einsamkeit, ich verlangsamte meinen Schritt, betrachtete nun Gasse um Gasse, eine immer anders als die Nachbarin, hier eine friedfertige, dort eine buhlerische, alle aber dunkel und mit einem gedämpften Geräusch von Musik und Stimmen, das aus dem Unsichtbaren, aus der Brust ihrer Gewölbe so geheimnisvoll aufquoll, daß kaum die unterirdische Quelle zu erraten war. Denn alle waren sie verschlossen und blinzelten nur mit einem roten oder gelben Licht.

Ich liebte diese Gassen in fremden Städten, diesen schmutzigen Markt aller Leidenschaften, diese heimliche Anhäufung aller Verführungen für die Matrosen, die von einsamen Nächten auf fremden und gefährlichen Meeren hier für eine Nacht einkehren, ihre vielen und sinnlichen Träume in einer Stunde zu erfüllen. Sie müssen sich verstecken irgendwo in einer Niederung der großen Stadt, diese kleinen Seitengassen, weil sie so frech und aufdringlich sagen, was die hellen Häuser mit blanken Scheiben und vornehmen Menschen in hundert Masken verbergen. Musik klingt und lockt hier aus kleinen Stuben, Kinematographen verheißen mit grellen Plakaten ungeahnte Prächte, kleine viereckige Lichter ducken sich unter die Tore und zwinkern mit vertraulichem Gruß eine sehr deutliche Einladung zu, zwischen dem aufgetanen Spalt einer Tür schimmert nacktes Fleisch unter vergoldetem Flitter. Aus den Cafés grölen die Stimmen der Berauschten und poltert der Zank der Spieler. Die Matrosen grinsen, wenn sie hier einander begegnen, ihre stumpfen Blicke werden grell und von vieler Verheißung, denn hier ist alles, Weiber und Spiel, Trunk und Schau, das Abenteuer, das schmutzige und das große. All dies aber ist scheu und doch verräterisch gedämpft hinter den heuchlerisch gesenkten Fensterläden, alles nur innen, und diese scheinbare Verschlossenheit reizt durch die doppelte Verführung von Verborgenheit und Zugänglichkeit. Diese Straßen sind gleich in Hamburg und Colombo und Havanna, gleich da und dort wie auch die großen Avenuen des Luxus, denn das Oben und Unten des Lebens hat die gleiche Form. Letzte phantastische Reste einer sinnlich ungeregelten Welt, wo sich die Triebe noch brutal und ungezügelt entladen, ein finsterer Wald von Leidenschaften und Dickicht und voll triebhaften Getiers sind diese unbürgerlichen Straßen, erregend durch das, was sie verraten, und verlockend durch das, was sie verbergen. Man kann von ihnen träumen.

Und so war auch diese, in der ich mich mit einem Male gefangen fühlte. Aufs Geratewohl war ich ein paar Kürassieren nachgegangen, die mit ihrem nachschleifenden Säbel über das holprige Pflaster klirrten. Aus einer Bar riefen Weiber sie an, sie lachten und schrien ihnen grobe Scherze zu, einer klopfte an das Fenster, dann fluchte eine Stimme irgendwo, sie gingen weiter, das Gelächter wurde ferner, und bald hörte ich sie nicht mehr. Stumm war wieder die Gasse, ein paar Fenster blinkten unklar in einem Nebelglanz von mattem Mond. Ich stand und sog atmend diese Stille ein, die mir seltsam schien, weil hinter ihr etwas surrte von Geheimnis, Wollust und Gefahr. Deutlich spürte ich, daß dieses Schweigen eine Lüge war und unter dem trüben Dunst dieser Gasse etwas glimmerte von der Fäulnis der Welt. Aber ich stand, blieb und lauschte ins Leere. Ich fühlte die Stadt nicht mehr und die Gasse, nicht ihren Namen und nicht den meinen, empfand nur, daß ich hier fremd war, wunderbar losgelöst in einem Unbekannten stand, daß keine Absicht in mir war, keine Botschaft und keine Beziehung und ich doch all dies dunkle Leben um mich so voll fühlte wie das Blut unter der eigenen Haut. Dies Gefühl nur empfand ich, daß nichts für mich geschah und doch alles mir zugehörte, dieses seligste Gefühl des durch Anteilslosigkeit tiefsten und wahrsten Erlebens, das zu den lebendigen Quellen meines innern Wesens gehört und mich im Unbekannten immer überfällt wie eine Lust. Da plötzlich, als ich horchend in der einsamen Gasse stand, gleichsam erwartungsvoll auf irgend etwas, das geschehen müßte, etwas, das mich fortschöbe aus diesem mondsüchtigen Gefühl des Lauschens ins Leere, hörte ich, gedämpft durch Ferne oder eine Wand, sehr trübe von irgendwo ein deutsches Lied singen, jenen ganz einfältigen Reigen aus dem ›Freischütz‹: »Schöner, grüner Jungfernkranz.« Eine Frauenstimme sang ihn, sehr schlecht, aber es war doch eine deutsche Melodie, deutsch hier in einem fremden Winkel der Welt und darum verwandt in einem so eigenen Sinne. Es war von irgendwoher gesungen, aber doch, wie einen Gruß fühlte ichs, seit Wochen das erste heimatliche Wort. Wer, fragte ich mich, spricht hier meine Sprache, wen treibt eine Erinnerung von innen, in verwinkelt-verwilderter Gasse dies arme Lied sich wieder aus dem Herzen zu heben? Ich tastete der Stimme nach, ein Haus nach dem andern von all denen, die halbschlafend hier standen, mit geschlossenen Fensterläden, hinter denen es aber verräterisch blinzelte von Licht und manchmal von einer winkenden Hand. Außen klebten grelle Überschriften, schreiende Plakate, und Ale, Whisky, Bier verhieß hier eine versteckte Bar, aber alles war verschlossen, abweisend und doch wieder einladend. Und dazwischen – ein paar Schritte tönten von fern – immer wieder die Stimme, die jetzt den Refrain heller trillerte und immer näher war: schon erkannte ich das Haus. Einen Augenblick zögerte ich, dann trat ich gegen die innere Tür, die mit weißen Gardinen dicht verhangen war. Da aber, als ich mich entschlossen hinbeugte, ward etwas im Schatten des Flurs jäh lebendig, eine Gestalt, die offenbar eng an die Scheibe gepreßt dort gelauert hatte, zuckte erschrocken auf, ein Gesicht, begossen vom Rot der überhängenden Laterne und doch blaß im Entsetzen, ein Mann starrte mich mit aufgerissenen Augen an, murmelte etwas wie eine Entschuldigung und verschwand im Zwielicht der Gasse. Seltsam war dieser Gruß. Ich sah ihm nach. Etwas schien sich noch im entschwindenden Schatten der Gasse von ihm zu regen, aber undeutlich. Innen klang die Stimme noch immer, heller sogar, wie mirs schien. Das lockte mich. Ich klinkte auf und trat rasch ein.

Wie von einem Messer zerschnitten fiel das letzte Wort des Gesanges herab. Und erschrocken spürte ich eine Leere vor mir, eine Feindlichkeit des Schweigens, gleichsam als ob ich etwas zertrümmert hätte. Mählich erst fand mein Blick sich in der Stube zurecht, die fast leer war, ein Schank und ein Tisch, das Ganze offenbar nur Vorgemach zu andern Zimmern rückwärts, die mit halbgeöffneten Türen, gedämpftem Lampenschein und bereiten Betten ihre eigentliche Bestimmung rasch verrieten. Vorn am Tisch lehnte, auf den Ellbogen gestützt, ein Mädchen, geschminkt und müd, hinten am Schank die Wirtin, beleibt und schmutziggrau, mit einem andern nicht unhübschen Mädchen. Mein Gruß fiel hart in den Raum, ganz spät kam ein gelangweiltes Echo zurück. Mir wars unbehaglich, so ins Leere getreten zu sein, in ein so gespanntes ödes Schweigen, und gern wäre ich sofort wieder gegangen, doch fand meine Verlegenheit keinen Vorwand, und so setzte ich mich resigniert an den vorderen Tisch. Das Mädchen, jetzt sich seiner Pflicht besinnend, fragte mich, was ich zu trinken wünschte, und an ihrem harten Französisch erkannte ich sofort die Deutsche. Ich bestellte Bier, sie ging und kam wieder mit jenem schlaffen Gang, der noch mehr Gleichgültigkeit verriet als das Seichte ihrer Augen, die schlaff unter den Lidern glommen wie verlöschende Lichter. Ganz mechanisch stellte sie nach dem Brauch jener Stuben neben das meine ein zweites Glas für sich. Ihr Blick ging, als sie mir zutrank, leer an mir vorbei: so konnte ich sie betrachten. Ihr Gesicht war eigentlich noch schön und ebenmäßig in den Zügen, aber wie durch eine innere Ermattung maskenhaft und gemein geworden, alles fiel schlaff nieder, die Lider waren schwer, locker das Haar; die Wangen, fleckig von schlechter Schminke und verschwemmt, begannen schon nachzugeben und warfen sich mit breiter Falte bis an den Mund. Auch das Kleid war ganz lässig umgehängt, ausgebrannt die Stimme, rauh von Rauch und Bier. In allem spürte ich einen Menschen, der müde ist und nur aus Gewohnheit, gleichsam fühllos, weiterlebt. Mit Befangenheit und Grauen warf ich eine

Frage hin. Sie antwortete, ohne mich anzusehen, gleichgültig und stumpf mit kaum bewegten Lippen. Unwillkommen spürte ich mich. Rückwärts gähnte die Wirtin, das andere Mädchen saß in einer Ecke und sah her, gleichsam wartend, bis ich sie riefe. Gern wäre ich gegangen, aber alles an mir war schwer, ich saß in dieser satten, schwelenden Luft, dumpf torkelnd wie die Matrosen, gefesselt von Neugier und Grauen; denn diese Gleichgültigkeit war irgendwie aufreizend.

Da plötzlich fuhr ich auf, erschreckt von einem grellen Gelächter neben mir. Und gleichzeitig schwankte die Flamme: am Luftzug spürte ich, daß jemand die Tür hinter meinem Rücken geöffnet haben mußte. »Kommst du schon wieder?« höhnte grell und auf deutsch die Stimme neben mir. »Kriechst du schon wieder ums Haus, du Knauser du? Na, komm nur herein, ich tu dir nichts.«

Ich fuhr herum, zuerst ihr zu, die so grell diesen Gruß schrie, als bräche ihr Feuer aus dem Leib, und dann zur Tür. Und noch ehe sie ganz aufgetan war, erkannte ich die schlotternde Gestalt, erkannte den demütigen Blick dieses Menschen, der vorhin an der Tür gleichsam geklebt hatte. Er hielt den Hut verschüchtert in der Hand wie ein Bettler und zitterte unter dem grellen Gruß, unter dem Lachen, das wie ein Krampf ihre schwere Gestalt mit einem Male zu erschüttern schien und von rückwärts, vom Schanktisch, mit raschem Geflüster der Wirtin begleitet wurde.

»Dort setz dich hin, zur Françoise«, herrschte sie den Armen an, als er jetzt mit einem feigen, schlurfenden Schritt näher trat. »Du siehst, ich habe einen Herrn.«

Deutsch schrie sie ihm das zu. Die Wirtin und das Mädchen lachten laut, obwohl sie nichts verstehen konnten, aber sie schienen den Gast schon zu kennen.

»Gib ihm Champagner, Françoise, den teuern, eine Flasche!« schrie sie lachend hinüber, und wieder höhnisch zu ihm: »Ists dir zu teuer, so bleib draußen, du elender Knicker! Möchtest mich wohl umsonst anstarren, ich weiß, du möchtest alles umsonst.«

Die lange Gestalt schmolz gleichsam zusammen unter diesem bösen Lachen, der Buckel schob sich schief empor, es war, als wolle das

Gesicht sich hündisch verkriechen, und seine Hand zitterte, als er nach der Flasche griff, und verschüttete den Wein im Eingießen. Sein Blick, der immer aufwollte zu ihrem Gesicht, konnte nicht weg vom Boden und tastete dort im Kreise den Kacheln nach. Und jetzt sah ich erst deutlich unter der Lampe dies ausgemergelte Gesicht, zermürbt und fahl, die Haare feucht und dünn auf beinernem Schädel, die Gelenke lose und wie zerbrochen, eine Jämmerlichkeit ohne Kraft und doch nicht ohne Bösartigkeit. Schief, verschoben war alles in ihm und geduckt, und der Blick, den er jetzt einmal hob und gleich wieder erschreckt zurückwarf, gekreuzt von einem bösen Licht.

»Kümmern Sie sich nicht um ihn!« herrschte mich das Mädchen auf französisch an und faßte derb meinen Arm, als wolle sie mich herumreißen. »Das ist eine alte Sache zwischen mir und ihm, ist nicht von heute.« Und wieder mit blanken Zähnen, wie zum Bisse bereit, laut zu ihm hinüber: »Horch nur her, du alter Luchs! Möchtest hören, was ich rede. Daß ich eher ins Meer gehe als mit dir, habe ich gesagt.«

Wieder lachten die Wirtin und das andere Mädchen, breit und blöde. Es schien ein gewohnter Spaß für sie, ein alltäglicher Scherz. Aber mir wars unheimlich, jetzt zu sehen, wie sich dies andere Mädchen plötzlich in falscher Zärtlichkeit an ihn drängte und ihn mit Schmeicheleien abgriff, vor denen er erschauerte, ohne den Mut, sie abzuwehren, und ich erschrak, wenn sein Blick im Auftaumeln mich traf, ängstlich verlegen und kriecherisch. Und mir graute vor der Frau neben mir, die plötzlich aus ihrer Schlaffheit aufgewacht war und so voll Bosheit funkelte, daß ihre Hände zitterten. Ich warf Geld auf den Tisch und wollte fort, aber sie nahm es nicht.

»Geniert er dich, dann werfe ich ihn hinaus, den Hund. Der muß parieren. Trink noch ein Glas mit mir. Komm!«

Sie drängte sich heran mit einer jähen, fanatischen Art von Zärtlichkeit, von der ich sofort wußte, daß sie nur gespielt war, um den andern zu quälen. Bei jeder dieser Bewegungen sah sie rasch schief hinüber, und es war mir widerwärtig zu sehen, wie es in ihm bei jeder ihrer Gesten zu mir zu zucken begann, als spüre er Brandstahl an seinen Gliedern. Ohne auf sie zu achten, starrte ich einzig ihn an und schauerte, wie etwas jetzt in ihm wuchs von Wut, Zorn, Neid und Gier und sich doch gleich niederduckte, wandte sie nur den Kopf. Ganz nahe drängte sie sich nun zu mir, ich spürte ihren Körper, der zitterte von der bösen Lust dieses Spiels, und mir graute vor ihrem grellen Gesicht, das nach schlechtem Puder roch, vor dem Dunst ihres mürben Fleisches. Sie von meinem Gesicht abzuwehren, griff ich nach einer Zigarre, und während mein Blick noch den Tisch nach einem Streichholz absuchte, herrschte sie ihn schon an: »Bring Feuer her!«

Ich erschrak mehr noch als er vor dieser gemeinen Zumutung, mich zu bedienen, und mühte mich rasch, mir selbst eines zu finden. Aber schon von ihrem Worte wie mit einer Peitsche aufgeknallt, kam er mit seinen schiefen Schritten torkelnd herüber und legte rasch, als könnte er sich mit einer Berührung des Tisches verbrennen, sein Feuerzeug auf den Tisch. Eine Sekunde kreuzte ich seinen Blick: unendliche Scham lag darin und eine knirschende Erbitterung. Und dieser geknechtete Blick traf den Mann, den Bruder, in mir. Ich fühlte die Erniedrigung durch das Weib und schämte mich mit ihm.

»Ich danke Ihnen sehr«, sagte ich auf deutsch – sie zuckte auf – »Sie hätten sich nicht bemühen sollen.« Dann bot ich ihm die Hand. Ein Zögern, ein langes, dann spürte ich feuchte, knochige Finger und plötzlich krampfartig einen jähen Druck des Dankes. Eine Sekunde leuchteten seine Augen in die meinen, dann duckten sie sich wieder unter die schlaffen Lider. Aus Trotz wollte ich ihn bitten, bei uns Platz zu nehmen, und die einladende Geste mußte wohl schon in meine Hand geglitten sein, denn sie herrschte ihn eilig an: »Setz dich wieder hin und störe hier nicht!«

Da packte mich plötzlich der Ekel vor ihrer ätzenden Stimme und vor dieser Quälerei. Was sollte mir diese verräucherte Spelunke, diese widrige Dirne, dieser Schwachsinnige, dieser Qualm von Bier und Rauch und schlechtem Parfüm? Mich dürstete nach Luft. Ich schob ihr das Geld hin, stand auf und rückte energisch ab, als sie mir schmeichelnd näher kam. Es ekelte mich, mitzuspielen bei dieser Erniedrigung eines Menschen, und deutlich ließ ich durch die Entschlossenheit meiner Abwehr spüren, wie wenig sie mich sinnlich verlocken konnte. Jetzt zuckte ihr Blut bös, eine Falte kroch ihr gemein um den Mund, aber sie hütete sich doch, das Wort auszusprechen, und wandte sich mit einem Ruck unverstellten Hasses gegen ihn, der aber, des Ärgsten gewärtig, eilig und wie gejagt von ihrer Drohung in die Tasche griff und mit zitternden Fingern eine Geldbörse herauszog. Er hatte Angst, jetzt allein mit ihr zu bleiben, das war ersichtlich, und in der Hast konnte er die Knoten der Börse nicht gut lösen – eine Börse war es, gestrickt und mit Glasperlen besetzt, wie die Bauern sie tragen und die kleinen Leute. Mühelos war es zu merken, daß er ungewohnt war, Geld rasch auszugeben, sehr im Gegensatz zu den Matrosen, die es mit einem Handschwung aus den klimpernden Taschen hervorholen und auf den Tisch werfen; er mußte offenbar gewohnt sein, sorglich zu zählen und die Münzen zwischen den Fingern zu wägen. »Wie er zittert um seine lieben, süßen Pfennige! Gehts zu langsam? Wart!« höhnte sie und trat einen Schritt näher. Er schrak zurück, und sie, als sie sein Erschrecken sah, sagte, die Schultern hochziehend und mit einem unbeschreiblichen Ekel im Blick: »Ich nehm dir nichts, ich spei auf dein Geld. Weiß ja, sie sind gezählt, deine guten kleinen Pfennige, darf keiner zuviel in die Welt. Aber erst« – und sie tippte ihm plötzlich gegen die Brust – »die Papierchen, die du da eingenäht hast, daß sie dir keiner stiehlt!«

Und wirklich, wie ein Herzkranker im Krampf sich plötzlich an die Brust greift, so faßte fahl und zitternd seine Hand an eine bestimmte Stelle des Rockes, unwillkürlich tasteten seine Finger dort an das heimliche Nest und fielen dann beruhigt zurück. »Geizhals!« spie sie aus. Aber da flog plötzlich eine Glut in das Gesicht des Gemarterten, er warf die Geldbörse mit einem Ruck dem andern Mädel zu, das erst aufschrie im Schreck, dann hell lachte, und stürmte vorbei an ihr, zur Tür hinaus wie aus einem Brand.

Einen Augenblick stand sie noch aufgerichtet, hell funkelnd in ihrer bösen Wut. Dann fielen die Lider wieder schlaff herab, Mattigkeit bog den Körper aus der Spannung. Alt und müde schien sie in einer Minute zu werden. Etwas Unsicheres und Verlorenes dämpfte den Blick, der mich jetzt traf. Wie eine Trunkene, die aufwacht, dumpf mit dem Gefühl einer Schande stand sie da. »Draußen wird er jammern um sein Geld, vielleicht zur Polizei laufen, wir hätten ihn bestohlen. Und morgen ist er wieder da. Aber mich soll er doch nicht haben. Alle, nur gerade er nicht!«

Sie trat zum Schank, warf Geldstücke hin und stürzte mit einem Schwung ein Glas Branntwein hinunter. Das böse Licht glimmerte wieder in ihren Augen, aber trüb wie unter Tränen von Wut und Scham. Ekel faßte mich vor ihr und zerriß mein Mitleid. »Guten Abend«, sagte ich und ging. »Bonsoir«, antwortete die Wirtin. Sie sah sich nicht um und lachte bloß, grell und höhnisch.

Die Gasse, sie war nur Nacht und Himmel, als ich hinaustrat, eine einzige schwüle Dunkelheit mit verwölktem, unendlich fernem Glanz von Mond. Gierig trank ich die laue und doch starke Luft, und das Gefühl des Grauens löste sich in das große Erstaunen vor der Mannigfaltigkeit der Geschicke, und ich spürte wieder – ein Gefühl, das mich selig machen kann bis zu Tränen –, daß immer hinter jeder Fensterscheibe Schicksal wartet, jede Tür sich in Erlebnis auftut, allgegenwärtig das Mannigfaltige dieser Welt ist und selbst der schmutzigste Winkel noch so wimmelnd von schon gestaltetem Erleben wie die Verwesung vom eifrigen Glanz der Käfer. Fern war das Widerliche der Begegnung und das gespannte Gefühl wohltuend gelöst in eine süße Müdigkeit, die sich sehnte, all dies Gelebte in schöneren Traum zu verwandeln. Unwillkürlich blickte ich suchend um mich, den Weg nach Hause durch diese Wirrnis verwinkelter Gäßchen zu finden. Da schob sich – unhörbar mußte er nahe getreten sein – ein Schatten an mich heran.

»Verzeihen Sie« – ich erkannte sogleich die demütige Stimme – »aber ich glaube, Sie finden sich hier nicht zurecht. Darf ich ... darf ich Ihnen den Weg weisen? Der Herr wohnt ...?«

Ich nannte mein Hotel.

»Ich begleite Sie ... Wenn Sie erlauben«, fügte er sogleich demütig hinzu.

Das Grauen faßte mich wieder. Dieser schleichende, gespenstische Schritt an meiner Seite, unhörbar fast und doch hart an mir, das Dunkel der Matrosengasse und die Erinnerung des Erlebten wich allmählich einem traumhaft wirren Gefühl ohne Wertung und Widerstand. Ich spürte die Demut seiner Augen, ohne sie zu sehen, und merkte das Zucken seiner Lippen; ich wußte, daß er mit mir reden wollte, tat aber nichts dafür und nichts dagegen aus der Taumligkeit meines Empfindens, in dem die Neugier des Herzens sich mit einer körperlichen Benommenheit wogend mengte. Er räusperte sich mehrmals, ich merkte den erstickten Ansatz zum Wort, aber irgendeine Grausamkeit, die von diesem Weib geheimnisvoll auf mich übergegangen war, freute sich dieses Ringens der Scham und seelischen Not: ich half ihm nicht, sondern ließ dieses Schweigen schwarz und schwer zwischen uns. Und unsere Schritte klangen, der seine leise schlurfend und alt, der meine mit Absicht stark und rauh, dieser schmutzigen Welt zu entrinnen, wirr zusammen. Immer stärker spürte ich die Spannung zwischen uns: schrill, voll inneren Schreis war dieses Schweigen und schon wie eine übermäßig gespannte Saite, bis er es endlich – und wie entsetzlich zagend zuerst – durchriß mit einem Wort.

»Sie haben ... Sie haben ... mein Herr ... da drinnen eine merkwürdige Szene gesehen ... verzeihen Sie ... verzeihen Sie, wenn ich noch einmal davon rede ... aber sie mußte Ihnen merkwürdig sein ... und ich sehr lächerlich ... diese Frau ... es ist nämlich ...«

Er stockte wieder. Etwas würgte ihm dick die Kehle. Dann wurde seine Stimme ganz klein, und er flüsterte hastig: »Diese Frau ... es ist nämlich meine Frau.« Ich mußte aufgefahren sein im Erstaunen, denn er sprach hastig weiter, als wolle er sich entschuldigen: »Das heißt ... es war meine Frau ... vor fünf, vor vier Jahren ... in Geratzheim drüben in Hessen, wo ich zu Hause bin ... Ich will nicht, Herr, daß Sie schlecht von ihr denken ... es ist vielleicht meine Schuld, daß sie so ist. Sie war nicht immer so ... Ich ... ich habe sie gequält ... Ich habe sie genommen, obwohl sie sehr arm war, nicht einmal die Leinwand hatte sie, nichts, gar nichts ... und ich bin reich ... das heißt, vermögend ... nicht reich ... oder ich war es wenigstens damals ... und, wissen Sie, mein Herr ... ich war vielleicht – sie hat recht – sparsam ... aber früher war ich es, mein Herr, vor dem Unglück, und ich verfluche es ... aber mein Vater war so und die Mutter, alle waren so ... und ich habe hart gearbeitet um jeden Pfennig ... und sie war leicht, sie hatte gern schöne Sachen ... und war doch arm, und ich habe es ihr immer wieder vorgehalten ... Ich hätte es nicht tun sollen, ich weiß es jetzt, mein Herr, denn sie ist stolz, sehr stolz ... Sie dürfen nicht glauben, daß sie so ist, wie sie sich gibt ... das ist Lüge, und sie tut sich selber weh ... nur ... nur, um mir wehe zu tun, um mich zu quälen ... und ... weil ... weil sie sich schämt ... Vielleicht ist sie auch schlecht geworden, aber ich ... ich glaube es nicht ... denn, mein Herr, sie war sehr gut, sehr gut ...«

Er wischte sich die Augen und blieb stehen in seiner übermächtigen Erregung. Unwillkürlich blickte ich ihn an, und er schien mir mit einem Male nicht mehr lächerlich, und selbst diese merkwürdige unterwürfige Anrede ›mein Herr‹, die in Deutschland nur niederen Ständen zu eigen ist, spürte ich nicht mehr. Sein Antlitz war ganz von der inneren Bemühung zum Wort durchgebildet, und der Blick starrte, als er schwer jetzt wieder vorwärts taumelte, unverwandt auf das Pflaster, als läse er dort im schwankenden Lichte mühsam ab, was sich dem Krampf seiner Kehle so quälend entriß.

»Ja, mein Herr«, stieß er jetzt tiefatmend heraus, und mit einer ganz anderen, dunklen Stimme, die wie aus einer weicheren Welt seines Innern kam: »Sie war sehr gut ... auch zu mir, sie war sehr dankbar, daß ich sie aus ihrem Elend erlöst hatte ... und ich wußte es auch, daß sie dankbar war ... aber ... ich ... wollte es hören ... immer wieder ... immer wieder ... es tat mir gut, diesen Dank zu hören ... mein Herr, es war so, so unendlich gut, zu spüren, zu spüren, daß man besser ist ... wenn ... wenn man doch weiß, daß man der Schlechtere ist ... ich hätte all mein Geld dafür gegeben, es immer wieder zu hören ... und sie war sehr stolz und wollte es immer weniger, als sie merkte, daß ich ihn forderte, diesen Dank ... Darum ... nur darum, mein Herr, ließ ich sie immer bitten ... nie gab ich freiwillig ... es tat mir wohl, daß sie um jedes Kleid, um jedes Band kommen mußte und betteln ... drei Jahre habe ich sie so gequält, immer mehr ... aber, mein Herr, es war nur, weil ich sie liebte ... Ich hatte ihren Stolz gern, und doch wollte ich ihn immer knechten, ich Wahnsinniger, und wenn sie etwas begehrte, so war ich böse ... aber, mein Herr, ich war es gar nicht ... ich war selig jeder Gelegenheit, sie demütigen zu können, denn ... denn ich wußte gar nicht, wie ich sie liebte ...«

Wieder stockte er. Ganz torkelnd ging er. Offenbar hatte er mich vergessen. Mechanisch sprach er, wie aus dem Schlaf, mit immer lauterer Stimme.

»Das ... das habe ich erst gewußt, als ich damals ... an jenem verfluchten Tag ... ich hatte ihr Geld verweigert für ihre Mutter, ganz, ganz wenig ... das heißt, ich hatte es schon bereitgelegt, aber ich wollte, daß sie noch einmal käme ... noch einmal mich bitten ... ja, was sage ich? ... ja, damals habe ich es gewußt, als ich abends nach Hause kam und sie fort war und nur ein Zettel auf dem Tisch ... ›Behalte Dein verfluchtes Geld, ich will nichts mehr von Dir‹ ... das stand darauf, sonst nichts ... Herr, ich bin drei Tage, drei Nächte gewesen wie ein Rasender. Den Fluß habe ich absuchen lassen und den Wald, Hunderte habe ich der Polizei gegeben ... zu allen Nachbarn bin ich gelaufen, aber sie haben nur gelacht und gehöhnt ... Nichts, nichts war zu finden ... Endlich hat mir einer Nachricht gesagt vom andern Dorf ... er habe sie gesehen ... in der Bahn mit einem Soldaten ... sie sei nach Berlin gefahren ... am selben Tage bin ich ihr nachgereist ... ich habe meinen Verdienst gelassen ... Tausende habe ich verloren ... man hat mich bestohlen, meine Knechte, mein Verwalter, alle, alle ... aber, ich schwöre es Ihnen, mein Herr, es war mir gleichgültig ... Ich bin in Berlin geblieben, eine Woche hat es gedauert, bis ich sie auffand in diesem Wirbel von Menschen ... und bin zu ihr gegangen ...« Er atmete schwer.

»Mein Herr, ich schwöre es Ihnen ... kein hartes Wort habe ich ihr gesagt ... ich habe geweint ... auf den Knien habe ich gelegen ... ich habe ihr Geld geboten ... mein ganzes Vermögen, sie sollte es verwalten, denn damals wußte ich es schon ... ich kann nicht leben ohne sie. Ich liebe jedes Haar an ihr ... ihren Mund ... ihren Leib, alles, alles ... und ich bin es ja, der sie hinabgestoßen hat, ich allein ... Sie war blaß wie der Tod, als ich hereinkam, plötzlich ... ich hatte ihre Wirtin bestochen, eine Kupplerin, ein schlechtes, gemeines Weib ... wie der Kalk war sie an der Wand ... Sie hörte mich an. Herr, ich glaube, sie war ... ja, sie war beinahe froh, mich zu sehen ... aber als ich vom Gelde sprach ... und ich habe es doch nur getan, ich schwöre es Ihnen, um ihr zu zeigen, daß ich nicht mehr daran denke ... da hat sie ausgespien ... und dann ... weil ich noch immer nicht gehen wollte ... da hat sie ihren Liebhaber gerufen, und sie haben mich verlacht ... Aber, mein Herr, ich bin immer wiedergekommen, Tag für Tag. Die Hausleute haben mir alles erzählt, ich wußte, daß der Lump sie verlassen hatte und sie in Not war, und da ging ich noch einmal hin ... noch einmal, Herr, aber sie fuhr mich an und zerriß einen Schein, den ich heimlich auf den Tisch gelegt hatte, und als ich doch wiederkam, war sie fort ... Was habe ich nicht getan, mein Herr, sie wieder auszuforschen! Ein Jahr, ich schwöre es Ihnen, habe ich nicht gelebt, nur immer gespürt, habe Agenturen besoldet, bis ichs endlich erfuhr, daß sie drüben in Argentinien ... in ... in einem schlechten Hause ...« Er zögerte einen Augenblick. Wie ein Röcheln war das letzte Wort. Und dunkler wurde seine Stimme.

»Ich erschrak sehr ... zuerst ... aber dann besann ich mich, daß ich, nur ich es sei, der sie da hinabgestoßen hatte ... und ich dachte, wie sehr sie leiden müsse, die Arme ... denn stolz ist sie vor allem ... Ich ging zu meinem Anwalt, der schrieb an den Konsul und sandte Geld ... ohne daß sie erfuhr, wer es gab... nur daß sie zurückkäme. Man telegraphierte mir, daß alles gelungen sei ... ich wußte das Schiff ... und in Amsterdam wartete ich ... drei Tage zu früh war ich gekommen, so brannte ich vor Ungeduld ... Endlich kam es, ich war selig, als nur der Rauch vom Dampfer am Horizont war, und ich glaubte es nicht erwarten zu können, bis er heranfuhr und anlegte, so langsam, langsam, und dann die Passagiere über den Steg kamen und endlich, endlich sie ... Ich erkannte sie nicht gleich ... sie war anders ... geschminkt ...

und schon so ... so, wie Sie es gesehen haben ... und als sie mich warten sah ... wurde sie fahl ... Zwei Matrosen mußten sie halten, sonst wäre sie vom Steg gefallen ... Sobald sie an Land war, trat ich an ihre Seite ... ich sagte nichts ... meine Kehle war zu ... Auch sie sprach nichts ... und sah mich nicht an ... Der Träger trug das Gepäck voran, wir gingen und gingen ... Da plötzlich blieb sie stehen und sagte ... Herr, wie sie es sagte ... so schmerzend weh tat es mir, so traurig klang es ... ›Willst du mich noch immer zu deiner Frau, jetzt auch noch?‹ ... Ich faßte sie bei der Hand ... Sie zitterte, aber sie sagte nichts. Doch ich fühlte, daß nun alles wieder gut war ... Herr, wie selig ich war! Ich tanzte wie ein Kind um sie, als ich sie im Zimmer hatte, ich fiel ihr zu Füßen ... törichte Dinge muß ich gesagt haben ... denn sie lächelte unter Tränen und liebkoste mich ... ganz zaghaft natürlich nur ... aber, Herr ... wie es mir wohltat ... mein Herz zerfloß. Ich lief treppauf, treppab, bestellte ein Diner im Hotel ... unser Vermählungsmahl ... ich half ihr, sich anzuziehen ... und wir gingen hinab, wir aßen und tranken und waren fröhlich ... Oh, so heiter war sie, ein Kind, so warm und gut, und sie sprach von Hause ... und wie wir alles nun wieder besorgen wollten ... Da ...« Seine Stimme wurde plötzlich rauh, und er machte mit der Hand eine Geste, als ob er jemanden zerbrechen wollte. »Da ... da war ein Kellner ... ein schlechter, gemeiner Mensch ... der glaubte, ich sei trunken, weil ich toll war und tanzte und mich überkollerte beim Lachen ... während ich doch nur so glücklich war ... oh, so glücklich, und da ... als ich bezahlte, gab er mir zwanzig Francs zu wenig zurück ... Ich fuhr ihn an und verlangte den Rest ... er war verlegen und legte das Goldstück hin ... Da ... da begann sie auf einmal grell zu lachen ... Ich starrte sie an, aber es war ein anderes Gesicht ... höhnisch, hart und böse mit einem Male ... ›Wie genau du noch immer bist ... selbst an unserem Vermählungstag!‹ sagte sie ganz kalt, so scharf, so ... mitleidig. Ich erschrak und verfluchte meine Peinlichkeit ... ich gab mir Mühe, wieder zu lachen ... aber ihre Heiterkeit war weg ... war tot ... Sie verlangte ein eigenes Zimmer ... was hätte ich ihr nicht gewährt ... und ich lag allein die Nacht und sann nur nach, was ihr kaufen am nächsten Morgen ... sie beschenken ... ihr zeigen, daß ich nicht geizig sei ... nie mehr gegen sie. Und am Morgen ging ich aus, ein Armband kaufte ich, ganz früh, und als ich in ihr Zimmer trat ... da war ... da war es leer ... ganz wie damals. Und ich wußte, auf dem Tisch würde ein Zettel liegen ... ich lief weg und betete zu Gott, es möge nicht wahr sein ... aber ... aber ... er lag doch dort ... Und darauf stand ...« Er zögerte. Unwillkürlich war ich stehengeblieben und sah ihn an. Er duckte den Kopf. Dann flüsterte er heiser:

»Es stand darauf ... ›Laß mich in Frieden. Du bist mir widerlich –‹«

Wir waren beim Hafen angelangt, und plötzlich rauschte in das Schweigen der grollende Atem der nahen Brandung. Mit blinkenden Augen wie große schwarze Tiere lagen die Schiffe da, nah und ferne, und von irgendwo kam Gesang. Nichts war deutlich und doch vieles zu fühlen, ein ungeheurer Schlaf und der schwere Traum einer starken Stadt.

Neben mir spürte ich den Schatten dieses Menschen, er zuckte gespenstisch vor meinen Füßen, floß bald auseinander, bald kroch er zusammen im wandelnden Licht der trüben Laternen. Ich vermochte nichts zu sagen, nicht Trost, und hatte keine Frage, spürte aber sein Schweigen an mir kleben, lastend und dumpf. Da faßte er mich plötzlich zitternd am Arm.

»Aber ich gehe nicht fort von hier ohne sie ... Nach Monaten habe ich sie wiedergefunden ... Sie martert mich, aber ich will nicht müde werden ... Ich beschwöre Sie, mein Herr, reden Sie mit ihr ... Ich muß sie haben, sagen Sie es ihr ... mich hört sie nicht ... Ich kann nicht mehr so leben ... Ich kann es nicht mehr sehen, wie Männer zu ihr gehen ... und draußen warten vor dem Haus, bis sie wieder herunterkommen ... lachend und trunken ... Die ganze Gasse kennt mich schon ... sie lachen, wenn sie mich warten sehen ... wahnsinnig werde ich davon ... und doch, jeden Abend stehe ich wieder dort ... Mein Herr, ich beschwöre Sie ... sprechen Sie mit ihr ... ich kenne Sie ja nicht, aber tun Sie es um Gottes Barmherzigkeit ... sprechen Sie mit ihr ...«

Unwillkürlich wollte ich meinen Arm befreien. Mir graute. Aber er, wie ers spürte, daß ich mich gegen sein Unglück wehrte, fiel plötzlich mitten auf der Straße in die Knie und faßte meine Füße.

»Ich beschwöre Sie, mein Herr ... Sie müssen mit ihr sprechen ... Sie müssen ... sonst ... sonst geschieht etwas Furchtbares ... Ich habe mein ganzes Geld verbraucht, sie zu suchen, und ich lasse sie nicht hier ... nicht lebendig ... Ich habe mir ein Messer gekauft ... Ich habe ein Messer, mein Herr ... Ich lasse sie hier nicht mehr ... nicht lebendig ... ich ertrage es nicht ... Sprechen Sie mit ihr, mein Herr ...«

Er wälzte sich wie rasend vor mir. In diesem Augenblick kamen zwei Polizisten die Straße her. Ich riß ihn mit Gewalt auf. Einen Augenblick starrte er mich entgeistert an. Dann sagte er mit ganz fremder, trockener Stimme:

»Die Gasse dort biegen Sie ein. Dann sind Sie bei Ihrem Hotel.« Einmal noch starrte er mich an mit Augen, in denen die Pupillen zerschmolzen schienen in ein grauenhaft Weißes und Leeres. Dann verschwand er.

Ich wickelte mich in meinen Mantel. Mich fröstelte. Nur Müdigkeit spürte ich, eine wirre Trunkenheit, gefühllos und schwarz, einen wandelnden, purpurnen Schlaf. Ich wollte etwas denken und all das besinnen, aber immer hob sich diese schwarze Welle von Müdigkeit aus mir und riß mich mit. Ich tastete ins Hotel, fiel hin ins Bett und schlief dumpf wie ein Tier.

Am nächsten Morgen wußte ich nicht mehr, was davon Traum oder Erlebnis war, und irgend etwas in mir wehrte sich dagegen, es zu wissen. Spät war ich erwacht, fremd in fremder Stadt, und ging, eine Kirche zu besehen, in der antike Mosaiken von großem Ruhme sein sollten. Aber meine Augen starrten sie leer an, immer deutlicher stieg die Begegnung der vergangenen Nacht auf, und ohne Widerstand triebs mich weg, ich suchte die Gasse und das Haus. Aber diese seltsamen Gassen leben nur des Nachts, am Tage tragen sie graue, kalte Masken, unter denen nur der Vertraute sie erkennt. Ich fand sie nicht, so sehr ich suchte. Müde und enttäuscht kam ich heim, verfolgt von den Bildern des Wahns oder der Erinnerung.

Um neun Uhr abends ging mein Zug. Mit Bedauern ließ ich die

Stadt. Ein Träger hob mein Gepäck auf und trug es vor mir her dem Bahnhof zu. Da plötzlich, an einer Kreuzung, riß michs herum; ich erkannte die Quergasse, die zu jenem Hause führte, hieß den Träger warten und ging – während er zuerst erstaunt und dann frechvertraulich lachte – noch einen Blick zu tun in die Gasse des Abenteuers.

Dunkel lag sie da, dunkel wie gestern, und im matten Mond sah ich die Türscheibe jenes Hauses glänzen. Noch einmal wollte ich näher treten, da raschelte eine Gestalt aus dem Dunkel. Schauernd erkannte ich ihn, der dort auf der Schwelle hockte und mir winkte, ich möge näher kommen. Doch ein Grauen faßte mich, ich flüchtete rasch, aus der feigen Angst, hier verstrickt zu werden und meinen Zug zu versäumen.

Aber dann, an der Ecke, ehe ich mich wandte, sah ich noch einmal zurück. Als mein Blick ihn traf, gab er sich einen Ruck, raffte sich auf und sprang gegen die Tür. Metall blitzte in seiner Hand, da er sie jetzt eilig aufriß: ich konnte aus der Ferne nicht unterscheiden, ob es Geld war oder das Messer, das im Mondlicht zwischen seinen Fingern verräterisch glitzerte …

Unvermutete Bekanntschaft mit einem Handwerk

Herrlich an jenem merkwürdigen Aprilmorgen 1931 war schon die nasse, aber bereits wieder durchsonnte Luft. Wie ein Seidenbonbon schmeckte sie süß, kühl, feucht und glänzend, gefilterter Frühling, unverfälschtes Ozon, und mitten auf dem Boulevard de Strasbourg atmete man überrascht einen Duft von aufgebrochenen Wiesen und Meer. Dieses holde Wunder hatte ein Wolkenbruch vollbracht, einer jener kapriziösen Aprilschauer, mit denen der Frühling sich oftmals auf ungezogenste Weise anzukündigen pflegt. Unterwegs schon war unser Zug einem dunklen Horizont nachgefahren, der vom Himmel schwarz in die Felder schnitt; aber erst bei Meaux – schon streuten sich die Spielzeugwürfel der Vorstadthäuser ins Gelände, schon bäumten sich schreiend die ersten Plakattafeln aus dem verärgerten Grün, schon raffte die betagte Engländerin mir gegenüber im Coupé ihre vierzehn Taschen und Flaschen und Reiseetuis zusammen – da platzte sie endlich auf, jene schwammige, vollgesogene Wolke, die bleifarben und böse seit Epernay mit unserer Lokomotive um die Wette lief. Ein kleiner blasser Blitz gab das Signal, und sofort stürzten mit Trompetengeprassel kriegerische Wassermassen herab, um unseren fahrenden Zug mit nassem Maschinengewehrfeuer zu bestreichen. Schwer getroffen weinten die Fensterscheiben unter den klatschenden Schlägen des Hagels, kapitulierend senkte die Lokomotive ihre graue Rauchfahne zur Erde. Man sah nichts mehr, man hörte nichts als dies erregt triefende Geprassel auf Stahl und Glas, und wie ein gepeinigtes Tier lief der Zug, dem Wolkenbruch zu entkommen, über die blanken Schienen. Aber siehe da, noch stand man, glücklich angelangt, unter dem Vorbau des Gare de l'Est und wartete auf den Gepäckträger, da blitzte hinter dem grauen Schnürboden des Regens schon wieder hell der Prospekt des Boulevards auf; ein scharfer Sonnenstrahl stieß seinen Dreizack durch das entflüchtende Gewölk, und sofort blinkten die Häuserfassaden wie poliertes Messing, und der Himmel leuchtete in ozeanischem Blau. Goldnackt wie Aphrodite Anadyomene aus den Wogen, so stieg die Stadt aus dem niedergestreiften Mantel des Regens, ein göttlicher Anblick. Und sofort, mit einem Flitz, stoben rechts und links aus hundert Unterschlupfen und Verstecken die Menschen auf die Straße, schüttelten sich, lachten und liefen ihren Weg, der zurückgestaute Verkehr rollte, knarrte, schnarrte und fauchte wieder mit hundert Vehikeln quirlend durcheinander, alles atmete und freute sich des zurückgegebenen Lichtes. Selbst die hektischen Bäume des Boulevards, festgerammt im harten Asphalt, griffen, noch ganz begossen und betropft, wie sie waren, mit ihren kleinen, spitzen Knospenfingern in den neuen, sattblauen Himmel und versuchten ein wenig zu duften. Wahrhaftig, es gelang ihnen. Und Wunder über Wunder: man spürte deutlich ein paar Minuten das dünne, ängstliche Atmen der Kastanienblüten mitten im Herzen von Paris, mitten auf dem Boulevard de Strasbourg.

Und zweite Herrlichkeit dieses gesegneten Apriltages: ich hatte, frisch angekommen, keine einzige Verabredung bis tief hinein in den Nachmittag. Niemand von den viereinhalb Millionen Stadtbürgern von Paris wußte von mir oder wartete auf mich, ich war also göttlich frei, zu tun, was ich wollte. Ich konnte ganz nach meinem Belieben entweder spazieren schlendern oder Zeitung lesen, konnte in einem Café sitzen oder essen oder in ein Museum gehen, Auslagen anschauen oder die Bücher des Quais, ich konnte Freunde antelephonieren oder bloß in die laue, süße Luft hineinstarren. Aber glücklicherweise tat ich aus wissendem Instinkt das Vernünftigste: nämlich nichts. Ich machte keinerlei Plan, ich gab mich frei, schaltete jeden Kontakt auf Wunsch und Ziel ab und stellte meinen Weg ganz auf die rollende Scheibe des Zufalls, das heißt, ich ließ mich treiben, wie mich die Straße trieb, locker vorbei an den blitzenden Ufern der Geschäfte und rascher über die Stromschnellen der Straßenübergänge. Schließlich warf mich die Welle hinab in die großen Boulevards; ich landete wohlig müde auf der Terrasse eines Cafés, Ecke Boulevard Haussmann und Rue Drouot.

Da bin ich wieder, dachte ich, locker in den nachgiebigen Strohsessel gelehnt, während ich mir eine Zigarre anzündete, und da bist du, Paris! Zwei ganze Jahre haben wir alten Freunde einander nicht gesehen, jetzt wollen wir uns fest in die Augen schauen. Also vorwärts, leg los, Paris, zeig, was du seitdem dazugelernt hast, vorwärts, fang an, laß deinen unübertrefflichen Tonfilm *»Les Boulevards de Paris«* vor mir abrollen, dies Meisterwerk von Licht und Farbe und Bewegung mit seinen tausend und tausend unbezahlten und unzählbaren Statisten, und mach dazu deine unnachahmliche, klirrende, ratternde, brausende Straßenmusik! Spar nicht, gib Tempo, zeig, was du kannst, zeig, wer du bist, schalte dein großes Orchestrion ein mit atonaler, pantonaler Straßenmusik, laß deine Autos fahren, deine Camelots brüllen, deine Plakate knallen, deine Hupen dröhnen, deine Geschäfte funkeln, deine Menschen laufen – hier sitze ich, aufgetan wie nur je, und habe Zeit und Lust dir zuzuschauen, dir zuzuhören, bis mir die Augen schwirren und das Herz dröhnt. Vorwärts, vorwärts, spar nicht, verhalte dich nicht, gib mehr und immer mehr, wilder und immer wilder, immer andere und immer neue Schreie und Rufe, Hupen und zersplitterte Töne, mich macht es nicht müd, denn alle Sinne stehen dir offen, vorwärts und vorwärts, gib dich ganz mir hin, so wie ich bereit bin, ganz mich dir hinzugeben, du unerlernbare und immer wieder neu bezaubernde Stadt!

Denn – und dies war die dritte Herrlichkeit dieses außerordentlichen Morgens – ich fühlte schon an einem gewissen Prickeln in den Nerven, daß ich wieder einmal meinen Neugiertag hatte, wie meist nach einer Reise oder einer durchwachten Nacht. An solchen Neugiertagen bin ich gleichsam doppelt und sogar vielfach ich selbst; ich habe dann nicht genug an meinem eigenen umgrenzten Leben, mich drängt, mich spannt etwas von innen, als müßte ich aus meiner Haut herausschlüpfen wie der Schmetterling aus seiner Puppe. Jede Pore dehnt sich, jeder Nerv krümmt sich zu einem feinen, glühenden Enterhaken, eine fanatische Hellhörigkeit, Hellsichtigkeit überkommt mich, eine fast unheimliche Luzidität, die mir Pupille und Trommelfell schärfer spannt. Alles wird mir geheimnisvoll, was ich mit dem

Blick berühre. Stundenlang kann ich einem Straßenarbeiter zusehen, wie er mit dem elektrischen Bohrer den Asphalt aufstemmt, und so stark spüre ich aus dem bloßen Beobachten sein Tun, daß jede Bewegung seiner durchschütterten Schulter unwillkürlich in die meine übergeht. Endlos kann ich vor irgendeinem fremden Fenster stehen und mir das Schicksal des unbekannten Menschen ausphantasieren, der vielleicht hier wohnt oder wohnen könnte, stundenlang irgendeinem Passanten zusehen und nachgehen, von Neugier magnetisch-sinnlos nachgezogen und voll bewußt dabei, daß dieses Tun völlig unverständlich und narrhaft wäre für jeden anderen, der mich zufällig beobachtete, und doch ist diese Phantasie und Spiellust berauschender für mich als jedes schon gestaltete Theaterstück oder das Abenteuer eines Buches. Mag sein, daß dieser Überreiz, diese nervöse Hellsichtigkeit sehr natürlich mit der plötzlichen Ortsveränderung zusammenhängt und nur Folge ist der Umstellung des Luftdruckes und der dadurch bedingten chemischen Umschaltung des Blutes – ich habe nie versucht, mir diese geheimnisvolle Erregtheit zu erklären. Aber immer, wenn ich sie fühle, scheint mir mein sonstiges Leben wie ein blasses Hindämmern und alle anderen durchschnittlichen Tage nüchtern und leer. Nur in solchen Augenblicken spüre ich mich und die phantastische Vielfalt des Lebens völlig.

So ganz aus mir herausgebeugt, so spiellüstern und angespannt saß ich auch damals an jenem gesegneten Apriltag auf meinem Sesselchen am Ufer des Menschenstromes und wartete, ich wußte nicht worauf. Aber ich wartete mit dem leisen fröstelnden Zittern des Anglers auf jenen gewissen Ruck, ich wußte instinkthaft, daß mir irgend etwas, irgend jemand begegnen mußte, weil ich so tauschgierig, so rauschgierig war, meiner Neugierlust etwas zum Spielen heranzuholen. Aber die Straße warf mir vorerst nichts zu, und nach einer halben Stunde wurden meine Augen der vorbeigewirbelten Massen müde, ich nahm nichts einzelnes mehr deutlich wahr. Die Menschen, die der Boulevard vorbeispülte, begannen für mich ihre Gesichter zu verlieren, sie wurden ein verschwommener Schwall von gelben, braunen, schwarzen, grauen Mützen, Kappen und Käppis, leeren und schlecht geschminkten Ovalen, ein langweiliges Spülicht schmutzigen Menschenwassers, das immer farbloser und grauer strömte, je ermüdeter ich blickte. Und schon war ich erschöpft, wie von einem undeutlich zuckenden und schlecht kopierten Film, und wollte aufstehen und weiter. Da endlich, da endlich entdeckte ich ihn.

Er fiel mir zuerst auf, dieser fremde Mensch, dank der simplen Tatsache, daß er immer wieder in mein Blickfeld kam. Alle die andern Tausende und Tausende Menschen, welche mir diese halbe Stunde vorüberschwemmte, stoben wie von unsichtbaren Bändern weggerissen fort, sie zeigten hastig ein Profil, einen Schatten, einen Umriß, und schon hatte die Strömung sie für immer mitgeschleppt. Dieser eine Mensch aber kam immer wieder und immer an dieselbe Stelle; deshalb bemerkte ich ihn. So wie die Brandung manchmal mit unbegreiflicher Beharrlichkeit eine einzige schmutzige Alge an den Strand spült und sofort mit ihrer nassen Zunge wieder zurückschluckt, um sie gleich wieder hinzuwerfen und zurückzunehmen, so schwemmte diese eine Gestalt immer wieder mit dem Wirbel heran, und zwar jedesmal in gewissen, fast regelmäßigen Zeitabständen und immer an derselben Stelle und immer mit dem gleichen geduckten, merkwürdig überdeckten Blick. Ansonsten erwies sich dieses Stehaufmännchen als keine große Sehenswürdigkeit; ein dürrer, ausgehungerter Körper, schlecht eingewickelt in ein kanariengelbes Sommermäntelchen, das ihm sicher nicht eigens auf den Leib geschneidert war, denn die Hände verschwanden ganz unter den überhängenden Ärmeln; es war in lächerlichem Maße zu weit, überdimensional, dieses kanariengelbe Mäntelchen einer längstverschollenen Mode, für dies dünne Spitzmausgesicht mit den blassen, fast ausgelöschten Lippen, über denen ein blondes Bürstchen wie ängstlich zitterte. Alles an diesem armen Teufel schlotterte falsch und schlapp – schiefschultrig mit dünnen Clownbeinen schlich er bekümmerten Gesichts bald von rechts, bald von links aus dem Wirbel, blieb dann anscheinend ratlos stehen, sah ängstlich auf wie ein Häschen aus dem Hafer, schnupperte, duckte sich und verschwand neuerdings im Gedränge. Außerdem – und dies war das zweite, das mir auffiel –

schien dieses abgeschabte Männchen, das mich irgendwie an einen Beamten aus einer Gogolschen Novelle erinnerte, stark kurzsichtig oder besonders ungeschickt zu sein, denn zweimal, dreimal, viermal beobachtete ich, wie eiligere, zielbewußtere Passanten dies kleine Stückchen Straßenelend anrannten und beinahe umrannten. Aber dies schien ihn nicht sonderlich zu bekümmern; demütig wich er zur Seite, duckte sich und schlüpfte neuerdings vor und war immer da, immer wieder, jetzt vielleicht schon zum zehnten- oder zwölftenmal in dieser knappen halben Stunde.

Nun, das interessierte mich. Oder vielmehr, ich ärgerte mich zuerst, und zwar über mich selbst, daß ich, neugierig, wie ich an diesem Tage war, nicht gleich erraten konnte, was dieser Mensch hier wollte. Und je vergeblicher ich mich bemühte, desto ärgerlicher wurde meine Neugier. Donnerwetter, was suchst du eigentlich, Kerl? Auf was, auf wen wartest du da? Ein Bettler, das bist du nicht, der stellt sich nicht so tolpatschig mitten ins dickste Gewühl, wo niemand Zeit hat, in die Tasche zu greifen. Ein Arbeiter bist du auch nicht, denn die haben Schlag elf Uhr vormittags keine Gelegenheit, hier so lässig herumzulungern. Und auf ein Mädchen wartest du schon gar nicht, mein Lieber, denn solch einen armseligen Besenstiel sucht sich nicht einmal die Älteste und Abgetakeltste aus. Also Schluß, was suchst du da? Bist du vielleicht einer jener obskuren Fremdenführer, die, von der Seite leise anschleichend, unter dem Ärmel obszöne Photographien herausvoltigieren und dem Provinzler alle Herrlichkeiten Sodoms und Gomorras für einen Bakschisch versprechen? Nein, auch das nicht, denn du sprichst ja niemanden an, im Gegenteil, du weichst jedem ängstlich aus mit deinem merkwürdig geduckten und gesenkten Blick. Also zum Teufel, was bist du, Duckmäuser? Was treibst du da in meinem Revier? Schärfer und schärfer nahm ich ihn aufs Korn, in fünf Minuten war es für mich schon Passion, schon Spiellust geworden, herauszubekommen, was dieses kanariengelbe Stehaufmännchen hier auf dem Boulevard wollte. Und plötzlich wußte ich es: es war ein Detektiv.

Ein Detektiv, ein Polizist in Zivil, ich erkannte das instinktiv an einer ganz winzigen Einzelheit, an jenem schrägen Blick, mit dem er jeden einzelnen Vorübergehenden hastig visitierte, jenem unverkennbaren Agnoszierungsblick, den die Polizisten gleich im ersten Jahre ihrer Ausbildung lernen müssen. Dieser Blick ist nicht einfach, denn einerseits muß er rapid wie ein Messer die Naht entlang von unten den ganzen Körper herauflaufen bis zum Gesicht und mit diesem erhellenden Blinkfeuer einerseits die Physiognomie erfassen und anderseits innerlich mit dem Signalement bekannter und gesuchter Verbrecher vergleichen. Zweitens aber – und das ist vielleicht noch schwieriger – muß dieser Beobachtungsblick ganz unauffällig eingeschaltet werden, denn der Spähende darf sich nicht als Späher vor dem andern verraten. Nun, dieser mein Mann hatte seinen Kurs ausgezeichnet absolviert; duselig wie ein Träumer schlich er scheinbar gleichgültig durch das Gedränge, ließ sich lässig stoßen und schieben, aber zwischendurch schlug er dann immer plötzlich – es war wie der Blitz eines photographischen Verschlusses – die schlaffen Augenlider auf und stieß zu wie mit einer Harpune. Niemand ringsum schien ihn bei seinem amtlichen Handwerk zu beobachten, und auch ich selber hätte nichts bemerkt, wäre dieser gesegnete Apriltag nicht glücklicherweise auch mein Neugiertag gewesen und ich so lange und ingrimmig auf der Lauer gelegen.

Aber auch sonst mußte dieser heimliche Polizist ein besonderer Meister seines Faches sein, denn mit wie raffinierter Täuschungskunst hatte er es verstanden, Gehaben, Gang, Kleidung oder vielmehr die Lumpen eines richtigen Straßentrotters für seinen Vogelfängerdienst nachzuahmen. Ansonsten erkennt man Polizisten in Zivilkleidung unweigerlich auf hundert Schritte Distanz, weil diese Herren sich in allen Verkleidungen nicht entschließen können, den letzten Rest ihrer amtlichen Würde abzulegen, niemals lernen sie bis zur täuschenden Vollkommenheit jenes scheue, ängstliche Geducktsein, das all den Menschen ganz natürlich in den Gang fällt, denen jahrzehntelange Armut die Schultern drückt. Dieser aber, Respekt, hatte die Verlotterung eines Stromers geradezu stinkend wahrgemacht und bis ins letzte Detail die Vagabundenmaske durchgearbeitet. Wie psychologisch richtig schon dies, daß der kanariengelbe Überzieher, der etwas schiefgelegte braune Hut mit letzter Anstrengung eine gewisse Eleganz markierte, während unten die zerfransten Hosen und oben der abgestoßene Rock das nackte Elend durchschimmern ließen: als geübter Menschenjäger mußte er beobachtet haben, daß die Armut, diese gefräßige Ratte, jedes Kleidungsstück zunächst an den Rändern anknabbert. Auf eine derart triste Garderobe war auch die verhungerte Physiognomie vortrefflich charakteristisch abgestimmt, das dünne Bärtchen (wahrscheinlich angeklebt), die schlechte Rasur, die künstlich verwirrten und zerknitterten Haare, die jeden Unvoreingenommenen hätten schwören lassen, dieser arme Teufel habe die letzte Nacht auf einer Bank verbracht oder auf einer Polizeipritsche. Dazu noch ein kränkliches Hüsteln mit vorgehaltener Hand, das frierende Zusammenziehen des Sommermäntelchens, das schleicherisch leise Gehen, als stecke Blei in den Gliedern; beim Zeus: hier hatte ein Verwandlungskünstler ein vollendetes klinisches Bild von Schwindsucht letzten Grades geschaffen.

Ich schäme mich nicht einzugestehen: ich war begeistert von der großartigen Gelegenheit, hier einen offiziellen Polizeibeobachter privat zu beobachten, obwohl ich es in einer anderen Schicht meines Gefühls zugleich niederträchtig fand, daß an einem solchen gesegneten Azurtag mitten unter Gottes freundlicher Aprilsonne hier ein verkleideter pensionsberechtigter Staatsangestellter nach irgendeinem armen Teufel angelte, um ihn aus diesem sonnenzitternden Frühlingslicht in irgendeinen Kotter zu schleppen. Immerhin, es war erregend, ihm zu folgen, immer gespannter beobachtete ich jede seiner Bewegungen und freute mich jedes neuentdeckten Details. Aber plötzlich zerfloß meine Entdeckungsfreude wie Gefrornes in der Sonne. Denn etwas stimmte mir nicht in meiner Diagnose, etwas paßte mir nicht. Ich wurde wieder unsicher. War das wirklich ein Detektiv? Je schärfer ich diesen sonderbaren Spaziergänger aufs Korn nahm, desto mehr bestärkte sich der Verdacht, diese seine zur Schau getragene Armseligkeit sei doch um einen Grad *zu* echt, *zu* wahr, um bloß eine Polizeiattrappe zu sein. Da war vor allem, erstes Verdachtsmoment, der Hemdkragen. Nein, etwas dermaßen Verdrecktes hebt man nicht einmal vom Müllhaufen auf, um sich's mit eigenen nackten Fingern um den Hals zu legen; so etwas trägt man nur in wirklicher verzweifeltster Verwahrlosung. Und dann – zweite Unstimmigkeit – die Schuhe, sofern es überhaupt erlaubt ist, derlei kümmerliche, in völliger Auflösung befindliche Lederfetzen noch Schuhe zu nennen. Der rechte Stiefel war statt mit schwarzen Senkeln bloß mit grobem Bindfaden zugeschnürt, während beim linken die abgelöste Sohle bei jedem Schritt aufklappte wie ein Froschmaul. Nein, auch ein solches Schuhwerk erfindet und konstruiert man sich nicht zu einer Maskerade. Vollkommen ausgeschlossen, schon gab es keinen Zweifel mehr, diese schlotterige, schleichende Vogelscheuche war kein Polizist und meine Diagnose ein Fehlschluß. Aber wenn kein Polizist, was dann? Wozu dieses ewige Kommen und Gehen und Wiederkommen, dieser von unten her geschleuderte, hastig spähende, suchende, kreisende Blick? Eine Art Zorn packte mich, daß ich diesen Menschen nicht durchschauen konnte, und am liebsten hätte ich ihn an der Schulter gefaßt: Kerl, was willst du? Kerl, was treibst du hier?

Aber mit einemmal, wie eine Zündung schlug es die Nerven entlang, ich zuckte auf, so kernschußhaft fuhr die Sicherheit in mich hinein – auf einmal wußte ich alles und nun ganz bestimmt, nun endgültig und unwiderleglich. Nein, das war kein Detektiv – wie hatte ich mich so narren lassen können? –, das war, wenn man so sagen darf, das Gegenteil eines Polizisten: es war ein Taschendieb, ein echter und rechter, ein geschulter, professioneller, veritabler Taschendieb, der hier auf dem Boulevard nach Brieftaschen, Uhren, Damentaschen und anderen Beutestücken krebsen ging. Diese seine Handwerkszugehörigkeit stellte ich zuerst fest, als ich merkte, daß er gerade dort dem Gedränge zutrieb, wo es am dicksten war, und nun verstand ich auch seine scheinbare Tolpatschigkeit, sein Anrennen und Anstoßen an fremde Menschen. Immer klarer, immer eindeutiger wurde mir die Situation. Denn daß er sich gerade diesen Posten vor dem Kaffeehaus und ganz nahe der Straßenkreuzung ausgesucht, hatte seinen Grund in dem

Einfall eines klugen Ladenbesitzers, der sich für sein Schaufenster einen besonderen Trick ausgesonnen hatte. Die Ware dieses Geschäftes bestand an sich zwar bloß aus ziemlich uninteressanten und wenig verlockenden Gegenständen, aus Kokosnüssen, türkischen Zuckerwaren und verschiedenen bunten Karamels, aber der Besitzer hatte die glänzende Idee gehabt, die Schaufenster nicht nur mit falschen Palmen und tropischen Prospekten orientalisch auszustaffieren, sondern mitten in dieser südlichen Pracht ließ er – vortrefflicher Einfall – drei lebendige Äffchen sich herumtreiben, die in den possierlichsten Verrenkungen hinter der Glasscheibe voltigierten, die Zähne fletschten, einander Flöhe suchten, grinsten und spektakelten und sich nach echter Affenart ungeniert und unanständig benahmen. Der kluge Verkäufer hatte richtig gerechnet, denn in dicken Trauben blieben die Vorübergehenden vor diesem Fenster kleben, insbesondere die Frauen schienen nach ihren Ausrufen und Schreien an diesem Schauspiel unermeßliches Ergötzen zu haben. Jedesmal nun, wenn sich ein gehöriges Bündel neugieriger Passanten vor diesem Schaufenster besonders dicht zusammenschob, war mein Freund schnell und schleicherisch zur Stelle. Sanft und in falsch bescheidener Art drängte er sich mitten hinein unter die Drängenden; so viel aber wußte ich immerhin schon von dieser bisher nur wenig erforschten und meines Wissens nie recht beschriebenen Kunst des Straßendiebstahls, daß Taschendiebe zum guten Griff ein gutes Gedränge ebenso notwendig brauchen wie die Heringe zum Laichen, denn nur im Gepreßt- und Geschobensein spürt das Opfer nicht die gefährliche Hand, indes sie die Brieftasche oder die Uhr mardert. Außerdem aber – das lernte ich erst jetzt zu – gehört offenbar zum rechten Coup etwas Ablenkendes, etwas, das die unbewußte Wachsamkeit, mit der jeder Mensch sein Eigentum schützt, für eine kurze Pause chloroformiert. Diese Ablenkung besorgten in diesem Falle die drei Affen mit ihrem possierlichen und wirklich amüsanten Gebaren auf unüberbietbare Art. Eigentlich waren sie, die feixenden, grinsenden, nackten Männchen, ahnungsloserweise die ständig tätigen Hehler und Komplicen dieses meines neuen Freundes, des Taschendiebes.

Ich war, man verzeihe es mir, von dieser meiner Entdeckung geradezu begeistert. Denn noch nie in meinem Leben hatte ich einen Taschendieb gesehen. Oder vielmehr, um ganz ehrlich zu bleiben, einmal in meiner Londoner Studentenzeit, als ich, um mein Englisch zu verbessern, öfters in Gerichtsverhandlungen des Zuhörens halber ging, kam ich zurecht, wie man einen rothaarigen, pickeligen Burschen zwischen zwei Policemen vor den Richter führte. Auf dem Tisch lag eine Geldbörse, Corpus delicti, ein paar Zeugen redeten und schworen, dann murmelte der Richter einen englischen Brei, und der rothaarige Bursche verschwand – wenn ich recht verstand, für sechs Monate. Das war der erste Taschendieb, den ich sah, aber – dies der Unterschied – ich hatte dabei keineswegs feststellen können, daß dies wirklich ein Taschendieb sei. Denn nur die Zeugen behaupteten seine Schuld, ich hatte eigentlich nur der juristischen Rekonstruktion der Tat beigewohnt, nicht der Tat selbst. Ich hatte bloß einen Angeklagten, einen Verurteilten gesehen und nicht wirklich den Dieb. Denn ein Dieb ist doch Dieb nur eigentlich in dem Augenblick, da er diebt, und nicht zwei Monate später, da er für seine Tat vor dem Richter steht, so wie der Dichter wesenhaft nur Dichter ist, während er schafft, und nicht etwa, wenn er ein paar Jahre hernach am Mikrophon sein Gedicht vorliest; wirklich und wahrhaft ist der Täter einzig nur im Augenblick seiner Tat. Jetzt aber war mir Gelegenheit dieser seltensten Art gegeben, ich sollte einen Taschendieb in seinem charakteristischsten Augenblick erspähen, in der innersten Wahrheit seines Wesens, in jener knappen Sekunde, die sich so selten belauschen läßt wie Zeugung und Geburt. Und schon der Gedanke dieser Möglichkeit erregte mich.

Selbstverständlich war ich entschlossen, eine so gloriose Gelegenheit nicht zu verpassen, nicht eine Einzelheit der Vorbereitung und der eigentlichen Tat zu versäumen. Ich gab sofort meinen Sessel am Kaffeehaustisch preis, hier fühlte ich mich zu sehr im Blickfeld behindert. Ich brauchte jetzt einen übersichtlichen, einen sozusagen ambulanten Posten, von dem ich ungehemmt zuspähen konnte, und wählte nach einigen Proben einen Kiosk, auf dem Plakate aller Theater von Paris buntfarbig klebten. Dort konnte ich unauffällig in die Ankündigungen vertieft scheinen, während ich in Wahrheit hinter dem Schutze der gerundeten Säule jede seiner Bewegungen auf das genaueste verfolgte. Und so sah ich mit einer mir heute kaum mehr begreiflichen Zähigkeit zu, wie dieser arme Teufel hier seinem schweren und gefährlichen Geschäft nachging, sah ihm gespannter zu, als ich mich entsinnen kann, je im Theater oder bei einem Film einem Künstler gefolgt zu sein. Denn in ihrem konzentriertesten Augenblick übertrifft und übersteigert die Wirklichkeit jede Kunstform. Vive la réalité!

Diese ganze Stunde von elf bis zwölf Uhr vormittags mitten auf dem Boulevard von Paris verging mir demnach auch wirklich wie ein Augenblick, obwohl – oder vielmehr weil – sie derart erfüllt war von unablässigen Spannungen, von unzähligen kleinen aufregenden Entscheidungen und Zwischenfällen; ich könnte sie stundenlang schildern, diese eine Stunde, so geladen war sie mit Nervenenergie, so aufreizend durch ihre Spielgefährlichkeit. Denn bis zu diesem Tag hatte ich niemals und nie auch nur in annähernder Weise geahnt, ein wie ungemein schweres und kaum erlernbares Handwerk – nein, was für eine furchtbare und grauenhaft anspannende Kunst der Taschendiebstahl auf offener Straße und bei hellem Tageslicht ist. Bisher hatte ich mit der Vorstellung: Taschendieb nichts verbunden als einen undeutlichen Begriff von großer Frechheit und Handfertigkeit, ich hatte dies Metier tatsächlich nur für eine Angelegenheit der Finger gehalten, ähnlich der Jongliertüchtigkeit oder der Taschenspielerei. Dickens hat einmal im »*Oliver Twist*« geschildert, wie dort ein Diebmeister die kleinen Jungen anlernt, ganz unmerkbar ein Taschentuch aus einem Rock zu stehlen. Oben an dem Rock ist ein Glöckchen befestigt, und wenn, während der Neuling das Tuch aus der Tasche zieht, dieses Glöckchen klingelt, dann war der Griff falsch und zu plump getan. Aber Dickens, das merkte ich jetzt, hatte nur auf das Grobtechnische der Sache geachtet, auf die Fingerkunst, wahrscheinlich hatte er einen Taschendiebstahl niemals am lebendigen Objekt beobachtet – er hatte wahrscheinlich nie Gelegenheit gehabt, zu bemerken (wie es mir jetzt durch einen glückhaften Zufall gegeben war), daß bei einem Taschendieb, der am hellichten Tage arbeitet, nicht nur eine wendige Hand im Spiel sein muß, sondern auch geistige Kräfte der Bereitschaft, der Selbstbeherrschung, eine sehr geübte, gleichzeitig kalte und blitzgeschwinde Psychologie und vor allem ein unsinniger, ein geradezu rasender Mut. Denn ein Taschendieb, dies begriff ich jetzt schon, nach sechzig Minuten Lehrzeit, muß die entscheidende Raschheit eines Chirurgen besitzen, der – jede Verzögerung um eine Sekunde ist tödlich – eine Herznaht vornimmt; aber dort, bei einer solchen Operation, liegt der Patient wenigstens schön chloroformiert, er kann sich nicht rühren, er kann sich nicht wehren, indes hier der leichte jähe Zugriff an den völlig wachen Leib eines Menschen fahren muß – und gerade in der Nähe ihrer Brieftasche sind die Menschen besonders empfindlich. Während der Taschendieb aber seinen Griff ansetzt, während seine Hand unten blitzhaft vorstößt, in eben diesem angespanntesten, aufregendsten Moment der Tat muß er überdies noch gleichzeitig in seinem Gesicht alle Muskeln und Nerven völlig beherrschen, er muß gleichgültig, beinahe gelangweilt tun. Er darf seine Erregung nicht verraten, darf nicht, wie der Gewalttäter, der Mörder, während er mit dem Messer zustößt, den Grimm seines Stoßes in der Pupille spiegeln – er muß, der Taschendieb, während seine Hand schon vorfährt, seinem Opfer klare, freundliche Augen hinhalten und demütig beim Zusammenprall sein »Pardon, Monsieur« mit unauffälligster Stimme sagen. Aber noch nicht genug an dem, daß er im Augenblick der Tat klug und wach und geschickt sein muß – schon *ehe* er zugreift, muß er seine Intelligenz, seine Menschenkenntnis bewähren, er muß als Psychologe, als Physiologe seine Opfer auf die Tauglichkeit prüfen. Denn nur die Unaufmerksamen, die Nichtmißtrauischen sind überhaupt in Rechnung zu stellen und unter diesen abermals bloß jene, die den Oberrock nicht zugeknöpft tragen, die nicht zu rasch gehen, die man also unauffällig anschleichen kann; von hundert, von fünfhundert Menschen auf der Straße, ich habe es in jener Stunde nachgezählt, kommen kaum mehr als einer oder zwei ins Schußfeld. Nur bei ganz wenigen Opfern wird sich ein vernünftiger Taschendieb überhaupt an die Arbeit wagen, und bei diesen wenigen mißlingt der Zugriff infolge der unzähligen Zufälle, die zusammenwirken müssen, meist noch in letzter Minute. Eine riesige Summe von Menschenerfahrung, von Wachsamkeit und Selbstbeherrschung ist (ich kann es bezeugen) für dieses Handwerk vonnöten, denn auch dies ist zu bedenken, daß der Dieb, während er bei seiner Arbeit mit angespannten Sinnen seine Opfer wählen und beschleichen muß, gleichzeitig mit einem anderen Sinn seiner krampfhaft angestrengten Sinne darauf zu achten hat, daß er nicht zugleich selbst bei seiner Arbeit beobachtet werde. Ob nicht ein Polizist oder ein Detektiv um die Ecke schielt oder einer der ekelhaft vielen Neugierigen, die ständig die Straße bevölkern; all dies muß er stets im Auge behalten, und ob nicht eine in der Hast übersehene Auslage seine Hand spiegelt und ihn entlarvt, ob nicht von innen aus einem Geschäft oder aus einem Fenster jemand sein Treiben überwacht. Ungeheuer ist also die Anstrengung und kaum in vernünftiger Proportion zur Gefahr, denn ein Fehlgriff, ein Irrtum kann drei Jahre, vier Jahre Pariser Boulevard kosten, ein kleines Zittern der Finger, ein vorschneller nervöser Griff die Freiheit. Taschendiebstahl am hellichten Tage auf einem Boulevard, ich weiß es jetzt, ist eine Mutleistung höchsten Ranges, und ich empfinde es seitdem als gewisse Ungerechtigkeit, wenn die Zeitungen diese Art Diebe gleichsam als die Belanglosen unter den Übeltätern in einer kleinen Rubrik mit drei Zeilen abtun. Denn von allen Handwerken, den erlaubten und unerlaubten unserer Welt, ist dies eines der schwersten, der gefährlichsten: eines, das in seinen Höchstleistungen beinahe Anspruch hat, sich Kunst zu nennen. Ich darf dies aussprechen, ich kann es bezeugen, denn ich habe es einmal, an jenem Apriltage, erlebt und mitgelebt.

Mitgelebt: ich übertreibe nicht, wenn ich dies sage, denn nur anfangs, nur in den ersten Minuten gelang es mir, rein sachlich kühl diesen Mann bei seinem Handwerk zu beobachten; aber jedes leidenschaftliche Zuschauen erregt unwiderstehlich Gefühl, Gefühl wiederum verbindet, und so begann ich mich allmählich, ohne daß ich es wußte und wollte, mit diesem Dieb zu identifizieren, gewissermaßen in seine Haut, in seine Hände zu fahren, ich war aus dem bloßen Zuschauer seelisch sein Komplice geworden. Dieser Umschaltungsprozeß begann damit, daß ich nach einer Viertelstunde Zuschauens zu meiner eigenen Überraschung bereits alle Passanten auf Diebstauglichkeit oder -untauglichkeit abmusterte. Ob sie den Rock zugeknöpft trugen oder offen, ob sie zerstreut blickten oder wach, ob sie eine beleibte Brieftasche erhoffen ließen, kurzum, ob sie arbeitswürdig für meinen neuen Freund waren oder nicht. Bald mußte ich mir sogar eingestehen, daß ich längst nicht mehr neutral war in diesem beginnenden Kampfe, sondern innerlich unbedingt wünschte, ihm möge endlich ein Griff gelingen, ja ich mußte sogar den Drang, ihm bei seiner Arbeit zu helfen, beinahe mit Gewalt niederhalten. Denn so wie der Kiebitz heftig versucht ist, mit einem leichten Ellbogenstoß den Spieler zur richtigen Karte zu mahnen, so juckte es mich geradezu, wenn mein Freund eine günstige Gelegenheit übersah, ihm zuzublinzeln: den dort geh an! Den dort, den Dicken, der den großen Blumenstrauß im Arm trägt. Oder als einmal, da mein Freund wieder einmal im Geschiebe untergetaucht war, unvermutet um die Ecke ein Polizist segelte, schien es mir meine Pflicht, ihn zu warnen, denn der Schreck fuhr mir so sehr ins Knie, als sollte ich selber gefaßt werden, ich spürte schon die schwere Pfote des Polizisten auf seiner, auf meiner Schulter. Aber – Befreiung! Da schlüpfte schon das dünne Männchen wieder herrlich schlicht und unschuldig aus dem Gedränge heraus und an der gefährlichen Amtsperson vorbei. All das war spannend, aber mir noch nicht genug, denn je mehr ich mich in diesen Menschen einlebte, je besser ich aus nun schon zwanzig vergeblichen Annäherungsversuchen sein Handwerk zu verstehen begann, desto ungeduldiger wurde ich, daß er noch immer nicht zugriff, sondern immer nur tastete und versuchte. Ich begann mich über sein tölpisches Zögern und ewiges Zurückweichen ganz redlich zu ärgern. Zum Teufel, faß doch endlich einmal straff zu, Hasenfuß! Hab doch mehr Mut! Den dort nimm, den dort! Aber nur endlich einmal los!

Glücklicherweise ließ sich mein Freund, der von meiner unerwünschten Anteilnahme nichts wußte und ahnte, keineswegs durch meine Ungeduld beirren. Denn dies ist ja allemal der Unterschied zwischen dem wahren, bewährten Künstler und dem Neuling, dem Amateur, dem Dilettanten, daß der Künstler aus vielen Erfahrungen um das notwendig Vergebliche weiß, das vor jedes wahrhafte Gelingen schicksalhaft gesetzt ist, daß er geübt ist im Warten und Sichgedulden auf die letzte, die entscheidende Möglichkeit. Genau wie der dichterisch Schaffende an tausend scheinbar lockenden und ergiebigen Einfällen gleichgültig vorübergeht (nur der Dilettant faßt gleich mit verwegener Hand zu), um alle Kraft für den letzten Einsatz zu sparen, so ging auch dieses kleine, mickrige Männchen an hundert einzelnen Chancen vorbei, die ich, der Dilettant, der Amateur in diesem Handwerk, schon als erfolgversprechend ansah. Er probte und tastete und versuchte, er drängte sich heran und hatte sicher gewiß schon hundertmal die Hand an fremden Taschen und Mänteln. Aber er griff niemals zu, sondern, unermüdlich in seiner Geduld, pendelte er mit der gleichen gut gespielten Unauffälligkeit immer wieder die dreißig Schritte zur Auslage hin und zurück, immer dabei mit einem wachen, schrägen Blick alle Möglichkeiten ausmessend und mit irgendwelchen mir, dem Anfänger, gar nicht wahrnehmbaren Gefahren vergleichend. In dieser ruhigen, unerhörten Beharrlichkeit war etwas, das mich trotz aller Ungeduld begeisterte und mir Bürgschaft bot für ein letztes Gelingen, denn gerade seine zähe Energie verriet, daß er nicht ablassen würde, ehe er nicht den siegreichen Griff getan. Und ebenso ehern war ich entschlossen, nicht früher wegzugehen, ehe ich seinen Sieg gesehen, und müßte ich warten bis Mitternacht.

So war es Mittag geworden, die Stunde der großen Flut, da plötzlich alle die kleinen Gassen und Gäßchen, die Treppen und Höfe viele kleine einzelne Wildbäche von Menschen in das breite Strombett des Boulevards schwemmen. Aus den Ateliers, den Werkstuben, den Bureaux, den Schulen, den Ämtern stürzen mit einem Stoß die Arbeiter und Nähmädchen und Verkäufer der unzähligen im zweiten, im dritten, im vierten Stock zusammengepreßten Werkstätten ins Freie; wie ein dunkler, zerflatternder Dampf quillt dann die gelöste Menge auf die Straße, Arbeiter in weißen Blusen oder Werkmänteln, die Midinettes zu zweien und dreien sich im Schwatzen unterfassend, Veilchensträußchen ans Kleid gespendelt, die kleinen Beamten mit ihren glänzenden Bratenröcken oder der obligaten Ledermappe unter dem Arm, die Packträger, die Soldaten in *bleu d'horizon*, alle die unzähligen, undefinierbaren Gestalten der unsichtbaren und unterirdischen Großstadtgeschäftigkeit. All das hat lange und allzulange in stickigen Zimmern gesessen, jetzt reckt es die Beine, läuft und schwirrt durcheinander, schnappt nach Luft, bläst sie mit Zigarrenrauch voll, drängt heraus-herein, eine Stunde lang bekommt die Straße von ihrer gleichzeitigen Gegenwart einen starken Schuß freudiger Lebendigkeit. Denn eine Stunde nur, dann müssen sie wieder hinauf hinter die verschlossenen Fenster, drechseln oder nähen, an Schreibmaschinen hämmern und Zahlenkolonnen addieren oder drucken oder schneidern und schustern. Das wissen die Muskeln, die Sehnen im Leib, darum spannen sie sich so froh und stark, und das weiß die Seele, darum genießt sie so heiter und voll die knapp bemessene Stunde; neugierig tastet und greift sie nach Helle und Heiterkeit, alles ist ihr willkommen für einen rechten Witz und eiligen Spaß. Kein Wunder, daß vor allem die Affenauslage von diesem Wunsch nach kostenloser Unterhaltung kräftig profitierte. Massenhaft scharten sich die Menschen um die verheißungsvolle Glasscheibe, voran die Midinettes, man hörte ihr Zwitschern wie aus einem zänkischen Vogelkäfig, spitz und scharf, und an sie drängten sich mit salzigen Witzen und festem Zugriff Arbeiter und Flaneure, und je dicker und dichter die Zuschauerschaft sich zum festen Klumpen ballte, desto munterer und geschwinder schwamm und tauchte mein kleiner Goldfisch im kanariengelben Überzieher bald da, bald dort durch das Geschiebe. Jetzt hielt es mich nicht länger auf meinem passiven Beobachtungsposten – jetzt galt es, ihm scharf und von nah auf die Finger zu blicken, um den eigentlichen Herzgriff des Handwerks kennenzulernen. Dies aber gab harte Mühe, denn dieser geübte Windhund hatte eine besondere Technik, sich glitschig zu machen und sich wie ein Aal durch die kleinsten Lücken eines Gedränges durchzuschlängeln – so sah ich ihn jetzt plötzlich, während er noch eben neben mir ruhig abwartend gestanden hatte, magisch verschwinden und im selben Augenblick schon ganz vorn an der Fensterscheibe. Mit einem Stoß mußte er sich durchgeschoben haben durch drei oder vier Reihen.

Selbstverständlich drängte ich ihm nach, denn ich befürchtete, er könnte, ehe ich meinerseits bis vorne ans Schaufenster gelangt sei, bereits wieder nach rechts oder links auf die ihm eigentümliche taucherische Art verschwänden sein. Aber nein, er wartete dort ganz still, merkwürdig still. Aufgepaßt! das muß einen Sinn haben, sagte ich mir sofort und musterte seine Nachbarn. Neben ihm stand eine ungewöhnlich dicke Frau, eine sichtlich arme Person. An der rechten Hand hielt sie zärtlich ein etwa elfjähriges blasses Mädchen, am linken Arm trug sie eine offene Einkaufstasche aus billigem Leder, aus der zwei der langen französischen Weißbrotstangen unbekümmert herausstießen; ganz offensichtlich war in dieser Tragtasche das Mittagessen für den Mann verstaut. Diese brave Frau aus dem Volk – kein Hut, ein greller Schal, ein kariertes selbstgeschneidertes Kleid aus grobem Kattun – war von dem Affenschauspiel in kaum zu beschreibender Weise entzückt, ihr ganzer breiter, etwas schwammiger Körper schüttelte sich dermaßen vor Lachen, daß die weißen Brote hin und her schwankten, sie schmetterte so kollernde, juchzende Stöße von Lachen aus sich heraus, daß sie bald den andern ebensoviel Spaß bereitete wie ein Äffchen. Mit der naiven Urlust einer elementaren Natur, mit der herrlichen Dankbarkeit all jener, denen im Leben wenig geboten ist, genoß sie das seltene Schauspiel: ach, nur die Armen können so wahrhaft dankbar sein, nur sie, denen es höchster Genuß des Genusses ist, wenn er nichts kostet und gleichsam vom Himmel geschenkt wird. Immer beugte sich die Gutmütige zwischendurch zu dem Kind herab, ob es nur recht genau sehe und ihm keine der Possierlichkeiten entgehe. »Rrregarrde doonc, Maarguerriete« munterte sie in ihrem breiten, meridionalen Akzent das blasse Mädchen immer wieder auf, das unter so viel fremden Menschen zu scheu war, sich laut zu freuen. Herrlich war diese Frau, diese Mutter anzusehen, eine wahre Gäatochter, Urstamm der Erde, gesunde, blühende Frucht des französischen Volkes, und man hätte sie umarmen können, diese Treffliche, für ihre schmetternde, heitere, sorglose Freude. Aber plötzlich wurde mir etwas unheimlich. Denn ich merkte, wie der Ärmel des kanariengelben Überziehers immer näher an die Einkaufstasche heranpendelte, die sorglos offen stand (nur die Armen sind sorglos).

Um Gottes willen! Du willst doch nicht dieser armen, braven, dieser unsagbar gutmütigen und lustigen Frau die schmale Börse aus dem Einkaufskorb klauen? Mit einemmal revoltierte etwas in mir. Bisher hatte ich diesen Taschendieb mit Sportfreude beobachtet, ich hatte, aus seinem Leib, aus seiner Seele heraus denkend und mitfühlend, gehofft, ja gewünscht, es möge ihm endlich für einen so ungeheuren Einsatz an Mühe, Mut und Gefahr ein kleiner Coup gelingen. Aber jetzt, da ich zum erstenmal nicht nur den Versuch des Stehlens, sondern auch den Menschen leibhaftig sah, der bestohlen werden sollte, diese rührend naive, diese selig ahnungslose Frau, die wahrscheinlich für ein paar Sous stundenlang Stuben scheuerte und Stiegen schrubbte, da kam mich Zorn an. Kerl, schieb weg! hätte ich ihm am liebsten zugeschrien, such dir jemand anderen als diese arme Frau! Und schon drängte ich mich scharf vor und an die Frau heran, um den gefährdeten Einkaufskorb zu schützen. Aber gerade während meiner vorstoßenden Bewegung wandte sich der Bursche um und drängte glatt an mir vorbei. »Pardon, Monsieur«, entschuldigte sich beim Anstreifen eine sehr dünne und demütige Stimme (zum erstenmal hörte ich sie), und schon schlüpfte das gelbe Mäntelchen aus dem Gedränge. Sofort, ich weiß nicht warum, hatte ich das Gefühl: er hat bereits zugegriffen. Nur ihn jetzt nicht aus den Augen lassen! Brutal – ein Herr fluchte hinter mir, ich hatte ihn hart auf den Fuß getreten – drückte ich mich aus dem Quirl und kam gerade noch zurecht, um zu sehen, wie das kanariengelbe Mäntelchen bereits um die Ecke des Boulevards in eine Seitengasse wehte. Ihm nach jetzt, ihm nach! Festbleiben an seinen Fersen! Aber ich mußte scharfe Schritte einschalten, denn – ich traute zuerst kaum meinen Augen –: dieses Männchen, das ich eine Stunde lang beobachtet hatte, war mit einemmal verwandelt. Während es vordem scheu und beinahe beduselt zu torkeln schien, flitzte es jetzt leicht wie ein Wiesel die Wand entlang mit dem typischen Angstschritt eines mageren Kanzlisten, der den Omnibus versäumt hat und sich eilt, ins Bureau zurecht zu kommen. Nun bestand kein Zweifel mehr für mich. Das war die Gangart nach der Tat, die Diebsgangart Nummer zwei, um möglichst schnell und unauffällig dem Tatort zu entflüchten. Nein, es bestand kein Zweifel: der Schuft hatte dieser hundearmen Person die Geldbörse aus der Einkaufstasche geklaut.

In erster Wut hätte ich beinahe Alarmsignal gegeben: Au voleur! Aber dann fehlte mir der Mut. Denn immerhin, ich hatte den faktischen Diebstahl nicht beobachtet, ich konnte ihn nicht voreilig beschuldigen. Und dann – es gehört ein gewisser Mut dazu, einen Menschen anzupacken und in Vertretung Gottes Justiz zu spielen: diesen Mut habe ich nie gehabt, einen Menschen anzuklagen und anzugeben. Denn ich weiß genau, wie gebrechlich alle Gerechtigkeit ist und welche Überheblichkeit es ist, von einem problematischen Einzelfall das Recht ableiten zu wollen in unserer verworrenen Welt. Aber während ich noch mitten im scharfen Nacheilen überlegte, was ich tun solle, wartete meiner eine neue Überraschung, denn kaum zwei Straßen weiter schaltete plötzlich dieser erstaunliche Mensch eine dritte Gangart ein. Er stoppte mit einemmal den scharfen Lauf, er duckte und drückte sich nicht mehr zusammen, sondern ging plötzlich ganz still und gemächlich, er promenierte gleichsam privat. Offenbar wußte er die Zone der Gefahr überschritten, niemand verfolgte ihn, also konnte niemand mehr ihn überweisen. Ich begriff, nun wollte er nach der ungeheuren Spannung locker atmen, er war gewissermaßen Taschendieb außer Dienst, Rentner seines Berufes, einer von den vielen Tausenden Menschen in Paris, die still und gemächlich mit einer frisch angezündeten Zigarette über das Pflaster gehen; mit einer unerschütterlichen Unschuld schlenderte das dünne Männchen ganz ausgeruhten, bequemen, lässigen Ganges über die

Chaussée d'Antin dahin, und zum erstenmal hatte ich das Gefühl, es musterte sogar die vorübergehenden Frauen und Mädchen auf ihre Hübschheit oder Zugänglichkeit.

Nun, und wohin jetzt, Mann der ewigen Überraschungen? Siehe da: in den kleinen, von jungem, knospendem Grün umbuschten Square vor der Trinité? Wozu? Ach, ich verstehe! Du willst dich ein paar Minuten ausruhen auf einer Bank, und wie auch nicht? Dieses unablässige Hinundherjagen muß dich gründlich müde gemacht haben: Aber nein, der Mann der unablässigen Überraschungen setzte sich nicht hin auf eine der Bänke, sondern steuerte zielbewußt – ich bitte jetzt um Verzeihung! – auf ein kleines, für allerprivateste Zwecke öffentlich bestimmtes Häuschen zu, dessen breite Tür er sorgfältig hinter sich schloß.

Im ersten Augenblick mußte ich blank herauslachen: endet Künstlertum an solch allmenschlicher Stelle? Oder ist dir der Schreck so arg in die Eingeweide gefahren? Aber wieder sah ich, daß die ewig possentreibende Wirklichkeit immer die amüsanteste Arabeske findet, weil sie mutiger ist als der erfindende Schriftsteller. Sie wagt unbedenklich, das Außerordentliche neben das Lächerliche zu setzen und boshafterweise das unvermeidbar Menschliche neben das Erstaunliche. Während ich – was blieb mir übrig? – auf einer Bank auf sein Wiederkommen aus dem grauen Häuschen wartete, wurde mir klar, daß dieser erfahrene und gelernte Meister seines Handwerks hierin nur mit der selbstverständlichen Logik seines Metiers handelte, wenn er vier sichere Wände um sich stellte, um seinen Verdienst abzuzählen, denn auch dies (ich hatte es vorhin nicht bedacht) gehörte zu den von uns Laien gar nicht erwägbaren Schwierigkeiten für einen berufsmäßigen Dieb, daß er rechtzeitig daran denken muß, sich der Beweisstücke seiner Beute völlig unkontrollierbar zu entledigen. Und nichts ist ja in einer so ewig wachen, mit Millionen Augen spähenden Stadt schwerer zu finden als vier schützende Wände, hinter denen man sich völlig verbergen kann; auch wer nur selten Gerichtsverhandlungen liest, erstaunt jedesmal, wie viele Zeugen bei dem nichtigsten Vorfall, bewaffnet mit einem teuflisch genauen Gedächtnis, prompt zur Stelle sind. Zerreiße auf der Straße einen Brief und wirf ihn in die Gosse: Dutzende schauen dir dabei zu, ohne daß du es ahnst, und fünf Minuten später wird irgendein müßiger Junge sich vielleicht den Spaß machen, die Fetzen wieder zusammenzusetzen. Mustere deine Brieftasche in einem Hausflur: morgen, wenn irgendeine in dieser Stadt als gestohlen gemeldet ist, wird eine Frau, die du gar nicht gesehen hast, zur Polizei laufen und eine so komplette Personsbeschreibung von dir geben wie ein Balzac. Kehr ein in ein Gasthaus, und der Kellner, den du gar nicht beachtest, merkt sich deine Kleidung, deine Schuhe, deinen Hut, deine Haarfarbe und die runde oder flache Form deiner Fingernägel. Hinter jedem Fenster, jeder Auslagenscheibe, jeder Gardine, jedem Blumentopf blicken dir ein paar Augen nach, und wenn du hundertmal selig meinst, unbeobachtet und allein durch die Straßen zu streifen, überall sind unberufene Zeugen zur Stelle, ein tausendmaschiges, täglich erneuertes Netz von Neugier umspannt unsere ganze Existenz. Vortrefflicher Gedanke darum, du gelernter Künstler, für fünf Sous dir vier undurchsichtige Wände für ein paar Minuten zu kaufen. Niemand kann dich bespähen, während du die gepaschte Geldbörse ausweidest und die anklägerische Hülle verschwinden läßt, und sogar ich, dein Doppelgänger und Mitgänger, der hier gleichzeitig erheitert und enttäuscht wartet, wird dir nicht nachrechnen können, wieviel du erbeutet hast.

So dachte ich zumindest, aber abermals kam es anders. Denn kaum daß er mit seinen dünnen Fingern die Eisentür aufgeklinkt hatte, wußte ich schon um sein Mißgeschick, als hätte ich innen das Portemonnaie mitgezählt: erbärmlich magere Beute! An der Art, wie er die Füße enttäuscht vorschob, ein müder, ausgeschöpfter Mensch, schlaff und dumpf die Augenlider über dem gesenkten Blick, erkannte ich sofort: Pechvogel, du hast umsonst gerobotet den ganzen langen Vormittag. In jener geraubten Geldtasche war zweifellos (ich hätte es dir voraussagen können) nichts Rechtes gewesen, im besten Falle zwei oder drei zerknitterte Zehnfrancsscheine – viel, viel zu wenig für diesen ungeheuren Einsatz an handwerklicher Leistung und halsbrecherischer Gefahr – viel nur leider für die unselige Aufwartefrau, die jetzt wahrscheinlich weinend in Belleville schon zum siebentenmal den herbeigeeilten Nachbarsfrauen von ihrem Mißgeschick erzählte, auf die elende Diebskanaille schimpfte und immer wieder mit zitternden Händen die ausgeraubte Einkaufstasche verzweifelt vorzeigte. Aber für den gleichfalls armen Dieb, das merkte ich mit einem Blick, war der Fang eine Niete, und nach wenigen Minuten sah ich meine Vermutung bereits bestätigt. Denn dieses Häufchen Elend, zu dem er jetzt, körperlich wie seelisch ermüdet, zusammengeschmolzen war, blieb vor einem kleinen Schuhgeschäft sehnsüchtig stehen und musterte lange die billigsten Schuhe in der Auslage. Schuhe, neue Schuhe, die brauchte er doch wirklich statt der zerlöcherten Fetzen an seinen Füßen, er brauchte sie notwendiger als die hunderttausend anderen, die heute mit guten, ganzen Sohlen oder leisem Gummidruck über das Pflaster von Paris flanierten, er benötigte sie doch geradezu für sein trübes Handwerk. Aber der hungrige und zugleich vergebliche Blick verriet deutlich: zu einem solchen Paar, wie es da, blankgewichst und mit vierundfünfzig Francs angezeichnet, in der Auslage stand, hatte jener Griff nicht gereicht: mit bleiernen Schultern bog er sich weg von dem spiegelnden Glas und ging weiter.

Weiter, wohin? Wieder auf solch halsbrecherische Jagd? Noch einmal die Freiheit wagen für eine so erbärmliche, unzulängliche Beute? Nein, du Armer, ruh wenigstens ein bißchen aus. Und wirklich, als hätte er meinen Wunsch magnetisch gefühlt, bog er jetzt ein in eine Seitengasse und blieb endlich stehen vor einem billigen Speisehaus. Für mich war es selbstverständlich, ihm nachzufolgen. Denn alles wollte ich von diesem Menschen wissen, mit dem ich jetzt seit zwei Stunden mit pochenden Adern, mit bebender Spannung lebte. Zur Vorsicht kaufte ich mir rasch noch eine Zeitung, um mich besser hinter ihr verschanzen zu können, dann trat ich, den Hut mit Absicht tief in die Stirn gedrückt, in die Gaststube ein und setzte mich einen Tisch hinter ihn. Aber unnötige Vorsicht – dieser arme Mensch hatte zur Neugier keine Kraft mehr. Ausgeleert und matt starrte er mit einem stumpfen Blick auf das weiße Gedeck, und erst als der Kellner das Brot brachte, wachten seine mageren, knochigen Hände auf und griffen gierig zu. An der Hast, mit der er zu kauen begann, erkannte ich erschüttert alles: dieser arme Mensch hatte Hunger, richtigen, ehrlichen Hunger, einen Hunger seit frühmorgens und vielleicht seit gestern schon, und mein plötzliches Mitleid für ihn wurde ganz brennend, als ihm der Kellner das bestellte Getränk brachte: eine Flasche Milch. Ein Dieb, der Milch trinkt! Immer sind es ja einzelne Kleinigkeiten, die wie ein aufflammendes Zündholz mit einem Blitz die ganze Tiefe eines Seelenraumes erhellen, und in diesem einen Augenblick, da ich ihn, den Taschendieb, das unschuldigste, das kindlichste aller Getränke, da ich ihn weiße, sanfte Milch trinken sah, hörte er sofort für mich auf, Dieb zu sein. Er war nur mehr einer von den unzähligen Armen und Gejagten und Kranken und Jämmerlichen dieser schief gezimmerten Welt, mit einmal fühlte ich mich in einer viel tieferen Schicht als jener der Neugierde ihm verbunden. In allen Formen der gemeinsamen Irdischkeit, in der Nacktheit, im Frost, im Schlaf, in der Ermüdung, in jeder Not des leidenden Leibes fällt zwischen Menschen das Trennende ab, die künstlichen Kategorien verlöschen, welche die Menschheit in Gerechte und Ungerechte, in Ehrenwerte und Verbrecher teilen, nichts bleibt übrig als das arme ewige Tier, die irdische Kreatur, die Hunger hat, Durst, Schlafbedürfnis und Müdigkeit wie du und ich und alle. Ich sah ihm zu wie gebannt, während er mit vorsichtigen kleinen und doch gierigen Schlucken die dicke Milch trank und schließlich noch die Brotkrumen zusammenscharrte, und gleichzeitig schämte ich mich dieses meines Zuschauens, ich schämte mich, jetzt schon zwei Stunden diesen unglücklichen gejagten Menschen wie ein Rennpferd für meine Neugier seinen dunklen Weg laufen zu lassen, ohne den Versuch, ihn zu halten oder ihm zu helfen. Ein unermeßliches Verlangen ergriff mich, auf ihn zuzutreten, mit ihm zu sprechen, ihm etwas anzubieten. Aber wie dies beginnen? Wie ihn ansprechen? Ich forschte und suchte bis aufs schmerzhafteste nach einer Ausrede, nach einem Vorwand, und fand ihn doch nicht. Denn so sind wir! Taktvoll bis zur Erbärmlichkeit, wo es ein Entscheidendes gilt, kühn im Vorsatz und doch jämmerlich mutlos, die dünne Luftschicht zu durchstoßen, die einen von einem anderen Menschen trennt, selbst wenn man ihn in Not weiß. Aber was ist, jeder weiß es, schwerer, als einem Menschen zu helfen, solange er nicht um Hilfe ruft, denn in diesem Nichtanrufen hat er noch einen letzten Besitz: seinen Stolz, den man nicht zudringlich verletzen darf. Nur die Bettler machen es einem leicht, und man sollte ihnen danken dafür, weil sie einem nicht den Weg zu sich sperren – dieser aber war einer von den Trotzigen, die lieber ihre persönliche Freiheit in gefahrvollster Weise einsetzen, statt zu betteln, die lieber stehlen, statt Almosen zu nehmen. Würde es ihn nicht seelenmörderisch erschrecken, drängte ich mich unter irgendeinem Vorwand und ungeschickt an ihn heran? Und dann, er saß so maßlos müde da, daß jede Störung eine Roheit gewesen wäre. Er hatte den Sessel ganz an die Mauer geschoben, so daß gleichzeitig der Körper am Sesselrücken und der Kopf an der Wand lehnte, die bleigrauen Lider für einen Augenblick geschlossen: ich verstand, ich fühlte, am liebsten hätte er jetzt geschlafen, nur zehn, nur fünf Minuten lang. Geradezu körperlich drang seine Ermüdung und Erschöpfung in mich ein. War diese fahle Farbe des Gesichtes nicht weißer Schatten einer gekalkten Gefängniszelle? Und dieses Loch im Ärmel, bei jeder Bewegung aufblitzend, verriet es nicht, daß keine Frau besorgt und zärtlich in seinem Schicksal war? Ich versuchte mir sein Leben vorzustellen: irgendwo im fünften Mansardenstock ein schmutziges Eisenbett im ungeheizten Zimmer, eine zerbrochene Waschschale, ein kleines Kofferchen als ganzen Besitz und in diesem engen Zimmer noch immer die Angst vor dem schweren Schritt des Polizisten, der die knarrenden Stufen treppauf steigt; alles sah ich in diesen zwei oder drei Minuten, da er erschöpft seinen dünnen knochigen Körper und seinen leicht greisenhaften Kopf an die Mauer lehnte. Aber der Kellner scharrte bereits auffällig die gebrauchten Gabeln und Messer zusammen: er liebte derart späte und langwierige Gäste nicht. Ich zahlte als erster und ging rasch, um seinen Blick zu vermeiden; als er wenige Minuten später auf die Straße trat, folgte ich ihm; um keinen Preis wollte ich mehr diesen armen Menschen sich selbst überlassen.

Denn jetzt war es nicht mehr wie vormittags eine spielerische und nervenmäßige Neugier, die mich an ihn heftete, nicht mehr die verspielte Lust, ein unbekanntes Handwerk kennenzulernen, jetzt spürte ich bis in die Kehle eine dumpfe Angst, ein fürchterlich drückendes Gefühl, und würgender wurde dieser Druck, sobald ich merkte, daß er den Weg abermals zum Boulevard hin nahm. Um Gottes willen, du willst doch nicht wieder vor dieselbe Auslage mit den Äffchen? Mach keine Dummheiten! Überleg's doch, längst muß die Frau die Polizei verständigt haben, gewiß wartet sie dort schon, dich gleich an deinem dünnen Mäntelchen zu fassen. Und überhaupt: laß für heute von der Arbeit! Versuch nichts Neues, du bist nicht in Form. Du hast keine Kraft mehr in dir, keinen Elan, du bist müde, und was man in der Kunst mit Müdigkeit beginnt, ist immer schlecht getan. Ruh dich lieber aus, leg dich ins Bett, armer Mensch: nur heute nichts mehr, nur nicht heute! Unmöglich zu erklären, wieso dieser Angstgedanke über mich kam, diese geradezu halluzinatorische Gewißheit, daß er beim ersten Versuch heute unbedingt ertappt werden müßte. Immer stärker wurde meine Besorgnis, je mehr wir uns dem Boulevard näherten, schon hörte man das Brausen seines ewigen Katarakts. Nein, um keinen Preis mehr vor jene Auslage, ich dulde es nicht, du Narr! Schon war ich hinter ihm und hatte die Hand bereit, ihn am Arm zu fassen, ihn zurückzureißen. Aber als hätte er abermals meinen inneren Befehl verstanden, machte mein Mann unvermuteterweise eine Wendung. Er überquerte in der Rue Drouot, eine Straße vor dem Boulevard, den Fahrdamm und ging mit einer plötzlich sicheren Haltung, als hätte er dort seine Wohnung, auf ein Haus zu. Ich erkannte sofort dieses Haus: es war das Hôtel Drouot, das bekannte Versteigerungsinstitut von Paris.

Ich war verblüfft, nun, ich weiß nicht mehr zum wievielten Mal, durch diesen erstaunlichen Mann. Denn indes ich sein Leben zu erraten mich bemühte, mußte gleichzeitig eine Kraft in ihm meinen geheimsten Wünschen entgegenkommen. Von den hunderttausend Häusern dieser fremden Stadt Paris hatte ich mir heute morgens vorgenommen, gerade in dieses eine Haus zu gehen, weil es mir immer die anregendsten, kenntnisreichsten und zugleich amüsantesten Stunden schenkt. Lebendiger als ein Museum und an manchen Tagen ebenso reich an Schätzen, jederzeit abwechslungsvoll, immer anders, immer dasselbe, liebe ich dieses äußerlich so unscheinbare Hôtel Drouot als eines der schönsten Schaustücke, denn es stellt in überraschender Verkürzung die ganze Sachwelt des Pariser Lebens dar. Was sonst in den verschlossenen Wänden einer Wohnung sich zu einem organischen Ganzen bindet, liegt hier zu zahllosen Einzeldingen zerhackt und aufgelöst wie in einem Fleischerladen der zerstückelte Leib eines riesigen Tieres, das Fremdeste und Gegensätzlichste, das Heiligste und das Alltäglichste ist hier durch die gemeinste aller Gemeinsamkeiten gebunden: alles, was hier zur Schau liegt, will zu Geld werden. Bett und Kruzifix und Hut und Teppich, Uhr und Waschschüssel, Marmorstatuen von Houdon und Tombakbestecke, persische Miniaturen und versilberte Zigarettendosen, schmutzige Fahrräder neben Erstausgaben von Paul Valéry, Grammophone neben gotischen Madonnen, Bilder von van Dyck Wand an Wand mit schmierigen Öldrucken, Sonaten Beethovens neben zerbrochenen Öfen, das Notwendigste und das Überflüssigste, der niedrigste Kitsch und die kostbarste Kunst, groß und klein und echt und falsch und alt und neu, alles, was je von Menschenhand und Menschengeist erschaffen wurde, das Erhabenste wie das Stupideste, strömt in diese Auktionsretorte, die grausam gleichgültig alle Werte dieser riesigen Stadt in sich zieht und wieder ausspeit. Auf diesem unbarmherzigen Umschlagplatz aller Werte zu Münze und Zahl, auf diesem riesigen Krammarkt menschlicher Eitelkeiten und Notwendigkeiten, an diesem phantastischen Ort spürt man stärker als irgendwo sonst die ganze verwirrende Vielfalt unserer materiellen Welt. Alles kann der Notstand hier verkaufen, der Besitzende erkaufen, aber nicht Gegenstände allein erwirbt man hier, sondern auch Einblicke und Kenntnisse. Der Achtsame kann hier durch Zuschauen und Zuhören jede Materie besser verstehen lernen, Kenntnis der Kunstgeschichte, Archäologie, Bibliophilie, Briefmarkenbewertung, Münzkunde und nicht zum mindesten auch Menschenkunde. Denn ebenso vielfältig wie die Dinge, die aus diesen Sälen in andere Hände wandern wollen und sich nur für eine kurze Frist ausruhen von der Knechtschaft des Besitzes, ebenso vielfältig sind die Menschenrassen und -klassen, die neugierig und kaufgierig sich um die Versteigerungstische drängen, die Augen unruhig von der Leidenschaft des Geschäftes, dem geheimnisvollen Brand der Sammelwut. Hier sitzen die großen Händler in ihren Pelzen und sauber gebürsteten Melonenhüten neben kleinen schmutzigen Antiquaren und *Bric-à-brac*-Trödlern der Rive Gauche, die billig ihre Buden füllen wollen, zwischendurch schwirren und schwatzen die kleinen Schieber und Zwischenhändler, die Agenten, die Aufbieter, die *Racailleurs*, die unvermeidlichen Hyänen des Schlachtfeldes, um rasch ein Objekt, ehe es billig zu Boden fällt, aufzuhaschen oder, wenn sie einen Sammler in ein kostbares Stück richtig verbissen sehen, ihn mit gegenseitigem Augenzwinkern hochzuwippen. Selber zu Pergament gewordene Bibliothekare schleichen hier bebrillt herum wie schläfrige Tapire, dann rauschen wieder bunte Paradiesvögel, hochelegante, beperlte Damen herein, die ihre Lakaien vorausgeschickt haben, um ihnen einen Vorderplatz am Auktionstisch frei zu halten, in einer Ecke stehen unterdes wie Kraniche still und mit zurückhaltendem Blick die wirklichen Kenner, die Freimaurerschaft der Sammler. Hinter all diesen Typen aber, die das Geschäft oder die Neugier oder die Kunstliebe aus wirklicher Anteilnahme heranlockt, wogt jedesmal eine zufällige Masse von bloß Neugierigen, die sich einzig an der kostenlos gegebenen Heizung wärmen wollen oder sich an den funkelnden Fontänen der emporgeschleuderten Zahlen freuen. Jeden aber, der hierher kommt, treibt eine Absicht, jene des Sammelns, des Spielens, des Verdienens, des Besitzenwollens oder bloß des Sichwärmens, Sicherhitzens an fremder Hitze, und dieses gedrängte Menschenchaos teilt und ordnet sich in eine ganz unwahrscheinliche Fülle von Physiognomien. Eine einzige Spezies aber hatte ich niemals hier vertreten gesehen oder gedacht: die Gilde der Taschendiebe. Doch jetzt, da ich meinen Freund mit sicherem Instinkt einschleichen sah, verstand ich sofort, daß dieser eine Ort auch das ideale, ja vielleicht das idealste Revier von Paris für seine hohe Kunst sein müsse. Denn hier sind alle notwendigen Elemente aufs wunderbarste vereinigt, das gräßliche und kaum erträgliche Gedränge, die unbedingt erforderliche Ablenkung durch die Gier des Schauens, des Wartens, des Lizitierens. Und drittens: ein Versteigerungsinstitut ist, außer dem Rennplatz, beinahe der letzte Ort unserer heutigen Welt, wo alles noch bar auf den Tisch bezahlt werden muß, so daß anzunehmen ist, unter jedem Rock runde sich die weiche Geschwulst einer gefüllten Brieftasche. Hier oder niemals wartet große Gelegenheit für eine flinke Pfote, und wahrscheinlich, jetzt begriff ich's, war die kleine Probe am Vormittag für meinen Freund bloß eine Fingerübung gewesen. Hier aber rüstete er zum eigentlichen Meisterstreich.

Und doch: am liebsten hätte ich ihn am Ärmel zurückgerissen, als er jetzt lässig die Stufen zum ersten Stock hinaufstieg: Um Gottes willen, siehst du denn nicht dort das Plakat in drei Sprachen: »Beware of pickpockets!«, »Attention aux pickpockets!«, »Achtung vor Taschendieben!«? Siehst du das nicht, du leichtfertiger Narr? Man weiß hier um deinesgleichen, gewiß schleichen Dutzende von Detektiven hier durchs Gedränge, und nochmals, glaub mir, du bist heute nicht in Form! Aber kühlen Blickes das ihm anscheinend wohlbekannte Plakat streifend, stieg der ausgepichte Kenner der Situation ruhig die Stufen empor, ein taktischer Entschluß, den ich an sich nur billigen konnte. Denn in den unteren Sälen wird meist nur grober Hausrat verkauft, Wohnungseinrichtungen, Kasten und Schränke, dort drängt und quirlt die unergiebige und unerfreuliche Masse der Altwarenhändler, die vielleicht noch nach guter Bauernsitte sich die Geldkatze sicher um den Bauch schnüren und die anzugehen weder ergiebig noch ratsam sein dürfte. In den Sälen des ersten Stockes aber, wo die subtileren Gegenstände versteigert werden, Bilder, Schmuck, Bücher, Autographen, Juwelen, dort sind zweifellos die volleren Taschen und sorgloseren Käufer.

Ich hatte Mühe, hinter meinem Freund zu bleiben, denn kreuz und quer paddelte er vom Haupteingang aus in jeden einzelnen Saal, vor und wieder zurück, um in jedem die Chancen auszumessen; geduldig und beharrlich wie ein Feinschmecker ein besonderes Menü las er zwischendurch die angeschlagenen Plakate. Endlich entschied er sich für den Saal sieben, wo »*La célèbre collection de porcelaine chinoise et japonaise de Mme. la Comtesse Yves de G* …« versteigert wurde. Zweifellos, hier gab es heute sensationell kostspielige Ware, denn die Leute standen derart dicht gedrängt, daß man vom Eingang zunächst den Auktionstisch hinter den Mänteln und Hüten überhaupt nicht wahrnehmen konnte. Eine enggeschlossene, vielleicht zwanzig- oder dreißigreihige Menschenmauer sperrte jede Sicht auf den langen, grünen Tisch, und von unserem Platz an der Eingangstür erhaschte man gerade noch die amüsanten Bewegungen des Auktionators, des *Commissaire-priseur*, der von seinem erhöhten Pult aus, den weißen Hammer in der Hand, wie ein Orchesterchef das ganze Versteigerungsspiel dirigierte und über beängstigend lange Pausen immer wieder zu einem Prestissimo führte. Wahrscheinlich wie andere kleine Angestellte irgendwo in Ménilmontant oder sonst einer Vorstadt wohnhaft, zwei Zimmer, ein Gasherdchen, ein Grammophon als köstlichste Habe und ein paar Pelargonien vor dem Fenster, genoß er hier vor einem illustren Publikum, mit einem schnittigen Cutaway angetan, das Haar mit Pomade sorgfältig gescheitelt, sichtbar selig die unerhörte Lust, jeden Tag durch drei Stunden mit einem kleinen Hammer die kostbarsten Werte von Paris zu Geld zerschlagen zu dürfen. Mit der eingelernten Liebenswürdigkeit eines Akrobaten fing er von links, von rechts, vom Tisch und von der Tiefe des Saales die verschiedenen Angebote – »six-cents, six-cents-cinq, six-cents-dix« – graziös auf wie einen bunten Ball und schleuderte, die Vokale rundend, die Konsonanten auseinanderziehend, dieselben Ziffern gleichsam sublimiert zurück. Zwischendurch spielte er das Animiermädchen, mahnte, wenn ein Angebot ausblieb und der Zahlenwirbel stockte, mit einem verlockenden Lächeln, »Personne à droite? Personne à gauche?«, oder er drohte, eine kleine dramatische Falte zwischen die Augenbrauen schiebend und den entscheidenden Elfenbeinhammer mit der rechten Hand erhebend: »J'adjuge«, oder er lächelte ein »Voyons, Messieurs, c'est pas du tout cher«. Dazwischen grüßte er kennerisch einzelne Bekannte, blinzelte manchen Bietern schlau aufmunternd zu, und während er die Ansage jedes neuen Auktionsstückes mit einer sachlich notwendigen Feststellung, »le numéro trente-trois«, ganz trocken begann, stieg mit dem wachsenden Preis sein Tenor immer bewußter ins Dramatische empor. Er genoß es sichtlich, daß durch drei Stunden drei- oder vierhundert Menschen atemlos gierig bald seine Lippen anstarrten, bald das magische Hämmerchen in seiner Hand. Dieser trügerische Wahn, er selbst habe zu entscheiden, indes er nichts als das Instrument der zufälligen Angebote war, gab ihm ein berauschendes Selbstbewußtsein; wie ein Pfau schlug er seine vokalischen Räder, was mich aber keineswegs hinderte, innerlich festzustellen, daß er mit all seinen übertriebenen Gesten meinem Freunde eigentlich nur denselben notwendigen Ablenkedienst erwies wie die drei possierlichen Äffchen des Vormittags.

Vorläufig konnte mein wackerer Freund aus dieser Komplicenhilfe noch keinen Vorteil ziehen, denn wir standen noch immer hilflos in der letzten Reihe, und jeder Versuch, sich durch diese kompakte, warme und zähe Menschenmasse bis zum Auktionstisch vorzukeilen, schien mir vollkommen aussichtslos. Aber wieder bemerkte ich, wie sehr ich noch Eintagsdilettant war in diesem interessanten Gewerbe. Mein Kamerad, der erfahrene Meister und Techniker, wußte längst, daß immer im Augenblick, da der Hammer endgültig niederfiel – siebentausendzweihundertsechzig Francs jubelte eben der Tenor –, daß sich in dieser kurzen Sekunde der Entspannung die Mauer lokkerte. Die aufgeregten Köpfe sanken nieder, die Händler notierten die Preise in die Kataloge, ab und zu entfernte sich ein Neugieriger, für einen Augenblick kam Luft in die gepreßte Menge. Und diesen Moment benutzte er genial geschwind, um mit niedergedrücktem Kopf wie ein Torpedo sich vorzustoßen. Mit einem Ruck hatte er sich durch vier, fünf Menschenreihen gezwängt, und ich, der ich mir doch geschworen hatte, den Unvorsichtigen nicht sich selbst zu überlassen, stand plötzlich allein und ohne ihn. Ich drängte zwar jetzt gleichfalls vor, aber schon nahm die Auktion wieder ihren Gang, schon schloß sich die Mauer wieder zusammen, und ich blieb im prallsten Gedränge hilflos stecken wie ein Karren im Sumpf. Entsetzlich war diese heiße, klebrige Presse, hinter, vor mir, links, rechts fremde Körper, fremde Kleider und so nah heran, daß jedes Husten eines Nachbars in mich hineinschütterte. Unerträglich dazu noch die Luft, es roch nach Staub, nach Dumpfem und Saurem und vor allem nach Schweiß wie überall, wo es um Geld geht; dampfend vor Hitze, versuchte ich den Rock zu öffnen, um mit der Hand nach meinem Taschentuch zu fassen. Vergeblich, zu eng war ich eingequetscht. Aber doch, aber doch, ich gab nicht nach, langsam und stetig drängte ich weiter nach vorn, eine Reihe weiter und wieder eine. Jedoch zu spät! Das kanariengelbe Mäntelchen war verschwunden. Es steckte irgendwo unsichtbar in der Masse, niemand wußte von seiner gefährlichen Gegenwart, nur ich allein, dem alle Nerven bebten von einer mystischen Angst, diesem armen Teufel müsse heute etwas Entsetzliches zustoßen. Jede Sekunde erwartete ich, jemand würde aufschreien: Au voleur, ein Getümmel, ein Wortwechsel würde entstehen, und man würde ihn hinausschleifen, an beiden Ärmeln seines Mäntelchens gepackt – ich kann es nicht erklären, wieso diese grauenhafte Gewißheit in mich kam, es müsse ihm heute und gerade heute sein Zugriff mißlingen.

Aber siehe, nichts geschah, kein Ruf, kein Schrei; im Gegenteil, das Gerede, Gescharre und Gesurre hörte jählings auf. Mit einemmal wurde es merkwürdig still, als preßten diese zwei-, dreihundert Menschen alle auf Verabredung den Atem nieder, alle blickten sie jetzt mit verdoppelter Spannung zu dem *Commissaire-priseur*, der einen Schritt zurücktrat unter den Leuchter, so daß seine Stirn besonders feierlich erglänzte. Denn das Hauptstück der Auktion war an die Reihe gekommen, eine riesige Vase, die der Kaiser von China höchst persönlich vor dreihundert Jahren dem König von Frankreich mit einer Gesandtschaft als Präsent geschickt und die, wie viele andere Dinge, während der Revolution auf geheimnisvolle Weise Urlaub aus Versailles genommen hatte. Vier livrierte Diener hoben das kostbare Objekt – weißleuchtende Rundung mit blauem Adernspiel – mit besonderer und zugleich demonstrativer Vorsicht auf den Tisch, und nach einem feierlichen Räuspern verkündete der Auktionator den Ausrufpreis: »Einhundertunddreißigtausend Francs! Einhundertunddreißigtausend Francs« – ehrfürchtige Stille antwortete dieser durch viel Nullen geheiligten Zahl. Niemand wagte sofort daraufloszubieten, niemand zu sprechen oder nur den Fuß zu rühren; die dicht und heiß ineinandergekeilte Menschenmasse bildete einen einzigen starren Block von Respekt. Dann endlich hob ein kleiner weißhaariger Herr am linken Ende des Tisches den Kopf und sagte schnell, leise und fast verlegen: »Einhundertfünfunddreißigtausend«, worauf sofort der *Commissaire-priseur* entschlossen »Einhundertvierzigtausend« zurückschlug.

Nun begann aufregendes Spiel: der Vertreter eines großen amerikanischen Auktionshauses beschränkte sich darauf, immer nur den Finger zu heben, worauf wie bei einer elektrischen Uhr die Ziffer des Angebotes sofort um fünftausend vorsprang, vom anderen Tischende bot der Privatsekretär eines großen Sammlers (man raunte leise den Namen) kräftig Paroli; allmählich wurde die Auktion zum Dialog zwischen den beiden Bietern, die einander quer gegenübersaßen und störrisch vermieden, sich gegenseitig anzublicken: beide adressierten sie einzig ihre Mitteilungen an den *Commissaire-priseur*, der sie mit sichtlicher Befriedigung empfing. Endlich, bei zweihundertsechzigtausend, hob der Amerikaner zum erstenmal nicht mehr den Finger; wie ein eingefrorner Ton blieb die ausgerufene Zahl leer in der Luft hängen. Die Erregung wuchs, viermal wiederholte der *Commissaire-priseur*: »Zweihundertsechzigtausend ... zweihundertsechzigtausend ...« Wie einen Falken nach Beute warf er die Zahl hoch in den Raum. Dann wartete er, blickte gespannt und leise enttäuscht nach rechts und links (ach, er hätte noch gern weitergespielt!): »Bietet niemand mehr?« Schweigen und Schweigen. »Bietet niemand mehr?« Es klang fast wie Verzweiflung. Das Schweigen begann zu schwingen, eine Saite ohne Ton. Langsam erhob sich der Hammer. Jetzt standen dreihundert Herzen still ... »Zweihundertsechzigtausend Francs zum ersten ... zum zweiten ... zum ...«

Wie ein einziger Block lag das Schweigen auf dem verstummten

Saal, niemand atmete mehr. Mit fast religiöser Feierlichkeit hob der *Commissaire-priseur* den Elfenbeinhammer über die verstummte Menge. Noch einmal drohte er: »J'adjuge.« Nichts! Keine Antwort. Und dann: »Zum drittenmal.« Der Hammer fiel mit trockenem und bösem Schlag. Vorbei! Zweihundertsechzigtausend Francs! Die Menschenmauer schwankte und zerbrach von diesem kleinen, trokkenen Schlag wieder in einzelne lebendige Gesichter, alles regte sich, atmete, schrie, stöhnte, räusperte sich. Wie ein einziger Leib rührte und entspannte sich die zusammengekeilte Menge in einer erregten Welle, in einem einzigen fortgetragenen Stoß.

Auch zu mir kam dieser Stoß, und zwar von einem fremden Ellbogen mitten in die Brust. Zugleich murmelte jemand mich an: »Pardon, Monsieur.« Ich zuckte auf. Diese Stimme! O freundliches Wunder, er war es, der schwer Vermißte, der lang Gesuchte, die auflockernde Welle hatte ihn – welch glücklicher Zufall – gerade zu mir hergeschwemmt. Jetzt hatte ich ihn, gottlob, wieder ganz nahe, jetzt konnte ich ihn endlich, endlich genau überwachen und beschirmen. Natürlich hütete ich mich wohl, ihm offen ins Antlitz zu sehen; nur von der Seite schielte ich leise hinüber, und zwar nicht nach seinem Gesicht, sondern nach seinen Händen, nach seinem Handwerkszeug, aber die waren merkwürdigerweise verschwunden: er hatte, bald merkte ich's, die beiden Unterärmel seines Mäntelchens dicht an den Leib gelegt und wie ein Frierender die Finger unter ihren schützenden Rand gezogen, damit sie unsichtbar würden. Wenn er jetzt ein Opfer antasten wollte, so konnte es nichts anderes als eine zufällige Berührung von weichem, ungefährlichem Stoff spüren, die stoßbereite Diebshand lag unter dem Ärmel verdeckt wie die Kralle in der samtenen Katzenpfote. Ausgezeichnet gemacht, bewunderte ich. Aber gegen wen zielte dieser Griff? Ich schielte vorsichtig zu seiner Rechten hin, dort stand ein hagerer, durchaus zugeknöpfter Herr und vor ihm, mit breitem und uneinnehmbarem Rücken, ein zweiter; so war mir zunächst nicht klar, wie er an einen dieser beiden erfolgreich herankommen könnte. Aber plötzlich, als ich jetzt einen leisen Druck an meinem eigenen Knie fühlte, packte mich der Gedanke – und wie ein Schauer rann es eisig durch mich: am Ende gilt diese Vorbereitung mir selbst? Am Ende willst du Narr hier den einzigen im Saale angehen, der von dir weiß, und ich soll jetzt – letzte und verwirrendste Lektion! – dein Handwerk am eigenen Leibe ausproben? Wahrhaftig, es schien mir zu gelten, gerade mich, gerade mich hatte der heillose Unglücksvogel sich anscheinend ausgesucht, gerade mich, seinen Gedankenfreund, den einzigen, der ihn kannte bis in die Tiefe seines Handwerks!

Ja, zweifellos galt es mir, jetzt durfte ich mich nicht länger täuschen, denn ich spürte bereits unverkennbar, wie sich der nachbarliche Ellbogen leise mir in die Seite drückte, wie Zoll um Zoll der Ärmel mit der verdeckten Hand sich vorschob, um wahrscheinlich bei der ersten erregten Bewegung innerhalb des Gedränges mit flinkem Griff mir wippend zwischen Rock und Weste zu fahren. Zwar: mit einer kleinen Gegenbewegung hätte ich mich jetzt noch völlig sichern können; es hätte genügt, mich zur Seite zu drehen oder den Rock zuzuknöpfen, aber sonderbar, dazu hatte ich keine Kraft mehr, denn mein ganzer Körper war hypnotisiert von Erregung und Erwartung. Wie angefroren stockte mir jeder Muskel, jeder Nerv, und während ich unsinnig aufgeregt wartete, überdachte ich rasch, wieviel ich in der Brieftasche hatte, und während ich an die Brieftasche dachte, spürte ich (jeder Teil unseres Körpers wird ja sofort gefühlsempfindlich, sobald man ihn denkt, jeder Zahn, jede Zehe, jeder Nerv) den noch warmen und ruhigen Druck der Brieftasche gegen die Brust. Sie war also vorläufig noch zur Stelle, und derart vorbereitet konnte ich seinen Angriff unbesorgt bestehen. Aber ich wußte merkwürdigerweise gar nicht, ob ich diesen Angriff wollte oder nicht wollte. Mein Gefühl war völlig verwirrt und wie zweigeteilt. Denn einerseits wünschte ich um seinetwillen, der Narr möge von mir ablassen, anderseits wartete ich mit der gleichen fürchterlichen Spannung wie beim Zahnarzt, wenn der Bohrer sich der gepeinigten Stelle nähert, auf seine Kunstprobe, auf den entscheidenden Stoß. Er aber, als ob er mich für meine Neugierde strafen wollte, beeilte sich keineswegs mit seinem Zustoß. Immer wieder hielt er inne und blieb doch warm nahe. Zoll um Zoll schob er sich bedächtig näher, und obwohl meine Sinne ganz an diese drängende Berührung gebunden waren, hörte ich gleichzeitig mit einem ganz anderen Sinn vollkommen deutlich die steigenden Anbote der Auktion vom Tisch herüber: »Dreitausendsiebenhundertfünfzig ... bietet niemand mehr? Dreitausendsiebenhundertsechzig ... siebenhundertsiebzig ... siebenhundertachtzig ... bietet niemand mehr? Bietet niemand mehr?« Dann fiel der Hammer. Abermals ging der leichte Stoß der Auflockerung nach erfolgtem Zuschlag durch die Masse, und im selben Moment fühlte ich eine Welle davon an mich herankommen. Es war kein wirklicher Griff, sondern etwas wie das Laufen einer Schlange, ein gleitender körperlicher Hauch, so leicht und schnell, daß ich ihn nie gefühlt hätte, wäre nicht alle meine Neugier an jener bedrohten Stelle Posten gestanden; nur eine Falte wie von zufälligem Wind kräuselte meinen Mantel, etwas spürte ich zart wie das Vorüberstreifen eines Vogels und ...

Und plötzlich geschah, was ich nie erwartet hatte: meine eigene Hand war von unten stoßhaft heraufgefahren und hatte die fremde Hand unter meinem Rock gepackt. Niemals hatte ich diese brutale Abwehr geplant. Es war eine mich selbst überrumpelnde Reflexbewegung meiner Muskeln. Aus rein körperlichem Abwehrinstinkt war meine Hand automatisch emporgestoßen. Und jetzt hielt – entsetzlich – zu meinem eigenen Erstaunen und Erschrecken meine Faust eine fremde, eine kalte, eine zitternde Hand um das Gelenk gepreßt: nein, das hatte ich nie gewollt!

Diese Sekunde kann ich nicht beschreiben. Ich war ganz starr vor Schreck, plötzlich ein lebendiges Stück kalten Fleisches eines fremden Menschen gewaltsam zu halten. Und genau so schreckgelähmt war er. So wie ich nicht die Kraft, nicht die Geistesgegenwart hatte, seine Hand loszulassen, so hatte er keinen Mut, keine Geistesgegenwart, sie wegzureißen. »Vierhundertfünfzig ... vierhundertsechzig ... vierhundertsiebzig ...«, schmetterte oben pathetisch der *Commissaire-priseur* – ich hielt noch immer die fremde kaltschauernde Diebshand. »Vierhundertachtzig ... vierhundertneunzig ...« – noch immer merkte niemand, was zwischen uns beiden vorging, niemand ahnte, daß hier zwischen zwei Menschen ein ungeheures Spannungsschicksal bestand: einzig zwischen uns zweien, nur zwischen unseren fürchterlich angestrafften Nerven ging diese namenlose Schlacht. »Fünfhundert ... fünfhundertzehn ... fünfhundertzwanzig ...«, immer geschwinder sprudelten die Zahlen, »fünfhundertdreißig ... fünfhundertvierzig ... fünfhundertfünfzig ...« Endlich – das Ganze hatte kaum mehr als zehn Sekunden gedauert – kam mir der Atem wieder. Ich ließ die fremde Hand los. Sie glitschte sofort zurück und verschwand im Ärmel des gelben Mäntelchens.

»Fünfhundertsechzig ... fünfhundertsiebzig ... fünfhundertachtzig ... sechshundert ... sechshundertzehn ...«, rasselte es oben weiter und weiter, und wir standen noch immer nebeneinander, Komplicen der geheimnisvollen Tat, beide gelähmt von dem gleichen Erlebnis. Noch spürte ich seinen Körper ganz warm angedrückt an den meinen, und als jetzt in gelöster Erregung die erstarrten Knie mir zu zittern begannen, meinte ich zu fühlen, wie dieser leichte Schauer in die seinen überlief. »Sechshundertzwanzig ... dreißig ... vierzig ... fünfzig ... sechzig ... siebzig ...«, immer höher schnellten sich die Zahlen, und immer noch standen wir, durch diesen eisigen Ring des Grauens aneinandergekettet. Endlich fand ich die Kraft, wenigstens den Kopf zu wenden und zu ihm hinüberzusehen. Im gleichen Augenblick schaute er zu mir herüber. Ich stieß mitten in seinen Blick. Gnade, Gnade! Nicht mich anzeigen! schienen die kleinen wässerigen Augen zu betteln, die ganze Angst seiner zerpreßten Seele, die Urangst aller Kreatur strömte aus diesen runden Pupillen heraus, und das Bärtchen zitterte mit im Sturm seines Entsetzens. Nur diese aufgerissenen Augen nahm ich deutlich wahr, das Gesicht dahinter war vergangen in einem so unerhörten Ausdruck von Schreck, wie ich ihn niemals vorher und nachher bei einem Menschen wahrgenommen. Ich schämte mich unsagbar, daß jemand so sklavisch, so hündisch zu mir aufblickte, als ob ich Macht hätte über Leben und Tod. Und diese seine Angst erniedrigte mich; verlegen drückte ich den Blick wieder zur Seite.

Er aber hatte verstanden. Er wußte jetzt, daß ich ihn nie und nimmer anzeigen würde; das gab ihm seine Kraft zurück. Mit einem kleinen Ruck bog er seinen Körper von mir fort, ich spürte, daß er sich für immer von mir loslösen wollte. Zuerst lockerte sich unten das angedrängte Knie, dann fühlte mein Arm die angepreßte Wärme vergehen, und plötzlich – mir war, als schwände etwas fort, was zu mir gehörte – stand der Platz neben mir leer. Mit einem Taucherstoß hatte mein Unglücksgefährte das Feld geräumt. Erst atmete ich auf im Gefühl, wieder Luft um mich zu haben. Aber im nächsten Augenblick erschrak ich: der Arme, was wird er jetzt beginnen? Er braucht doch Geld, und ich, ich schulde ihm doch Dank für diese Stunden der Spannung, ich, sein Komplice wider Willen, muß ihm doch helfen! Hastig drängte ich ihm nach. Aber Verhängnis! Der Unglücksvogel mißverstand meinen guten Eifer und fürchtete mich, da er mich von der Ferne des Gangs erspähte. Ehe ich ihm beruhigend zuwinken konnte, flatterte das kanariengelbe Mäntelchen schon die Treppe hinab in die Unerreichbarkeit der menschendurchfluteten Straße, und unvermutet, wie sie begonnen, war meine Lehrstunde zu Ende.

Die Angler an der Seine

In einer Geschichte der französischen Revolution fand ich vor Jahren eine kleine, meist unbeachtete Episode, die mir damals völlig unglaubwürdig erschien. Endlich nahte, so war dort erzählt, nach vier ereignisreichen Jahren der dramatische Tag, da Ludwig XVI. hingerichtet werden sollte. Frühmorgens begann unter dumpfem Trommelwirbel die letzte Fahrt des Königs zur Place de la Concorde. Dort stand, hoch aufragend über einer ungeduldigen Menschenmenge, das Schafott. Mit gebundenen Armen wurde der König die Stufen hinaufgeführt, die Klinge blitzte nieder, und die Menge brach aus in einen einzigen wilden Jubelschrei, als der blutige Kopf des gesalbten Königs von Frankreich in den Korb rollte. Die Republik feierte ihren entscheidenden Triumph: das größte, das weitreichendste Geschehnis des Jahrhunderts war vorüber. Aber – so vermeldete etwas ungehalten der zeitgenössische Chronist – nur einen Steinwurf weit von der Place de la Concorde und der Guillotine standen unterdessen eine ganze Reihe von Anglern an den Ufern der Seine und angelten während dieser historisch unvergeßlichen Stunde genau so unbekümmert wie an jedem anderen gewöhnlichen Tag. Sie achteten, mit dem Rücken gegen dies einmalige Schauspiel gewandt, einzig nur auf ihren schwimmenden Kork. Sie wandten nicht einmal den Kopf, als der Jubel der Menge meldete, dass das größte historische Ereignis ihres Landes sich vollzogen hatte.

Diese kleine Episode wollte ich, als ich sie als junger Mensch zum erstenmal las, durchaus nicht glauben. Etwas in mir wehrte sich gegen die Möglichkeit einer solchen egoistischen Gleichgültigkeit in einem historischen Augenblick. In der friedlichen, ruhigen und durchaus undramatischen Atmosphäre um die Jahrhundertwende aufgewachsen, glaubte ich, daß in den dramatischen Jahren der französischen Revolution und der Napoleonskriege alle Menschen Europas in einer

Art ständigen Fiebers gelebt haben müßten. Ich malte mir Paris aus an jenem Tage: verlassen die Geschäfte, leer die Werkstätten, die Wirtsstuben, das ganze Volk hindrängend zur Todesfahrt des Königs und jeder einzelne hinstarrend, je nach seiner politischen Einstellung begeistert oder bestürzt, auf die Guillotine. Vollkommen absurd schien es mir, dass es damals auf der Place de la Concorde auch nur einen einzigen Menschen gegeben haben sollte, der einer so nichtigen und keineswegs dringlichen Angelegenheit wie Angeln seine Aufmerksamkeit zuwenden konnte, statt dem größten Ereignis seiner Zeit.

Aber es scheint, daß Geschichte nur wirklich lesen und verstehen kann, wer selbst Geschichte erlebt. Heute möchte ich jene kleine Episode der Angler an der Seine in keinem Geschichtsbuche mehr missen. Ich halte sie auf Grund unserer gegenwärtigen Erfahrung nicht nur für wahr, sondern sogar für unentbehrlich im Sinn der historischen Wahrheit, denn wir erhalten heute täglichen Anschauungsunterricht in Geschichte. Wir leben in einer mindestens ebenso dramatischen Zeit wie jener der französischen Revolution oder der Reformation. Auch für uns ist jede Woche, jeder Tag angefüllt mit historischen Begebnissen; jahrhundertalte Reiche stürzen, der größte Kampf ist im Gang, der im Namen der menschlichen Freiheit je geführt wurde; jeder Tag, jede Stunde bringt neue Spannungen und maßlos wird uns die Jugend späterer Geschlechter darum beneiden, Zeuge und Teilnehmer dieser größten Welterschütterung gewesen zu sein.

Aber nehmen wir Zeitgenossen wirklich vollen und ständigen Anteil an den Geschehnissen? Oder vielmehr: haben wir die Kraft, steht uns genug teilnehmendes Gefühl zu Gebot, um Tag für Tag, Stunde für Stunde mit aufgetaner Seele allen diesen sich überstürzenden Geschehnissen zu folgen? Wenn wir uns ehrlich fragen, müssen wir feststellen, daß wir alle einer solchen ständigen Hochspannung nicht gewachsen sind und wir nur ab und zu einen bestürzten und verzweifelten Blick auf die Geschehnisse wenden. Immer leben von den Millionen und Millionen Zeitgenossen die meisten keineswegs die Geschichte mit, sondern nur ihr eigenes Leben. Beobachten wir uns selbst, so müssen wir bekennen, daß in diesem Jahr 1940, wo jede Stunde unabsehbares Grauen schafft, wo Schiffe sinken, Bomben wehrlose Kinder zerschmettern, wo Menschen zu Tausenden gejagt werden und Reiche stürzen und jedes Recht, jedes Gebot humaner Sitte verletzt wird, die Theater, die Vergnügungsstätten, die Strandplätze, die Straßen ebenso überfüllt sind mit beschäftigten oder unbeschäftigten Menschen wie in einer friedlichen, einer »nichthistorischen« Zeit, und dies nicht nur in den neutralen Ländern, sondern sogar in den kriegführenden. Mitten im Außerordentlichen geht das Tägliche unbekümmert weiter, und nichts machte mir diese – erst unverständliche – Gleichzeitigkeit deutlicher als ein Flugzeugbild in einer Zeitung, das mit seiner überlegenen Optik zeigt, wie neben einem mörderischen Sturm auf die Schützengräben ein Bauer im Nachbarfeld geruhig sein Pferd an dem Pflug führte, ebensowenig hinüberblickend zu dem Kampf wie seinerzeit die Fischer an der Seine auf die Hinrichtung eines Königs. Sofern wir also entschlossen sind, allen romantischen Vorstellungen historischer Zeiten zugunsten der Wahrheit zu entsagen, müssen wir bekennen, daß gerade in einer ereignisüberfüllten Zeit wir Zeitgenossen eher bemüht sind, an die Zeit zu vergessen als sie mitzuleben.

Diese Feststellung scheint zunächst für uns alle beschämend. Sie scheint der Mehrzahl der Menschen die Fähigkeit abzusprechen, wirklichen Anteil an ihrer Zeit zu nehmen, und ihr Grauen, ihre Leiden in der innersten Seele mitzufühlen. Aber eine solche Beschuldigung wäre ungerecht. Die ungeheure Mehrzahl der Menschen hat die redlichste Absicht, an jedem außerordentlichen Geschehen starken Anteil zu nehmen, sie ist beseelt von dem Willen, ja sogar dem Wunsch, sich erschüttern zu lassen. Aber wir alle unterliegen gleichzeitig einem höheren Gesetz der Natur, das in weiser Ökonomie die Fähigkeit unserer Anteilnahme begrenzt. Starke kontinuierliche Erregungen erzeugen unverweigerlich steigende Ermüdung, übermäßige Spannung, allzulange fortgesetzt, schlägt um in eine Art Lähmung. Dies erkannten schon vor zweitausend Jahren die griechischen Dramatiker als das Gesetz der Tragödie, Sophokles wie Aeschylos wußten, warum sie die Dauer ihrer Dramen auf zwei, höchstens drei Stunden begrenzten. Denn steigert sich das Tragische ohne Maß, so vermindert es eher die Fähigkeit, uns zu erschüttern statt sie zu steigern. Wir alle fühlen heute diese verhängnisvolle Proportion: je länger das Weltdrama vor unseren Blicken dauert, je grauenhafter seine Szenen werden, je aufregender seine Episoden, umso mehr läßt unsere Fähigkeit des innerlichen Miterlebens nach. Das fortwährende Denken an den Krieg zerstört das Denken, und je mehr unsere Zeit an Mitgefühl von uns fordert, umso weniger vermag die schon erschöpfte Seele ihr zu bieten.

Wenn wir also scheinbar am Ende des ersten Kriegsjahres nicht mehr genug Anteil zu nehmen scheinen, so ist das nicht darin begründet, dass wir unmenschlich sind, sondern im Gegenteil, daß wir eben nur Menschen sind, jeder bloß mit einem einzigen Herzen, einem einzigen kleinen engen Herzen, das nicht imstande ist, mehr als ein gewisses Maß des Unglücks in sich zu fassen. Nicht wir fühlen zu wenig, sondern es geschieht in solchen »historischen Zeiten« zuviel, und wenn wir unsere Gedanken zeitweilig wegwandern lassen vom Geschehen, und unser Gefühl nicht mehr antwortet, so ist es die Kraft, die uns fehlt und nicht der gute Wille.

Ein einziges Beispiel für viele: Wenige Monate vor dem Krieg sank in England das Unterseeboot *Thetis* mit neunzig oder hundert Menschen. Ich war damals in London und konnte sehen, wie die ganze Stadt, ja das ganze Land von diesem einen Geschehnis beherrscht war. An den Strassenecken rissen die Passanten den Zeitungsverkäufern die Blätter aus den Händen. Die Theater, die Kinos leerten sich. Jeder fühlte, dass er an nichts anderes denken konnte als an das Schicksal dieser neunzig oder hundert hermetisch eingeschlossenen, dem Tod verfallenden oder schon verfallenen Menschen. Mit einemmal war es jedem einzelnen unerträglich, einen gleichgültigen Film ablaufen zu sehen oder seinen Geschäften nachzugehen, und man sah es den Menschen an, wie verstört, wie innerlich sie mit diesem Geschehnis beschäftigt waren. Sie hatten andere, abwesendere Blicke, einen anderen Gang, jeder einzelne dachte an dieses kleine

Schiff und die paar Dutzend Menschen. Jeder einzelne malte sich aus, wie dort die Luft im überdrängten Raum immer würgender würde, wie sie allmählich das Bewußtsein lähmt, das noch dumpf träumt von einem Wunder der Errettung, wie die Frauen, die Mütter, am Strande stehen und warten, ob unter den wenigen Geretteten nicht gerade ihr Kind wäre, ihr Mann. Vierzig Millionen Engländer lebten in und mit diesen neunzig, hundert Menschen während zwei oder drei Tagen, eine ganze Nation spannte schmerzhaft alle ihre Sinne wegen dieses einen einzigen winzigen Bootes der riesigen Flotte. Aber nach ein paar Monaten begann der Krieg, und in jeder Woche sank jetzt mindestens ein Unterseeboot, ein englisches, ein französisches, ein deutsches, und genau so litten und warteten und starben schließlich die Menschen in ihnen. Doch die ursprüngliche Kraft des Mitfühlens verbrauchte sich immer mehr mit jeder Wiederholung. Nicht jedesmal konnten und wollten die Millionen sich das Schicksal dieser wenigen Menschen qualvoll ausmalen und mitfühlen. Bald mußten wir erkennen, daß je länger die Weltkatastrophe dauerte, umso ungerechter die Proportion wurde zwischen Leiden und Mitleiden. Der Tod von tausend Menschen hat heute nach einem Jahre Krieg längst nicht mehr die gleiche Kraft über das Gefühl wie vordem der Tod von hunderten. Die Meldung der Zeitung bleibt fahl, sie erreicht nur das Gehirn und nicht mehr die erschöpfte Phantasie, das ermüdete, übermüdete Herz. Und wenn ich mich selbst frage, woran ich am tiefsten leide in dieser Zeit, so ist es, daß ich bekennen muß, nicht mehr fähig zu sein, alles mitfühlen zu können in einer Zeit, die ein solches Unmaß und Übermaß des Leidens schafft, daß sie mit den Menschen auch die Kraft des Mitleidens für menschliches Leiden mordet.

Immer wieder muß ich darum an jene Angler an der Seine denken, die ich zuerst so sehr verachtet hatte. Sollte ich nicht vielleicht ein wenig ungerecht gegen sie gewesen sein? Wahrscheinlich waren auch diese Angler nicht immer so gleichgültig gegen die Zeit wie an jenem Tag. Ich kann mir heute denken, dass im ersten Jahr der Revolution sie als begeisterte Bürger bei der Erstürmung der Bastille noch singend mitgezogen waren im ersten Triumph des Volkes, daß sie gierig allen Reden im Konvent gefolgt waren im ersten und noch im zweiten Jahr der Revolution, daß sie in all diesen Zeiten des allgemeinen Enthusiasmus oft und oft ihre Angel, ihren Verdienst, ihr Geschäft, ihr Vergnügen gelassen hatten, um teilzunehmen an den Sitzungen der Klubs und an den Geschehnissen des Tages. Aber im vierten Jahr war schon eine Abspannung über sie gekommen, und vielleicht auch die Erkenntnis, wie sehr sie als kleine, anonyme Menschen machtlos und wertlos waren in ihrer historischen Zeit und daß sie ihr vielleicht am besten dienten, indem sie nicht sinnlos auf politische Ereignisse blickten, deren Sinn sie nicht zu enträtseln vermochten, sondern auf ihre Arbeit, ihre stille, private, unscheinbare tägliche Tätigkeit. Und im letzten dienten sie damit nur dem stärkeren Willen der Natur. Denn der Wille der Natur ist Kontinuität. Sie duldet keine Unterbrechung. Sie fordert, während sie gleichmütig die einen zerstört, von den andern geduldiges Ausharren bei ihrem täglichen Werke. Sie, die gleichgültig ist gegen das Leiden ihrer Geschöpfe, trägt die Schuld, wenn wir manchmal gleichgültig scheinen. Und wir gehorchen nur ihrem unwidersprechlichen Befehl, wenn wir, statt unablässig auf die Trümmer der stürzenden Welt zu starren, versuchen, eine neue und bessere zu bauen.

Bibliographischer Nachweis

Überschriften, die nicht von Stefan Zweig stammen,
stehen in eckiger Klammer
GWE: Gesammelte Werke in Einzelbänden.
Herausgegeben von Knut Beck

Die Legende der dritten Taube. Erstmals in ›Der Bildermann. Steinzeichnungen fürs deutsche Volk‹, hg. von Paul Cassirer, Berlin, 1. Jg., Nr. 17, Dezember 1916. – Druckvorlage: ›Rachel rechtet mit Gott. Legenden‹, Frankfurt am Main: S. Fischer Verlag 1990 (= GWE), S. 7–11

[Der freie Blick in die Welt] aus: ›Amerigo. Die Geschichte eines historischen Irrtums‹. Erstausgabe: Stockholm: Bermann-Fischer Verlag 1944. – Druckvorlage: Frankfurt am Main: Fischer Taschenbuch Verlag 1989 (= Fischer Taschenbuch 9241), S. 11–24

[Eine Schicksalsstunde Europas] aus: ›Triumph und Tragik des Erasmus von Rotterdam‹. Erstausgabe: Wien: Herbert Reichner Verlag 1935. – Druckvorlage: Frankfurt am Main: Fischer Taschenbuch Verlag 1981 (= Fischer Taschenbuch 2279), S. 24–29

Die Hochzeit von Lyon. Erstmals in ›Uhu. Das neue Monats-Magazin‹, Berlin, 3. Jg., H. 11, August 1927. – Druckvorlage: ›Buchmendel. Erzählungen‹, Frankfurt am Main: S. Fischer Verlag 1990 (= GWE), S. 111–122

Die Weltminute von Waterloo. Erstmals in ›Neue Freie Presse‹, Wien, 13. 9. 1912. – Druckvorlage: ›Sternstunden der Menschheit. Vierzehn historische Miniaturen‹, Frankfurt am Main: Fischer Taschenbuch Verlag 1997 (= Fischer Taschenbuch 595), S. 108–123

Die Marienbader Elegie. Erstmals in ›Neue Freie Presse‹, Wien, 2. 9. 1923. – Druckvorlage: ›Sternstunden der Menschheit. Vierzehn historische Miniaturen‹, Frankfurt am Main: Fischer Taschenbuch Verlag 1997 (= Fischer Taschenbuch 595), S. 124–133

Die Entdeckung Eldorados. Erstmals in ›Neue Freie Presse‹, Wien, 25. 4. 1926. – Druckvorlage: ›Sternstunden der Menschheit. Vierzehn historische Miniaturen‹, Frankfurt am Main: Fischer Taschenbuch Verlag 1997 (= Fischer Taschenbuch 595), S. 134–144

Der Kampf um den Südpol. Erstmals in ›Neue Freie Presse‹, Wien, 28. 1. 1914. – Druckvorlage: ›Sternstunden der Menschheit. Vierzehn historische Miniaturen‹, Frankfurt am Main: Fischer Taschenbuch Verlag 1997 (= Fischer Taschenbuch 595), S. 216–236

Die Welt der Sicherheit aus: ›Die Welt von Gestern. Erinnerungen eines Europäers‹. Erstausgabe: Stockholm: Bermann-Fischer Verlag 1944. – Druckvorlage: ›Die Welt von Gestern. Erinnerungen eines Europäers‹, Frankfurt am Main: Fischer Taschenbuch Verlag 1970 (= Fischer Taschenbuch 1152), S. 15–20 und 40–44

Die Monotonisierung der Welt. Erstmals in ›Neue Freie Presse‹, Wien, 31. 1. 1925. – Druckvorlage: ›Zeiten und Schicksale. Aufsätze und Vorträge aus den Jahren 1902–1942‹, Frankfurt am Main: S. Fischer Verlag 1990 (= GWE), S. 30–39

Reisen oder Gereist-Werden. Erstmals in ›Reclams Universum. Moderne illustrierte Wochenschrift‹, Stuttgart, Jg. 42, H. 40, 1. Juli 1926. – Druckvorlage: ›Auf Reisen‹, Frankfurt am Main: Fischer Taschenbuch Verlag 2004 (= Fischer Taschenbuch 16012), S. 259–263

Herbstwinter in Meran. Erstmals in ›Neue Freie Presse‹, Wien, 11. 12. 1913. – Druckvorlage: ›Auf Reisen‹, Frankfurt am Main: Fischer Taschenbuch Verlag 2004 (= Fischer Taschenbuch 16012), S. 161–169

Salzburg. In dieser Form erstmals in ›Auf Reisen‹, Frankfurt am Main: S. Fischer Verlag 1987 (= GWE). – Druckvorlage: ›Auf Reisen‹, Frankfurt am Main: Fischer Taschenbuch Verlag 2004 (= Fischer Taschenbuch 16012), S. 347–356

Das Geheimnis des künstlerischen Schaffens. Aufgenommen in ›Zeit und Welt. Aufsätze und Vorträge 1904–1940‹, Stockholm: Bermann-Fischer Verlag 1943. – Druckvorlage: ›Das Geheimnis des künstlerischen Schaffens. Essays‹, Frankfurt am Main: S. Fischer Verlag 1984 (= GWE), S. 348–371

A Great Lesson from a Great Man. Verändert aufgenommen in ›Die Welt von Gestern. Erinnerungen eines Europäers‹, a. a. O., S. 173–176. – Druckvorlage: Typoskript (© Williams Verlag AG, Zürich)

Das Buch als Eingang zur Welt. Erstmals in ›Pester Lloyd‹, 15. 8. 1931. – Druckvorlage: ›Begegnungen mit Büchern. Aufsätze und Einleitungen aus den Jahren 1902–1939‹, Frankfurt am Main: S. Fischer Verlag 1983 (= GWE), S. 7–17

Buchmendel. Erstmals in Fortsetzungen in ›Neue Freie Presse‹, Wien, 1.–3. 11. 1929. – Druckvorlage: ›Buchmendel. Erzählungen‹, Frankfurt am Main: S. Fischer Verlag 1990 (= GWE), S. 197–229

Die Mondscheingasse. Erste Buchveröffentlichung in ›Amok. Novellen einer Leidenschaft‹, Leipzig: Insel-Verlag 1922. – Druckvorlage: ›Der Amokläufer. Erzählungen‹, Frankfurt am Main: S. Fischer Verlag 1984 (= GWE), S. 139–159

Unvermutete Bekanntschaft mit einem Handwerk. Erstmals in ›Neue Freie Presse‹, Wien, 20. 5. 1934. – Druckvorlage: ›Brennendes Geheimnis. Erzählungen‹, Frankfurt am Main: S. Fischer Verlag 1987 (= GWE), S. 320–363

Die Angler an der Seine. Erstmals in der Originalsprache in ›Stefan Zweig. Ein Journal des S. Fischer Verlags und des Fischer Taschenbuch Verlags‹ 2001, S. 2–3 (zugleich Druckvorlage) (© Williams Verlag AG, Zürich)

Oliver Matuschek

Drei Leben

Stefan Zweig – Eine Biographie

398 Seiten. Gebunden

Stefan Zweig gehört zu den beliebtesten und meistgelesenen Klassikern des 20. Jahrhunderts. Oliver Matuschek erzählt die aufregende Lebensgeschichte dieses Autors, die ebenso von Erfolg wie Tragik geprägt war, auf der Grundlage zahlreicher bisher unbekannter Dokumente und Briefe. Stefan Zweigs Leben und Werk, seine Ehen und nicht zuletzt sein Freitod im brasilianischen Exil erscheinen hier in einem neuen Licht.

Zum 125. Geburtstag Stefan Zweigs:
die erste Biografie seit Jahrzehnten

Stefan Zweig

Briefe 1932 – 1942

Herausgegeben von Knut Beck und Jeffrey B. Berlin

815 Seiten. Leinen

Der abschließende vierte Band der Ausgabe versammelt Briefe aus Zweigs letzten zehn Lebensjahren. Nicht nur die politischen Verhältnisse verdüstern sich. Seine Bücher werden verbrannt, sein Haus in Salzburg wird ihm verleidet. Trennungen, Scheidungen, Entfremdungen: von Romain Rolland, dem langjährigen Adressaten vieler Briefe, von seiner Ehefrau Friderike, die gleichwohl weiter zu seinen wichtigsten Vertrauten gehört – neben Korrespondenzpartnern wie Felix Braun und Ben Huebsch. Neue Wohnung in England, neue Ehe. Freunde sterben: Toller, Roth, Herrmann-Neiße. Den überlebenden versucht er zu helfen, bis an die Grenze der Erschöpfung. Vortragsreisen, Übersiedlung nach New York, später nach Brasilien. Dort das Ende.

Dennoch entstehen in diesen Jahren Werke wie die Biographien »Marie Antoinette« und »Maria Stuart«, das Libretto zu »Die schweigsame Frau«, der Roman »Ungeduld des Herzens« und schließlich, im letzten Jahr, die »Schachnovelle« und der Abgesang auf eine europäische Epoche: seine Erinnerungen »Die Welt von Gestern«.

S. Fischer

fi 1-097093 / 1